지방자치 시대

지속 가능한 정책

지방자치 시대
지속 가능한 정책

박진우 지음

모아북스
MOABOOKS

지난 겨울과 봄 국회와 헌법재판소 앞, 그리고 광화문 광장에는 색색의 응원봉이 불빛을 밝히며 민주주의를 지키기 위해 싸웠다.

모난 돌이 정 맞을 때 세상을 바꿀 수 있는 힘이 된다는 신념으로 광장에서 화염병과 쇠방망이, 분신 등으로 독재와 싸운 선배들의 노력으로 지방자치제도가 부활되어 30여 년 동안 추진된 수많은 정책의 열매는 민주주의를 지켜온 시민이 이룬 성과라 감히 주장한다.

1960년 4월 19일은 지방자치를 거부했던 이승만 독재를 물리친 날이다. 《지속 가능한 정책》은 지방자치제도를 부활시킨 정신을 기리기 위해 4개의 광역의회 활동과 19개의 기초지방자치단체의 의미가 있거나 성과가 있는 정책을 찾아 전국을 다녔다.

소개되는 정책이 전국의 17개 광역의회와 226개의 기초지방자치단체의 정책을 대표하는 정책은 아니지만 저자의 관점에서 의미가 크거나 성과가 많은 사례로서 참고할 만한 정책들이라 생각한다. 물론 더 훌륭한 정책을 발굴하지 못함은 저자의 한계임을 혜량해 주길 청한다.

소개되는 23개의 정책은 참여정부 때 노무현 대통령이 지속가능성과 삶의 질 향상을 위해 다루었던 중장기 국정과제로 지역에 맞게 지표화되어 동네별로 추진된 결과로 나타나는 작은 변화들은 우리의 삶을 바꾸는 힘이다.

기후 위기를 극복하기 위해 탄소 줄이기, 인류의 보편적 인권 보장, 햇빛과 바람의 에너지 전환을 통한 기본소득, 지역 문화유산의 전국화와 세계화, 시민사회와 함께하는 공적 원조 등 인류의 지속가능성을 실현하는 소중한 정책들이다. 그럼에도 저자의 역량 부족으로 정책 이력을 꼼꼼히 점검하지 못한 영역은 독자들의 날카로운 지적을 통해 보완할 것이며 ecopeace4@gmail.com으로 많은 의견이 도착하길 기다리고자 한다.

이 책이 나오기까지 정책 추진 과정의 자료와 통계, 그리고 현장까지 일일이 안내해 준 19개 기초 지방자치단체의 담당 공무원과 흔쾌히 취재에 응해준 기초자치단체장, 정책의 주체로 나선 시민들, 열악한 환경에서도 치열하게 활동하는 지방의회 의원들이 있었다. 특히, 지방의회 의원들은 보좌진도 없는 바쁜 의정활동임에도 불구하고 꼼꼼한 기록과 보관을 통해 조례의 제정 과정과 집행 상황을 정리해 놓은 결과다.

이번 책은《정책이 만든 가치(2022)》2탄의 성격을 가지고 있는데 이번에도 흔쾌히 출판을 수락해 준 모아북스의 이용길 대표께 깊은 고마움을 전한다.

세상을 움직이는 지도자는 정치인이다. 하지만 정치인을 움직이는 힘은 깨어 있는 시민의 조직된 힘이라 했다. 지방자치 시대를 넘어 지방정부의 시대를 준비하는 것 또한 깨어 있는 시민의 몫이다. 당초 계획보다 1년이나 늦었지만 또 하나의 숙제를 마칠 수 있음에 감사한다.

저자 박진우

시민이 주인 되는 세상의 길, 지방자치

전재수 국회 문화체육관광위원회 위원장

올해는 1987년 9차 개헌으로 온전한 지방자치제도가 부활한 지 30년이 되는 해입니다. 민선 지방자치는 1960년 4·19 혁명과 1987년 6월 항쟁의 소중한 역사적 산물입니다. 1987년, 뜨거운 아스팔트 위에서 민주주의를 목놓아 외쳤던 청년들은 이제 중년의 고개를 넘어가고 있습니다.

지방자치도 그만큼 성숙해졌는지 다시 돌아볼 필요가 있습니다. 진정한 지방자치, 지방분권은 역대 민주 정부의 핵심 국가 정책으로 추진되었습니다. 지방분권은 중앙집권적 구조에서 오는 여러 문제를 해결할 수 있는 대안이기 때문입니다. 하지만 안타깝게도 대한민국은 여전히 수도권 일극 체계, 지방소멸과 같은 심각한 문제에 직면하고 있습니다.

노무현 대통령은 1993년 '참여 시대를 여는 지방자치실무연구소'를 설립했고, 대통령 재임 시절에는 국토균형발전을 국정 운영의 중심에 두었습니다. 저자는 해당 연구소와 참여정부 행정관으로 5년간 함께하며 노 대통령의 철학을 가까이에서 익혔습니다. 이제 그 성과를 되돌아보며 우리가 앞으로 나아갈 길을 고민하고 있습니다.

　이 책은 대한민국의 정책이 어떻게 태어나 오늘 우리에게 다가오는지 면밀하게 살펴봅니다. 전국 17개 광역의회와 226개 기초지방자치단체에서 추진 중인 수많은 정책과 조례 중 일부를 엄선해 소개하면서 지방자치의 중요성을 더욱 생생하게 전달합니다. 아울러 지방자치가 지속 가능한 미래를 만드는 데 중요한 역할을 한다는 점을 명확히 밝히고 있습니다.

　기억나는 몇 가지만 적어봅니다. 중앙정부도 포기한 국산 밀 살리기 운동으로 먹거리 문제뿐만 아니라 탄소 배출을 줄이고 기후 위기에도 대응할 수 있음을 보여줍니다.

　노동자의 기본권을 보장하는 노동기금, 소속 정당과 정치와 경제사상을 초월하여 치열한 독립운동의 의열투쟁 정신을 기리는 정책, 제주 4·3의 진실을 밝히는 제주도의회 4·3특별위원회의 20여 년 활동은 노무현 대통령께서 미처 못다 한 과제들이기에 더없이 반갑고 소중한 정책들입니다.

이 책은 깨어 있는 시민이 지방자치를 통해 민주주의를 더욱 발전시키고, 우리의 삶을 변화시킬 수 있음을 보여주는 현장의 소리이기도 합니다.

지방자치의 진정한 의미를 고민하는 분들에게 이 책이 작은 길잡이가 되기를 바라면서, 지방자치의 완성이 곧 대한민국 공동체의 미래를 결정하는 중요한 열쇠가 되기를 간절히 염원합니다.

풀뿌리 지방자치를 위한 작지만 큰 울림

임병택 시흥시장, 전) 국제연합아동기금아동친화도시 추진 지방정부협의회 회장

《지속 가능한 정책》 출간을 축하합니다.

이 책의 중심은 전국의 기초 지방자치단체가 지역에서 공들여 추진하고 있는 정책들로, 시민의 삶의 질을 높인 정책이 담긴 소중한 정책 안내서입니다.

더불어 모든 지방자치단체가 함께해야 하는 기후위기 대응부터 중앙정부의 손길이 미쳐 닿지 않는 여러 복지 정책까지, 전국 226개 기초 지방자치단체가 힘 모아 추진 중인 수많은 정책 중 뜻깊은 몇 가지 정책들을 소개합니다.

30여 년 만에 부활한 지방자치제도가 본격적으로 시행된 지 30년이 됐습니다.

그동안 우리 동네 변화와 발전을 체감할 수 있는 많은 정책이 탄생하고, 시행됐습니다. 이들 정책은 지방자치를 강화하고, 지방자치의 의미를 일깨우며 우리 삶의 행복한 변화를 만들어왔습니다.

몇 해 전 수원시는 시민과 함께하는 공적 원조를 통해 '캄보디아 시엠립주'에 가장 가난한 지역인 프놈크롬 마을을 '수원마을'로 선정하여, 쾌적하고 살기 좋은 마을로 변모시켰으며 이는 지방자치단체가 정책적 한계를 뛰어넘어 시민과 함께 정성을 기울이고 노력한 결과입니다.

또한 시흥시의 출생 미등록 아동을 위한 발굴 및 지원 조례는, 아동의 생애 첫 권리인 출생등록이 모든 아동에게 당연하게 주어진 권리가 아니었기에, 중앙정부의 영역을 넘어 전국 최초로 시흥시민이 주도하여 시작되었습니다. 중앙정부가 품지 못한 사각지대 아이들을 2만 2,083명의 시흥시민에 힘으로 지켜내려는 의지와 바람이 담겼다는 점에서 큰 의미를 내포하고 있습니다.

이 책은 이처럼 주민 스스로 만들어 낸 삶의 변화를 살펴보고, 함께 생각해 볼 수 있는 특별한 기회입니다. '지방자치제도가 얼마나 소중한지', '지방자치가 우리 일상에 얼마나 가까이 있는지'를 다시금 깨닫는 계기가 될 것입니다.

지방자치는 여러분의 관심과 참여로 완성됩니다. '우리 마을'의 일은 그 마을에 사는 '우리'가 가장 잘 알기 때문입니다. 더 나은 동네, 더 나은 삶을 위해 한 걸음 더 나아가 주시길 부탁드립니다.

이 책을 읽는 여러분이 전 지구적인 기후위기에 대응하고, 시흥시 모든 아동에게 생애 첫 권리를 찾아준 자랑스러운 시흥시민처럼 나와 타인의 보편적 권리를 지키며, 우리의 삶의 질을 높이는 풀뿌리 실천가가 되어주시길 바라봅니다.

끝으로, 행정 최일선에서 시민과 소통하며 지방자치를 위해 묵묵히 애쓰는 공무원들께도 감사를 전하며, 저 또한 세 아이의 아빠이자 풀뿌리 실천가로서, 앞으로도 작은 정책이 큰 가치가 될 수 있도록 온 힘을 다하겠습니다.

지방 정치인들이 꼭 읽어야 할 참고서

위성곤 국회 행정안전위원회 위원

1987년 6월, 뜨거웠던 항쟁은 민주주의의 새로운 시대를 열었고, 그 결실로 오늘의 지방자치제도가 다시 태어났습니다.

우리 국민의 땀과 열망으로 이뤄낸 민주주의는 살아 있는 역사입니다. 1980년대 화염병이 있었다면 2010년에는 촛불이, 2024년에는 응원봉으로 민주주의를 만들어가고 있습니다. 시대에 따라 방식은 달라졌지만, 더 나은 세상을 향한 열망은 변함이 없습니다.

《지속 가능한 정책》은 정치의 본질적 의미를 다시금 묻는 책입니다. 저자는 환경운동과 지방자치 운동을 통해 꿈꾸었던 정책을 참여정부 5년 동안 청와대에서 국가 핵심 정책인 국정 과제를 담당하면서 반영하고자 했고, 추진되는 정책을 살펴보며 시민들의 삶의 변화를 진단했습니다.

그 과정에서 지방자치를 끊임없이 발전하는 하나의 생명체로 바라보았습니다. 이러한 애정과 열정이 있었기에 전국 17개 광역 지방의회와 226개 기초지방자치단체에서 추진되는 수많은 조례와 정책을 깊이 있게 연구할 수 있었습니다.

하나의 정책이 태어나기까지의 과정은 곧 참여 민주주의의 실현 과정이기도 합니다. 국가가 포기했던 정책이 시민들에 의해 다시 국정과제로 태어나는 과정에서부터 햇빛과 바람을 통해 기본소득을 실현해내는 과정은 기초 지방자치단체장들의 상상력과 추진 의지를 넘어 현장에서 집행하는 공무원들의 숨은 노력이 이룬 성과이기도 합니다.

그래서 이 책에 소개된 네 개의 광역의회 조례와 열아홉 개의 기초지방자치단체의 정책들이 더없이 소중합니다.

도의원 시절부터 하나하나의 조례와 정책이 시민들의 삶에 미치는 영향이 크다는 것을 몸소 느껴왔습니다. 다양한 이해관계자들과 전문가들의 참여를 통해 다듬어져 실행된다는 점에서 소개되는 조례와 정책이 가지는 의미는 남다릅니다. 특히, 조례를 제정하거나 개정하는 과정에서 시민들의 목소리를 듣고 이를 반영하는 것이 얼마나 중요한지 여러 차례 경험했습니다. 주민들과의 소통을 통해 문제를 발견하고, 전문가 및 관련기관과 논의하며, 실효성 있는 정책을 만들어가는 과정은 단순한 입법 활동이 아니라 지역 사회를 더욱 건강하고 지속 가능하게 만드는 일이었습니다.

이 책이 지방정치의 든든한 길잡이가 되어, 지역 사회를 위한 헌신과 도전을 이어가는 많은 분께 힘이 되길 바랍니다.

앞으로도 풀뿌리 민주주의의 발전을 위해 함께 나아가길 기대하며, 모든 분의 노력이 빛을 발하기를 응원합니다.

지방자치 지침서

소순창 건국대학교 공공인재학부 교수, 전)한국지방자치학회 회장

대한민국 지방자치제도가 부활한 지 30년이 지났다. 이제는 성인이 된 지방자치제도가 우리 사회에서 민주주의를 굳건히 하는 제도로서 정착되길 희망한다. 그동안 지방자치를 다룬 많은 연구와 책이 나왔지만, 실제 정책이 어떻게 실행되고 시민들의 삶을 어떻게 변화시키는지 충분히 담아내지 못한 아쉬움이 있었다.

이 책은 그러한 아쉬움을 해소하기 위해 저술된 것이다. 전국에서 추진되고 있는 지방자치 정책 사례를 생생하게 소개하며, 이를 통해 지방자치가 단순한 제도가 아니라 시민들의 삶과 밀접하게 연결된 과정임을 보여준다.

참여정부는 국가균형발전과 지속가능성을 핵심 국정과제로 설

정했다. 노무현 대통령은 국정과제 회의를 통해 전문가 및 관계자들과 토론하며 정책을 구체화했고, 지방정부가 이를 실행할 수 있도록 제도적 기반을 다졌다. 참여정부 이후에도 지방자치단체들은 국가 비전 2030을 실현하기 위해 각 지역의 상황에 맞는 정책을 지속적으로 추진해왔다.

이 책은 단순한 정책 사례집이 아니라, 이론과 실천을 연결하는 지침서 역할을 할 수 있다. 나는 학자로서, 그리고 한국지방자치학회장으로서 지방자치를 연구해 왔다. 참여정부에서는 '정책기획위원회' 위원으로 국정과제의 기획과 점검에 참여했고, 문재인 정부에서는 '자치분권위원회' 부위원장을 맡아 지방분권의 제도화를 추진하면서, 지방자치가 현실에서 어떻게 작동하는지 고민하는 학자의 관점에서 볼 때 이 책은 지방정책을 고민하는 이들에게 실질적인 방향을 제시하고 있다.

저자는 환경운동가로 출발해 참여정부 청와대에서 국정과제비서관실 행정관을 지냈다. 특히, 참여정부의 지방분권 정책이 시·군·구 중심이라는 점을 누구보다 깊이 이해하고 실천한 사람이다. 그렇기 때문에 이 저서는 노무현 대통령의 지방분권 철학을 실천하는 지방자치 현장을 발로 뛰며 확인하고 분석하는 보고서의 의미도 갖는다.

이 책에는 네 개의 조례와 19개의 기초지방자치단체 정책이 소개된다. 이들 정책은 모두 시민 참여를 통해 실행되었고, 지방자치가 중앙정부 주도가 아닌 지역 중심으로 작동해야 함을 보여준다.

이 책은 시장·군수·구청장과 지방의원들이 주민을 위한 정책이란 무엇인지, 그리고 지방자치의 본래 취지에 맞는 정책 실행이 어떻게 이루어져야 하는지를 고민하는 데 실질적인 안내서가 될 것이다. 또한 지방 정치인들이 이 글을 참고해 지역에 맞게 변형·적용함으로써 주민들의 삶의 질을 더욱 높이는 데 기여하길 기대한다.

차
례

---●　**1부**　●---

시민과 함께하는 기후위기 극복

1부

시민과 함께하는 기후위기 극복

01 밀을 통한 식량 주권 살리기

국산 밀 살리기를 통한 지속 가능한 먹거리 농업 : 부안군

• • •

인류의 역사는 의(衣)·식(食)·주(住)를 해결하기 위한 전쟁의 역사이다. 인류의 대이동도, 국가 간 전쟁도 모두 의식주 해결이라는 명분이 있었지만, 최근에는 기상이변으로 인한 폭염과 홍수, 폭설 등으로 인류의 먹거리는 재앙 수준의 위험에 노출되어 있다. 〈2024 세계식량위기보고서(GRFC)〉는 심각한 식량 불안의 원인으로 심화되는 분쟁에 의한 불안, 경제적 충격의 영향, 기후변화로 인한 기상이변의 영향으로 분석했다.

유럽환경청(EEA)은 2024년 3월에 〈유럽기후위험평가(European Climate Risk Assessment)〉보고서를 통해 유럽이 세계에서 가장 빠르게 온난화가 진행되고 있는 대륙으로 기후 위험에 즉각적인 조치를 하지 않으면 재앙적인 결과에 직면할 수 있음을 경고하면서 식량안보와 생태계, 수자원 등을 위협하고 있으며, 폭염과 가뭄, 산불, 홍수가 악화되어 대륙 전역에 걸쳐 생활환경에 영향을 줄 것이라고 경고했다.

최근에는 러시아와 우크라이나의 전쟁으로 인한 곡물 수출 제한조치로 식량과 연료 가격이 급등하고, 미국의 도널드 트럼프 대통령이 보호무역주의에 입각한 자국 우선주의를 추진하면서 수출경제 중심 국가들은 식량안보를 비롯해 총체적인 국가 위기를 맞았다고 할 수 있다.

세계식량농업기구(Food and Agriculture Organization of the United Nations, FAO)의 식량안보(Food Security) 개념은 "모든 사람이 항상 활동적이고 건강한 삶을 위한 식생활의 필요와 음식 선호도를 충족하는 충분하고 안전하고 영양가 있는 음식에 신체적, 사회적, 경제적으로 접근할 수 있는 상황"으로 정의한 바 있다. 최근에는 기후변화와 천연자원의 고갈 등 지속가능성을 포함하여 식량안보를 논하고 있으나 일부 국가들은 식량 생산과 관련하여 전통적인 안보 논리를 기본으로 하되, 타산성 중심의 경제 논리로 접근하고 있다.

영국의 시사 경제주간지인 〈이코노미스트 인텔리전스 유닛(Economist Intelligence Unit)〉이 발표한 2022년 세계식량안보지수(Global Food Security Index, GFSI)를 보면 식량의 부담 및 공급 능력, 품질과 안전, 그리고 지속가능성과 적응 등 4개 축을 중심으로 113개 국가를 조사한 결과 대한민국은 39위로 2015년보다 더 낮은 순위인데다 경제협력개발기구 회원국 중에 최하위 범주에 포함되었다. 대한민국이 식량안보

지수가 더 낮아진 이유는 식량 공급 능력이 부족하고, 식량자급률이 낮은 데다 수입의존도가 높게 나타나기 때문이다.

　식량안보지수가 낮다는 것은 식량 주권이 낮다는 것이며, 이는 한 나라의 농업 생산이 국내 식량 소비를 어느 정도 충당하는지를 보여주는 지표로 식량자급률로 평가한다.

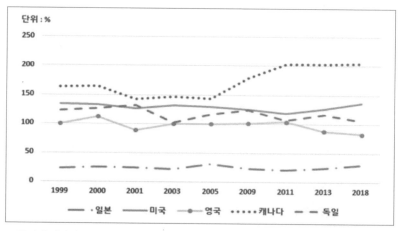

◆ 국가별 식량자급률 추이　　　　　　　　　　출처 : 한국농촌경제연구원

　2024년 농림축산식품부 감사에서 서삼석 의원은 "일본과 중국은 2024년 식량공급곤란사태대책법과 식량안보보장법을 제정했다. 대한민국 법상 식량안보에 대한 정의가 규정돼 있지 않고 생산·비축·국제협력 등 중요 사항들이 각각 다른 법률에 산재됨에 따라 기후위

기 및 급변하는 국제 정세에 따른 대응을 위해 양곡관리법 및 농안법 개정에 협력하는 한편 식량안보 보장을 위한 법 제정"의 필요성을 주장했다.

대한민국의 식량자급률은 한국전쟁이 끝난 직후인 1956년에 96.4% 에서 1966년에는 100%까지 높았으나 1976년에는 81.7%로 낮아졌고, 1996년에는 52.4%로 떨어지고 2011년에는 45.2%, 2024년에는 49.0% 에 머물고 있는데 이마저도 쌀 자급률 덕분에 유지되는 비율이고 쌀을 제외하면 20%대이다.

외환위기로 국제통화기금(IMF)의 통제를 받은 국민의 정부는 농업 · 농촌 기본법(1999)을 제정하였고, 참여정부는 2007년 한 · 미 자유 무역협정(FTA)을 타결하면서 수출을 통한 경제 활성화가 농업을 위축할 가능성을 해결하기 위해 농업 · 농촌 기본법을 농업 · 농촌 및 식품 산업 기본법(다음 농업 식품 기본법, 2007)으로 개정하고 식량 및 주요 식품의 적정한 자급 목표를 5년마다 설정하여 농업 · 농촌발전 기본계획(이후 농업 · 농촌 및 식품산업 발전계획으로 변화)에 반영하도록 한다. 2001년에 제정된 여성 농어업 육성법의 개정과 농어업경영체 육성 및 지원에 관한 법률(2009)을 제정하여 소득 안정 장치를 마련하였으나 성과는 미진하였다.

이명박 정부는 2011년에 2010년도의 54.1%의 식량자급률을 2015

년까지 57% 올리고 2020년에는 60%까지 올리겠다고 발표했지만, 2012년에 45.7%까지 폭락 수준으로 떨어진 후 박근혜 정부가 들어선 2015년에야 50.2%로 올라갔다.

문재인정부도 2018년에 2016년도의 50.9%의 식량자급률을 2022년까지 55.4%로 이명박 정부의 목표치보다 낮추었고, 윤석열 정부는 2023년에 2027년까지 55.5%로 높이겠다고 약속했지만 2024년도 식량자급률은 49.0%로 집계됐다. 문민정부와 국민의 정부, 참여정부의 50%때 식량자급률은 이명박 정부 들어 40%로 떨어지면서 박근혜 정부 때 50%대로 잠시 회복하다 문재인 정부 이후 지금까지 40%대를 넘어서지 못하고 있다.

대한민국 쌀 자급률은 2007년 95.5%에서 2012년에 86.6%로 낮아

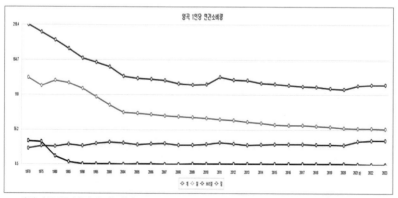

◆ 대한민국 주 식량 소비 변화　　　　　　　　출처 : 농림축산식품주요통계

졌다가 2016년에 104.7%로 높아지기도 했으나 정부는 98%대를 유지하고자 하는 경향을 보이고 있다. 2023년도에 윤석열 정부는 2027년의 쌀 자급률 98.0%로 고시하였고, 쌀 비축량은 2~3개월분을 유지하고 있으나 대한민국 국민의 식생활 문화가 변화하면서 쌀 중심에서 벗어나고 있다.

1956년에 38%였던 밀 자급률이 1968년에는 16.2%로, 1977년에는 2.3%로 떨어지더니 1990년에는 0.05%로 떨어졌고 2010년에야 1.2%를 거치면서 조금씩 변화가 생기고 있다. 밀 생산량은 1950년대까지만 해도 40%대를 생산하였으나 미국의 밀가루 무상원조로 1970년대 분식장려정책은 수입밀 의존도를 심화시켰다. 또한, 1982년 전두환 군부독재 정권의 농산물 수입자유화 조치와 1984년 정부의 국산밀 수매 정책 폐지로 밀 생산 기반 자체가 흔들리게 되었다.

이에 1989년 경상남도 고성에서 자주권과 국민의 건강권 확보, 농가소득 보장과 환경 보전을 위한 운동이 가톨릭농민회와 한살림을 중심으로 소수의 농가와 계약 재배를 통해 국산 품종의 밀 살리기 운동을 시작되었다. 1991년에는 우리밀살리기운동본부를 창립한 후 우리 밀 계약 재배와 우리 밀밭 밟기, 전국 우리 밀사리 축제, 우리 밀 사생 대회 등 우리 밀 증산과 대중 확산을 위해 노력한 결과 1996년에는

2,787ha로 확대되었다.

김영삼 정부도 1994년에 영남농업시험장 유전자원 저장고에 보관 중이던 육성계통(育成系統)을 꺼내 밀 육종사업을 다시 시작했고, 2004년에 연구기관 통폐합으로 작물시험장과 호남농업시험장, 영남농업시험장을 합쳐 국립작물과학원(2008, 국립식량과학원으로 변경)으로 태어나 밀 생산의 명맥을 유지하고 있다.

이명박 정부는 (사)국산밀산업협회를 설립(2010)하여 민간 주도의 운동에서 민·관이 함께 노력해 겨울철 경관 보존 직불금 제도를 도입하여 우리 밀 재배에 직불금을 지급하면서 2010년 밀 자급률을 1.7%에서 2015년에 10%, 2020년에는 15.0% 목표치를 제시하였다.

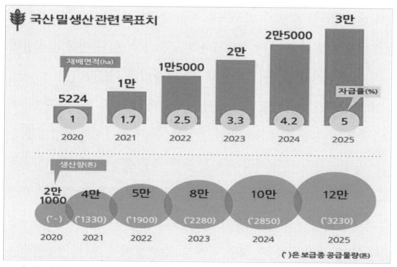

◆ 제1차 밀산업 육성 기본 계획 목표　　　　　출처 : 한국농어민신문

문재인 정부는 밀산업 육성법(2019)을 제정한 후 밀산업 개편 방향을 위해서 생산기반 확충과 품질 고급화, 국산 밀의 유통과 비축의 체계화, 안정적인 소비시장 확보, 현장에서 해결할 수 있는 연구개발 확대, 국산 밀산업계 역량 강화 등 5대 과제 16개 중점 과제를 발표했다. 생산기반 확충과 품질 고급화를 위해 2020년의 밀 자급률 1.0%를 2023년에는 3.3%로, 2024년에는 4.2%, 2025년 5.0%로 설정하였다.

정부의 비축물량도 2020년에 3,000톤에서 2021년에는 1만 톤으로, 2023년에는 2만 톤, 2025년에는 3만 톤으로 설정하였으나 2021년에는 1만 톤, 2023년에는 1.89만 톤을 공공비축하였다.

대량의 물량을 안정적으로 유통하기 위해 친환경인증 밀 생산 농가

◆ 부안의 밀 산업을 이끄는 사람들　　　　　　　　　　출처 : 박진우

와 제분 및 가공업체와의 계약을 유도하여 2021년에 4,000톤(1,000ha, 38억 원)을, 2023년에는 8,000톤(2,000ha, 68억 원)을, 2025년에는 전체 생산량의 10%인 1.2만 톤(3,000ha, 113억 원)을 계약재배로 장려하여 무이자로 융자, 지원하기로 하였는데 2023년도에 8,000톤에 75억 원을 집행하여 물가 상승을 고려해 생산량을 맞췄다.

밀은 작은 보리라는 뜻으로 소맥(小麥)이라 불리는 벼과에 속하는 두해살이 작물로 대기 중의 탄소를 더 많이 흡수·저장하여 척박한 땅에도 잘 자란다. 아프가니스탄이 원산지이지만 한반도에 넘어와 50~80㎝ 정도로 작게 자라 '앉은키(뱅이)밀'로 정착하였다.

앉은키밀은 일제강점기인 1936년에 일본으로 건너가 소로노에 의해 '농림 10호'로 개량되었고, 1945년 일본, 미국을 거쳐 멕시코 재래종과 교잡하여 보통 밀의 4~5배의 수확량을 생산해 1964년부터 인도와 파키스탄에서 식량을 해결해 노먼 볼로그에게 노벨평화상을 안겨주게 된다. 이처럼 세계 밀의 80% 이상 국내산 앉은키밀의 유전자가 흐르지만 정작 우리는 수입에 의존하고 있다.

대한민국에서 밀 생산단지 경영체 73개소 중 가장 많은 곳은 전라북도로 30개 단지가 있고, 다음으로 2022년 농림축산식품부가 처음으로 우수 밀 생산단지 선정 시상식을 했는데 대상을 받은 곳이 부안이다. 부안군의 우리밀영농조합법인은 1992년부터 밀 살리기 운동을 시작했다. 부안에서 밀 농사를 시작한 유재흠 농부는 2002년경 작목반 형태를 갖췄고 2010년 영농조합법인을 설립하면서 현재의 부안군 우리밀 영농조합법인을 탄생시켰다.

유재흠 부안군 우리밀영농조합법인 대표(2019~2022)는 "30여 년 동안 공부해보니 우리 밀은 프랑스의 유기농 밀과 품질에서 차이가 없음에도 경제적인 논리로 도태되었다. 이제 생산 과정과 저장 과정에서 균일성을 유지하고 고급화 전략이 성공한다면 우리 밀은 성공할 수 있다. 영농법인은 단지장의 직선 선출, 표준화 교육, 단백질 함량을 높이는 방법들을 연구하고 있다"고 말했다. 현재 영농법인은 체계적인 조직 관리로 156농가로 늘었고, 재배 면적은 2021년 455ha에서 2024년에는 650ha로 꾸준히 증가하고 있다.

2020년 정부의 제1차 '밀산업 육성 기본계획'이 발표되자 부안군도 적극적으로 나섰다. 부안군은 '부안군 국산밀 산업육성 조례'를 제정하고 '부안군 국산밀 산업 육성위원회(2020.11)'를 위촉했으며, 자체사업으로는 우수한 종자를 확보하기 위한 씨받이밭 10ha를 운영하며 생산장려금을 지급했다. 2021년에는 생산단지 경영체 육성과 맞춤형 생산 체계를 통한 품질 향상에 집중했고 농업기술원과 부안군 농업기술센터도 생육 현장에서 토양 분석을 통해 토양별로 비료 사용 방법 등 현장 평가를 실시하였다.

부안영농법인과 부안군의 노력으로 농림축산식품부가 주관한 '2021년 국산 밀 전용 건조·저장시설 지원' 공모사업에 선정돼 총사업비 18억 원을 받아 기반시설을 확보하였고, 8월에는 '농촌 융복합산업 지역특화품목 육성사업'에 부안 밀이 선정되어 농림축산식품부로부터 지역 향토자원산업(총 사업비 5억 원)과 농촌 융복합산업 지구조성사업(총 사업비 30억 원) 및 신활력 플러스사업(총 사업비 70억 원)에 단계적으로 지원할 수 있는 자격이 주어져 부안군은 밀을 생산·가공·유통·관광이 종합적으로 연계하여 지역경제 활성화 및 농가 소득 증대를 꾀할 수 있는 토대를 마련하였다.

12월에는 부안군이 생산한 국산 밀 소비 촉진을 위해 농협, 아이쿱소비자생활협동조합연합회(회장 김정희), 생산자 단체인 부안영농법인(유재흠 대표)이 3자 소비촉진협약을 체결했다.

부안군은 관내에서 생산한 밀 소비를 확대하기 위해 유치원과 어린이집 지원, 부안 농산물 직매장 운영, 연구 개발한 제과의 제품 시식 평가회를 개최하는 등 부안에서 생산한 밀 소비 확대에 앞장서 농가들의 지속적인 밀 재배를 위한 기틀을 마련했다.

2022년부터는 밀 품질 저하 방지를 위해 재배작물별로 장려금을 차등 지원하는 기준안을 마련하여 작물을 심는 체계를 변경하고, 국산

밀 재배 농가의 정부 보급종자 수급이 어려워 우량 종자 공급을 확대하기 위한 우리 밀 씨받이밭 지원사업을 14.3ha를 조성했다. 국산밀과 수입밀의 가격 차이로 국산밀 사용을 부담스러워 하는 관내 업체에게는 가격 차액을 보전해 주며 관내에서 생산한 밀의 소비 촉진 운동도 군비로 지원했다.

2023년에는 부안군 관내 국산밀을 활용한 제빵마을을 조성하는 기본 계획을 수립하여 계화의복초등학교 등 11개소에 기숙형 제빵 교육장과 체험장 등을 조성하고 있는데 전국에서 유일한 국산밀 제과단지(bakery town)를 조성 목표로 공사 중이며 향후 제빵학교는 지역 대학과의 연계도 추진할 예정이다.

2024년 2월에는 교육부가 주관한 교육발전특구시범사업에 '우리 밀 제과 특화교육 산업 특구'로 선정되어 부안군의 밀산업과 교육을 연계해 돌봄에서부터 교육, 정착까지 이뤄질 수 있도록 초·중·고 공교육으로 확장하여 부안제일고등학교를 전북 제과고등학교로 변경하고 72억 원을 투입해 제빵 및 제과 전문 인력을 배출하여 지역산업 활성화를 추진하고 있다.

9월에는 관내 지역농협 조합장과 가공·유통업체와 농업인단체 대표 등 15명을 위원으로 식량산업 종합계획 발전협의회를 구성하여 부안군 식량산업 발전 방향 종합계획(2025~2029)을 수립했다.

권익현 부안군수는 "우리나라 국민의 두 번째 곡물인 밀산업은 정권이 바뀔 때마다 목표량이 변화하면서 법정계획을 따르지 못하며 생산 농가의 신뢰를 잃어가고 있다. 국내산 밀의 생산은 단순한 먹거리 작물을 넘어 기후위기를 극복하기 위한 작물이자 국민의 생명과 안전을 위한 건강산업이고, 보호무역에 대응하기 위한 식량산업이다. 우리 토양에 맞고 기후변화에 적응하는 품종을 개발하고, 생산단지 확대를 통해 지속 가능한 식량의 생산과 고품질을 유지하는 저장시설의 확충을 통해 소비자에게 공급하는 체계를 구축하여 기초식량자급을 위해 먹거리 기본권을 마련하기 위해 노력 중이다"고 밝혔다.

밀가루는 밀의 겨(껍질, 기울 14~15%)와 배아(밀눈, 2~3%)을 제외한 배유(83%, 씨눈 성장에 도움을 주는 알갱이 부분으로 녹말, 탄수화물 함량 높음)를 가지고 만드는데 찧거나 쓿어서 껍질을 벗기는 도정(搗精)을 하지 않고 빻아서 가루를 만드는 제분(製粉)을 한다. 씨제이(CJ)제일제당은 밀알 한 알을 빻아서 부위별로 각기 성질이 다른 119종류로 나누는 제분기술을 기반으로 정부의 지속적인 연구개발 투자와 품질 관리를 위한 저장시설 확충, 공공비축 물량의 확대 등의 과제는 밀산업을 위해 서둘러야 하는 과제이기도 하다.

부안군의 밀산업은 정부의 냉대 속에서도 국민의 건강권과 식량권,

기후위기에 대응하기 위해 치열하게 싸워온 우리나라 밀산업의 살아 있는 역사이다. 부안영농법인은 2021년 국산밀 소비확대 우수사례 공모에서 최우수상을, 2022년에는 국산 및 생산단지 대회에서 대상을 수상하며 국내 밀산업을 이끌고 있다. 국산밀을 살리기 위한 농민 운동가들의 헌신과 지방자치단체의 지원을 통해 미래를 준비하는 부안의 밀산업은 지방자치 시대의 모범 사례로 자리 잡고 있다.

02 지역 먹거리 소비가 복지이다

'청양군 먹거리 계획' 으로 생산과 소비의 선순환 체계 : 청양군

● ● ●

농자천하지대본(農者天下之大本)은 농업이 가장 기본산업이자 백성의 생업(生業)이며 농민과 농촌을 사회·경제 바탕으로 국가를 경영해야 한다는 가치를 표현하는 것으로, 농업의 발전을 통하여 정치적 목적을 달성하려는 농본주의 사상은 삼봉 정도전이 내건 조선 건국의 명분 중 하나이자 조선 왕조의 통치이념이다.

2018년 12월 17일 제73차 국제연합총회에서 〈농민과 농촌에서 일하는 사람들의 권리 선언(UN Declaration on the rights of peasants and other people living in rural areas〉(다음 농민권리선언문)이 채택되었다.

선언문에는 소농, 소작농, 여성 농민, 농촌 이주 노동자 등을 '농민(Peasant)' 으로 정의하고, 이들이 종자, 토지 등 생산수단을 이용할 권리, 안전한 환경에서 일할 권리, 추방되지 않을 권리, 지역의 정책 결정 과정에 참여할 권리 등을 명시했다.

'농촌' 은 농업을 수행하기 위한 공간적 기반이며 농민의 삶의 터전으로, 생태계 보전과 공동체 유지, 식량 주권 실현 등 농업의 공익적 기능과 가치를 실현하기 위한 터전이다. 그리고 농민과 농촌의 주민도 도시와 동등한 수준의 교육과 의료와 돌봄, 복지 혜택은 헌법정신이다.

농업은 생태계 선순환을 유지하는 중요한 산업이다. 이산화탄소를 흡수해 토양에 고정시키는 역할, 지표면의 온도 조절과 수자원의 저장, 유기물의 분해를 통한 물질 순환, 생물 다양성 보존 등 환경 보전과 기후변화 해결자로서 매우 중요한 역할을 수행하고 있지만 기후위기 시대에 기상이변으로 인한 최대 피해 산업이기도하다.

1960년대까지만 해도 농산물의 생산과 소비 과정이 국가나 지역 단위에서 자급하는 경향이 강했으나 1970년 중반 이후 아시아와 아프리카를 중심으로 곡물수입량이 급속도로 증가하면서 전세계 절반이 농산물 수입 국가가 되었다.

1986년 관세 및 무역에 관한 일반협정(GATT) 체제를 넘어 다자간 무역협상을 통한 수입자유화협상(우루과이 라운드)은 '농산물의 자유로운 교역'이라는 시장 논리를 명분으로 북미 대류과 유럽은 주요 곡물 수출국으로 등장하고, 초국적 농식품 복합체에 의해 세계의 농식품 체계를 통제하게 되었다. 이는 종자와 비료, 농약 등의 사업 영역으로까지 확대하며 국가나 지역 단위의 농업 체계를 완전히 파괴해버렸다. 결국 인위적인 유전자조작생물(GMO, Genetically Modified Organisms)로 창출된 녹색혁명형 농업, 환경파괴형 농업, 순환파괴형 농업으로 이어지면서 인간의 먹거리 안전성까지 파괴하고 있다.

이와 맞물려 영국의 대처 수상과 미국의 레이건 대통령의 신자유주의에 의한 자본의 시장 자유화는 먹거리의 세계화를 촉진시켰고, 이는 먹거리의 대량생산과 균일화로 수입농산물과 냉동식품화한 농산물의 대량유통으로 탄소 배출량의 증가로 인한 기후위기를 가속화시켰다.

생태적 관점에서는 다수확 품종의 대규모 단일재배는 화학비료와 농약의 투입, 에너지와 자원의 집중 투입 등으로 환경을 훼손하는 농업으로 전락했다. 이러한 농법은 토양의 회복력인 보수력이나 통풍성, 통수성을 떨어뜨리고 토양에 소금성분인 염류(鹽類)가 쌓이고, 토양의 윗부분이 유실되는 현상을 초래하면서 지역별, 계절별 농산물 생산체계를 무너뜨리며 먹거리 선순환 체계를 파괴하였다.

대한민국의 외환위기는 농촌과 농업에도 피해가 발생하면서 국민의 정부는 농업·농촌기본법(1999)과 여성 농어업 육성법(2001)을 제정하였고, 한·미 자유무역협정(FTA)을 추진한 참여정부는 농업·농촌 및 식품산업 기본법으로의 개정을, 농어업 경영체 육성 및 지원에 관한 법률(2009) 제정 등을 통해 대안을 마련했으나 효과가 크지 않자 이명박 정부는 해외에 눈을 돌리며 해외농업개발협력법(2011)을 해외 농업·산림 자원개발 협력법(2015)으로의 개정과 농업소득의 보전에 관한 법률(2014)의 농업·농촌 공익기능 증진 직접 지불제도 운영에 관한 법률(2019)로의 개정을 추진하였다.

미국은 1976년 농민-소비자 직접 마케팅법과 1996년 농업법을 통해 농민 시장과 공동체 지원농업을 활성화 시켰다.

영국은 지방정부나 민간단체 지원사업을 통해 농가의 판매장 개설을 지원하는데 장터에서 판매되는 식품은 인근 지역에서 생산되거나 가공된 것, 또는 판매자 자신이 직접 생산하거나 가공한 식품이어야 하며, 직거래 시장은 도시 근처에 개설되고 대부분 틈새시장을 노리는 고품질 식품으로 추진했다.

대한민국의 '우리동네 농산물 먹거리 운동'은 세계 농식품공급체계의 한계를 극복하기 위한 대안적 농식품 공급체계로 2000년 전후에 등장하여 농협의 농산물 유통정책으로 자리 잡기 시작했다.

1980~1990년대 한살림과 두레생협 등이 안전한 먹거리를 추구하는 운동을 시작하고 2000년대 들어서는 전국여성농민단체총연합이 추진한 '얼굴 있는 생산자와 마음을 알아주는 소비자가 함께 만드는 먹거리 사업(우리텃밭)'이 농산물의 생산과 유통을 통한 소비자와의 신뢰관계를 구축하였고, 보장된 생산비와 수익금은 농촌의 취약계층을

위한 교육·문화·복지 사업에 지원되었다. 충남 서천은 지방자치단체가 농민 장터와 생협매장의 운영을 이끌어나갈 지역 주체를 만들어 가는 작업을 통해 지역 먹거리 체계를 구축하였다.

강원도 원주시는 국내 최초로 지역 먹거리 운동을 지원하는 먹거리 육성 및 지원 조례를 2009년에 제정하였다. 우리 동네 먹거리 1번지라고 불리는 완주군은 2012년 10월부터 판매장이 등장하였고, 우리 동네 농산물 먹거리 산업 활성화를 이끌고 있다.

박근혜 정부는 2016년 '지역농산물 이용촉진 등 농산물 직거래 활성화에 관한 법률'을 제정하고 '지역농산물 이용촉진 및 직거래 활성화 기본계획(2017~2021)'을 수립하면서 우리 동네 먹거리사업의 제도적 기반을 마련하였다.

문재인 정부는 국가 및 지역 민관협력 통합형 우리 동네 먹거리 관리 및 실행계획이라 할 수 있는 먹거리 종합계획을 핵심 농업정책으로 추진했다. 생산부터 소비까지의 연계성을 높여 중·소농의 경영 안정과 지역 유통순환 체계를 추구하며 지역경제 선순환 구조를 실현하는 건강한 먹거리 보장계획과 어린이를 비롯한 취약계층 등 식생활 영양 개선 등의 복지 정책도 포함하고 있다.

농림축산식품부는 먹거리 종합계획을 구축하기 위해 2018년 2월에

9개 지방자치단체를 선정하여 운영하기로 하고 광역형(충남)과 도시형(서대문구, 유성구), 농촌형(청양군, 해남군), 복합형(춘천시, 완주군, 상주시, 나주시)으로 나누어 선정했다.

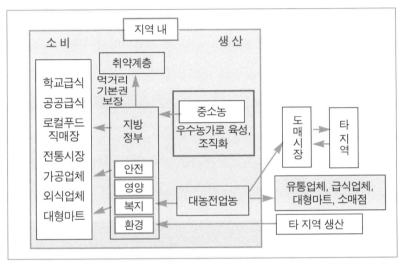

◆ 농림식품축산부의 지역 먹거리 종합계획의 생산과 소비 체계   출처 : 농림식품축산부

농림축산식품부 첫 해 사업에 선정된 청양군(1읍 9면)은 지역 먹거리 종합계획을 수립했다. 지속 가능한 농업과 건강한 지역민, 그리고 지역순환경제 등 3개 정책 방향을 설정하고 농가당 월 소득 150만 원을 보장하는 1천 농가를 실현하여 연간 200억 원 매출이라는 구체적 지표를 설정했다.

1단계 사업으로 생산과 유통을 초점으로 먹거리 관련 시설 및 통합

관리체계를 마련한 후 2단계는 청양군의 지역활성화재단의 안정 정착을 통해 공공형 운영체계와 먹거리 종합단지 구축, 친환경 농업활성화 기반 등을 구축하고, 농산물의 기획 생산을 위해 농민을 조직화하여 연중 기획 생산체계 마련, 공공급식 확대와 우리 동네 먹거리 판로 확대를 통한 소비시장 확대, 사회적 경제조직 참여와 지역농산물 가공 육성 확대, 마을공동체 운영을 통한 먹거리 사회적 경제 육성 등 5대 분야 10대 과제를 선정하고 2027년까지 총 791억 원을 투입하는 계획을 수립했다.

청양군은 2018년 먹거리 종합계획을 담당할 조직인 농촌공동체과를 신설하고 공동체 기획, 먹거리 종합계획, 공공급식, 농촌개발, 농

◆ 우리동네 먹거리 종합단지   출처 : 청양군청

촌 활력 등 5개 하위 부서를 설치하는 조직개편안을 확정했다. 기획 생산에는 134농가를 1차 확정하여 관계자들과 함께 농촌의 활성화 방안에 논의하였다.

2019년에는 전년도보다 증액된 급식비를 지원하고 '농산물 최저가격 보장 연구'를 통해 전체 농가의 54%가 1,500평 이하인 농가의 소득 안정과 소비자에게 적정한 가격을 제시해 공공급식에 납품할 농가 1,000농가를 육성한다는 구상을 제시했다. 관련 조례로는 지역농산물 이용촉진 등 농산물 직거래 활성화에 관한 조례와 지역농산물 공공급식 지원에 관한 조례, 농산물 기준가격 보장 지원에 관한 조례, 지역활성화재단 설립 및 운영 조례 등을 제정한다.

2020년에는 청양군에서 생산한 농축산물을 청양군수가 인증하는 조례를 제정하고 생산자, 소비자, 유통기관, 전문가 등 50명이 참여하는 먹거리위원회를 설치했다. 곧이어 지역활성화재단이 출범하고 농산물 종합가공공장과 공공급식물류소를 준공했으며 토양 원소 분석기를 이용해 토양 분석 결과를 신속히 통보하고, 생산된 농산물의 군수 품질인증제 시행, 우리 동네 먹거리 직매장 상표인 '햇살농부'라는 상표 출원을 하였다.

2021년에는 농산물안정성분석실 준공, 2022년에는 농산물전처리실과 산채가공실, 구기자산지유통소를 준공, 2023년에는 친환경가공소를 준공하면서 먹거리종합단지 기반시설을 마무리하였다.

우리 동네 먹거리 사업의 전문가로 청양군 지역활성화재단에서 활동하는 정환열 상임이사는 "관내 어르신들이 아침 일찍 먹거리 종합단지를 방문하여 여러 장비를 직접 조작하여 작은 단위로 포장을 하고 있다. 이는 단순한 경제적 소득을 넘어 지역 어르신들의 삶 그 자체다. 우리 동네 먹거리 사업이 생산자와 소비자의 신뢰 관계 형성을 통해 안전하고 품질 좋은 농축산물을 공급하는 의미도 크지만 어르신들이 하루하루를 즐겁게 살아갈 수 있는 환경을 조성하여 농가들이 희망을 가질 수 있도록 청양군이 만드는 새로운 복지 정책" 이라고 말했다.

2020년에는 전염병(COVID-19) 확산으로 농축산물 소비감축으로 가격이 하락하자 '농산물 기준 가격보상제' 에 따라 '연속 7일 이상 하락하는 경우' 와 '월평균 시장가격이 하락하는 경우' 를 조사하여 36개 품목 중 친환경농산물은 차액 100%를, 일반 농산물은 차액의 80%를 보상 확정해 농가를 보호했고, 이후 품목을 확대하여 2024년도에는 55품목으로 확대하고 기준가격도 도매시장의 95%로 상향하는 농산물 기준가격 보상제를 실시하고 있다.

2022년에는 지난 5년 동안의 평가를 통해 '제2차 청양군 먹거리 종합계획' 을 수립했다.

2021년부터 추진된 '청양군수 품질인증제'도 2024년도부터는 인증 표시의 권위와 소비자 신뢰를 위해 깨끗한 환경, 제초제 미사용, 생산 이력제 도입, 철저한 안전성 검사, 엄격한 품질 관리 등 5가지 차별화 단계와 오염원 차단과 토양 검정, 농업용수 검사, 농약허용물질목록 관리제도(PLS) 준수 등 15가지의 실천 과제를 지켜야만 한다. '청양군수 품질인증제'는 2021년 103개 농가에서 2024년에는 270개 농가를 육성했고, 2026년에는 300개 농가를 목표로 추진하고 있다.

김돈곤 청양군수는 "군민의 32%가 65세 이상이며, 농업인 평균연령이 69세로 높은데다 농업소득이 1천만 원 미만인 농가가 67%, 3천 평 미만의 소농이 60%를 넘는다. 생존을 위해서는 중·소농의 조직화와 다품종 소량 생산·연중 생산 체계를 구축, 재단법인으로 설립해 전문적인 운영이 필요하다. 우리 군의 먹거리 계획의 가치는 신뢰성과 관계성, 그리고 포용성과 지속가능성이다. 청양의 먹거리 종합계획은 안전한 농산물을 생산하는 농민과 소비자를 연계하여 농가의 소득 창출도 이루지만 공공급식과 취약계층의 먹거리 공급까지 이어지는 복지와의 순환 체계를 구축하고 있다"고 밝혔다.

청양군의 우리 동네 먹거리 사업은 이웃한 지방자치단체와 협력, 청양 먹거리 직매장(유성점) 운영, 복지와 결합되어 일상의 거의 모든 곳에 연결되어 있다. 2019년에는 취약계층 중심이었으나 현재는 도시락 배달사업과 80여 개소의 경로당에서 공공급식을 운영하고 있다. 사업에 대한 평가는 여러 수상을 통해 노력을 인정받았고 109개의 지방자치단체와 농협, 생산자 단체 등이 청양군을 방문하였다.

영농인이자 농업경제학 박사인 박두호는 "우리동네 먹거리 사업이 더 큰 진전을 이루려면 농사를 짓지 않는 부재지주의 농지 소유 구조를 어떻게 바꿀 것인가에 대한 근본적인 고민과 대책이 있어야 하고, 전문농업인의 육성과 함께 소농들의 토종 종자와 질 좋은 종자를 육성하는 방안도 함께 이루어진다면 더욱 효과가 클 것"이라고 말했다.

군민의 50%가 농민이며 충남 15개 시군 중 노인 인구가 52%로 가장 많은 청양군은 1,500평 이하의 소규모 농민과 여성 농민이 즐거운 농업을 할 수 있다. 작은 구슬들을 실로 꿰어 아름다운 목걸이를 만들 듯 청양군은 단단한 실의 역할을 해내고 있으며 살고 싶은 농촌이 되도록 '농(農)'과 '식(食)'을 해결하는데 행정력을 집중하고 있다. 어르신들의 경로당 의무급식을 통해 안전한 먹거리 기본권 보장으로까지 이어진 청양군의 먹거리 종합계획은 초고령사회와 지방소멸 위기 시대에 의미 있는 정책 사례로 남을 것이다.

03 산불 방지는 지구를 지키는 일

주민참여형 특별산불방지종합대책 : 강원도 고성군

• • •

검은 연기가 지구를 뒤덮었다.

2019년 9월부터 2020년 2월까지 호주 전체 숲 면적의 14%인 1억 3,400만 헥타르(ha)를 태웠다. 2023년 5월부터 9월까지 캐나다에서 발생한 산불로 1,500만 헥타르의 숲이 불에 탔으며 발생한 이산화탄소는 캐나다의 2022년 연간 탄소 배출량 149TgC(테라그램카본)보다 4배 이상 많았다. 미국의 2018년 캘리포니아의 산불은 서울의 3배 면적을 태웠으며, 2021년 7월 딕시(Dixie)에서 발생한 산불은 두 달 만에 서울시 면적(605㎢)의 7배에 달하는 4,040만㎢가, 2024년에는 1,489㎢이 불탔다.

지구의 기후변화를 유발하는 여러 요인 중 하나가 지구온난화다. 지구온난화를 일으키는 온실가스 물질은 화석연료의 연소나 산림벌채 등에서 발생하는 이산화탄소(CO_2), 가축의 분뇨와 음식물쓰레기에서 발생하는 메탄(CH4), 자동차 배기가스나 미생물의 분해 등에서 발생하는 질소산화물(NOx), 냉장고 등의 냉매에서 배출되는 수소불화탄소(HFCs) 등이다.

산업혁명 이전의 이산화탄소는 280ppm을 유지했으나 산업혁명으로 인한 유한자원인 석유와 석탄 등 화석 연료의 과다한 사용은 엄청난 이산화탄소를 배출하면서 태양 복사와 지구 복사의 복사 평형을 무너뜨렸다. 결국 2022년도 지구 평균 이산화탄소는 417.9ppm으로 기후위기에 대한 공포가 세계적인 담론으로 이어졌다.

1992년 브라질 리우에서 열린 유엔환경개발회의에서는 '리우 선언'을 채택했고, 1995년 독일 베를린에서 제1차 기후변화협약 당사국총회를 열어 '2000년 이후의 온실가스 감축목표에 관한 의정서'를 1997년 제3차 당사국총회가 열리는 교토에서 채택하기로 합의했다.

2015년 파리에서 열린 제21차 기후변화협약 당사국 총회(Conference of Parties)는 지구의 기온 상승을 섭씨 2도 이하로 낮추기 위해 온실가스 감축(안)에 미국과 중국이 합의하였고, 160여 개 국가들도 온실가스 감축목표(INDC: Intended Nationally Determined Contribution)를 제출하면서 새로운 기후 체제를 만들기 위한 파리의정서가 채택되었다.

2021년 영국의 글래스고에서 진행된 제26차 기후변화협약 당사국

총회에서는 '글래스고 기후합의(Glasgow Climate Pact)'를 채택하여 기후변화 적응을 위한 재원과 온실가스 감축, 국제협력 등에 관한 합의를 이루었다.

　우리나라는 참여정부 시기인 2005년 6월 '환경의 날'에 〈국가 지속 가능 발전 비전〉을 선언하고 '기후변화협약 대응체제 구축'을 확정하였다.

　2021년 5월에는 국무총리와 민간인을 공동위원장으로 하는 '2050 탄소중립위원회'로 출범시키며 정부 차원의 의지를 표현하여 기후변화에 대한 대응을 추진하였다. 문재인 대통령도 2021년 식목일날

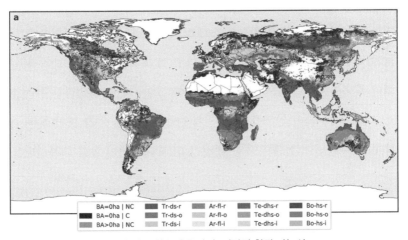

◆ 기후 변화에 대응한 세계 산불 활동의 공간적, 시간적 확장 가능성

출처 : 네이처 커뮤니케이션즈

"2050년까지 30억 그루의 나무를 더 심어 더 많은 양의 탄소를 흡수할 계획"이라고 밝히며 탄소 흡수를 위해 나무와 숲을 가꾸는 정책이 중요함을 강조한 바 있다.

기상청의 〈우리나라 109년(1912~2020) 기후변화 분석보고서〉에 따르면, 최근 30년(1991~2020) 동안의 기후는 과거 30년(1912~1940년)에 비해 연간 강수량이 11.5%(135.4mm) 증가했지만 같은 기간 동안 강수일수는 13.7%(21.2일) 감소했다.

우리나라의 미래 기후변화 예상 각본에서도 2050년경(2041~2060년)까지 강수량은 5.7~6.6% 증가(75.6~87.5mm)하는 반면, 강수일수는 8.3~11.0%가 감소(9.2~12.2일)할 것으로 전망하고 있다. 이는 향후 한반도는 비가 내릴 때 집중적으로, 그리고 더 많은 양의 비가 내린다는 것을 의미하며, 비가 연속적으로 내리지 않는 날도 더 길어졌음을 의미하는데 앞으로도 더 자주 발생한다고 예측했다. 그리고 과거 30년 대비 최근 30년의 건조한 봄의 시작일이 17일이나 빨라졌다는 분석으로, 비가 적게 내려 건조한 날씨가 지속되는 건조일 수가 길어져 봄 가뭄이 더 극심해져 산불에 대한 대비가 더 확대되어야 함을 의미한다.

국제환경계획(UNEP, United Nations Environment Program)은 기후변화로 인해 세계적으로 대형 산불이 2030년에 14%, 2050년에는 30%, 2100

년에는 50%가 증가할 것이라고 예측했다.

국립산림과학원은 온도가 1.5℃ 증가하면 산불 발생 위험도를 수치화한 산불기상지수는 8.6% 상승하고, 온도가 2℃ 높아지면 13.5% 상승하는 것으로 분석됐다. 기후변화로 점점 더 산불이 일어나기 좋은 조건으로 바뀌어가는 것이다.

2019년 4월 강원도 고성과 속초, 강릉, 동해, 인제까지 확산된 산불은 관할기관뿐만 아니라 인접기관의 인력과 장비까지 총동원해 진화하는 대응단계인 3단계였으며, 이 산불로 축구장 면적의 1,700배에 달하는 산림 1,260헥타르를 태웠다.

2020년 3월 울주군, 4월 안동시, 5월 강원도 고성군, 2022년 2월 영덕과 합천-고령, 3월 강릉-동해와 울진-삼척, 4월 봉화-군위, 5월 울진, 밀양 등의 산불이 모두 3단계 발령이다.

2004년부터 2023년까지 20년 동안 크고 작은 산불은 9,609건에 47,793헥타르를 태웠고, 이중 대형 산불은 47건으로 39,403헥타르를 태워 2조 5백억 원의 재산 피해가 발생했다.

최근 산불 발생 현황에 대해 국립산림과학원은 한국과 비슷한 기후대에 위치하여 이웃하는 중국과 일본은 줄어들고 있으나 우리나라는 2016년 391건이며 2020년 620건으로 꾸준히 증가하고 있다고 밝혔다.

대형 산불의 영향 중 하나는 숲 가꾸기 사업의 실패로 발생한다는 주장이 있다. 인위적 조림사업을 통해 조성된 숲은 나무 밀도가 높고, 특별히 산불이 나지 않는 한 산림 수령도 30~50년 사이가 70%를 웃도는 현상이 발생했다. 비슷한 수령의 나무가 밀집한 상태에서 나무끼리 생존 경쟁을 하다 경쟁에서 밀려 죽은 나무는 숲속에 쌓이게 되고 한번 산불이 나면 대형화로 확산할 수 있는 침엽수림으로 조성되어 있다.

소나무를 비롯한 침엽수림은 불과 친한 송진과, 인간의 심리를 안정시켜주는 항균 항산화 물질인 방향제 피톤치드(phytoncide)의 일종인 테레핀(Turpentine)이라는 정유(精油, essential oil) 물질을 함유하고 있

◆ 도시 전체가 화염에 쌓인 고성군　　　　　　　　　　출처 : 고성군청

어 산불에 불쏘시개 역할을 하게 된다.

2019년 고성군 산불 진화작업에 동원된 인력은 16,742명이고, 투입된 진화 장비는 헬기 22대를 비롯해 소방펌프 260대, 물탱크 222대, 진화차 59대, 군부대 진화차 259대 등 총 1,028대의 장비가 투입되었고, 문재인 대통령과 국무총리 등이 방문하여 피해 주민과 관계자들을 위로했고, 피해가 너무 커 범정부 차원의 대응이 필요하여 '재난 및 안전관리 기본법' 제36조 특별재난지역으로 선포하였다.

함명준 군수는 2020년 4월 보궐선거로 당선되고 5월에 산불 없는 고성을 만들기 위해 '주민참여형 특별산불방지종합대책' 을 수립했다. 지난 30년간 고성 지역에 발생한 산불로 1996년 4,387헥타르, 2000년에 2,686헥타르, 2020년에는 119헥타르가 소실되었다. 산불은 주민들의 삶터 가까운 곳에서 일어나 생명과 재산 그리고 미래를 위협하기 때문에 주민들의 참여가 절실하였다.

주민참여형 특별산불방지종합대책의 총 6개 정책으로 첫 번째는 내화수림대 조성사업이다.

2019년 고성 산불 피해 지역의 식생 회복률에 대한 연구에 의하면 침엽수림 비율이 높은 지역에서 높은 강도의 산불 피해가 발생하였고, 상대적으로 혼효림과 활엽수림의 비율이 높은 지역에서 낮은 강도의 산불 피해 경향을 보였다.

산불에 강한 내화수림대 조성 시 숲속 나무가 성장하는데 영향을 줄 수 있는 바람막이(방풍림) 기능을 고려하여 바람의 방향과 지형을 활용하여 불에 잘 타지 않거나 불에 잘 견뎌 산불이 빨리 번지지 못하도록 복구 정책을 추진하고 있다. 그리고 산불 인접 주택지는 이격 공간을 조성하여 산불 안전 공간을 확보하고자 노력 중이다.

두 번째 정책은 산불은 발생하지 않도록 하거나, 산불이 발생하더라도 불씨가 작을 때 초기에 진화하는 사업이다. 우리나라는 대형산불 피해로 진화를 위한 산불 위험 예보나 산불 확산모형 예측, 차량, 헬리콥터 등 진화 체계와 장비는 상당한 수준으로 향상되었다. 특히,

◆ 고성군의 내화수림대 조성   출처 : 고성군청

산불 진화용 헬기는 일본의 6배나 많다고 알려졌으나 바람의 속도가 초당 15미터(15m/s) 이상이 되면 헬기에 의한 진화가 어려워 결국 인력에 의해 진화를 할 수 밖에 없다. 산불 조심 기간이 되면 산불의 불씨가 될 가능성이 있는 사례를 분석해 화목난로와 영농부산물 소각을 금지하고 파쇄기 8대를 배치하여 파쇄 후 퇴비화로 자연순환농업으로 유도하고 있다. 그리고 화목난로 사용가구에 대한 전수 실태 및 안전 점검을 실시하고 있으며, 나무를 태우는 화목난로 대신 압축연료를 사용하는 난로(pellet boiler)를 보급하고 있다.

세 번째 정책은 일상적인 산불방지를 위한 주민 조직화이다. 고성군은 「산불방지 활동지원조례」를 제정(2021.02)하여 마을 자치지원대를 조직한 후 산불 예방 및 감시활동을 지원하고 산불 진화 활동을 유도하고 있다. 산불감시원도 국비와 도비를 포함하여 매년 35억 원을 편성하여 산불 예방 활동을 강화하고 있다.

네 번째 정책은 산불을 초기에 진화할 수 있는 시설 확충이다. 2019년 산불 발생 시 진화용 담수물이 없거나 살수차 부족 문제를 해결하고, 인접 마을에 산불 발생 시 사용할 수 있는 물 공급처인 지상식(비상) 소화전도 2019년 235개에서 144개를 늘려 총 379개소에 설치하였다.

고성군에서 태어나 2019년 농업용 고압살수장비로 산불 진화에 참여하였던 정일모 씨는 "2019년 산불이 마을을 덮쳐 농업용 장비지만 산불 진화에 참여하였다. 주민들은 모두 산불의 참상을 잘 알고 있어 할 수 있는 일들을 시작했다. 불이 나면 가장 먼저 집에서 사용하는 가스통을 논이나 밭 가운데로 옮기고 피신하고, 진화 장비를 움직였다. 산불의 초기 진화 중요성을 알기에 농업용 장비지만 비상시 산불 진화로 사용할 수 있도록 장비를 관리하고 있다"고 말하는 것처럼 민간인의 대용량 물차를 확보하여 진화용수로 공급망을 확보하고 있다.

다섯 번째는 가을과 봄철 산불 조심 기간의 연장 운영이다.

산림청의 가을철 산불 조심 기간은 11월 1일부터 12월 15일까지이며, 봄철 산불 조심 기간은 2월 1일부터 5월 15일까지나 고성군은 산림청과 다르게 운영하고 있다. 2021년에는 1월 1일부터 5월 31일

◆ 고성군의 산불 조심 기간 연장 운영　　　　　　　　　출처 : 박진우

까지 운영하였으며, 2023년도는 6월 19일까지, 가을철에는 10월 1일부터 시작하여 12월 31일까지 앞뒤로 산불 조심 기간을 늘렸고, 2024년 새해는 1월 22일부터 5월 31일까지 봄철 산불 조심 기간을 운영했다. 산림청의 6개월보다 3개월이 더 많은 9개월을 산불 조심 기간으로 운영했다.

강원도 내 기초지방자치단체의 공중진화용 헬기를 190일 내외로 운영하고 있지만 산불 진화를 위해 연간 277일 동안 예산을 투입하여 산불 진화용 헬기를 운영하고 있다.

마지막 여섯 번째 사업은 임도의 더딘 확보다.

산림청은 대형 산불 진화 후 후속 사업으로 더 많은 장비를 확보하였고, 임도 확보도 산림청에서 무게를 두고 추진하는 산림관리 대책 중 하나이다. 산림청은 대형 산불을 초기에 진화하기 위해서는 장비들이 빠르게 현장까지 진입할 수 있도록 임도를 대대적으로 늘려야 한다는 입장이지만, 기후재난연구소 최병성 소장은 강릉 산불 진화와 관련하여 "4차선 도로변에 위치하여 산불 진화 차량과 진압대원이 바로 접근할 수 있었지만, 도시의 펜션과 호텔이 불타는 것을 지켜만 봐야 했고 임도가 산불 진화를 위한 필요충분조건이 아니라고 주장"하였다.

2023년 3월 합천에서 발생한 산불의 원인을 조사한 경남 창녕·김해 · 양산 · 진주환경운동연합과 경남시민환경연구소 등의 민간조사단도 "중국과 일본은 산불이 급감하고 있다. 1970년대와 비교해 중국은 80%가량 줄었다. 그런데 우리나라만 유독 정반대 방향으로 가고 있다"며 "임도가 바람의 통로가 되어 산불이 더 번지는 역할을 하고 있다"고 지적하였다.

윤미향 국회의원도 2023년 국정감사 과정에서 미국은 산림 대비 임도 밀도가 1.9m/ha로 우리나라의 절반에도 미치지 못하다고 지적한 바 있다.

우리나라 통계에 사용되는 임도는 〈산림자원의 조성 및 관리에 관한 법률〉에서 '산림의 경영 및 관리를 위하여 설치한 도로'를 말한다. 즉, 산림 내에 다른 목적으로 조성된 도로는 동일한 기능을 수행할 수 있더라도 임도에 포함되지 않는다. 반면, 산림청이 비교하고 있는 다른 나라의 경우에는 그렇지 않다.

2023년 4월 11일 발생한 강원특별자치도 강릉시 난곡동 산불 지역을 대상으로 그 관계성을 검증한 결과 산림청이 주장하는 우리나라 임도 밀도인 3.9m/ha에 비해 무려 43배나 높아 논리적으로도 충돌되어 산불 피해 지역에서 산림 내부 혹은 인접한 도로가 산불 진화에 효과적이라는 통계는 없는 것으로 확인됨으로써 산림 내 임도밀도를 높이는 것이 산불 진화에 효과적이라는 논리와 충돌한다고 밝혔다. 결국 나무가 없는 임도는 산불 진화용이 아니라 바람이 이동하는 통로 역할을 하며 산불의 이동 통로가 된다는 지적이다.

고성군은 산림청의 임도 정책은 국가 시책으로 추진하는 사업인데다 임업지가 압도적으로 많은 지역이라 다양한 임업 활동을 위해 산림청의 정책 흐름을 따르고 있으나 산불 진화를 위해서 산림청과는 다르게 산불 예방과 초기 진화에 초점을 맞추고 있다.

함명준 군수는 "지구온난화로 기상이변이 심각해지면서 대형 산불이 발생이 빈번해지고 이는 숲이 머금고 있는 탄소를 대기로 배출하는 역할을 하며 지구를 더 덥히는 역할을 수행하기에 숲을 잘 지키는 것이 기상이변을 막는 길이다. 고성군은 전체 면적의 82.6%가 백두대간의 숲을 보유하고 있다. '주민참여형 특별산불방지종합대책'은 고성군민 모두가 지구 시민으로 지구온난화를 막는데 함께하고자 하는 마음으로 산불 방지를 위해 많은 역량을 투자하고 있다. 특히 마을별로 구성된 마을자치지원대는 숲 현장에 거주하는 주민들로, 일상에서 모의훈련 등을 통해 산불 예방과 초기에 산불을 진화하기 위해 땀을 흘리고 있다"고 밝혔다.

우리나라의 재난관리 업무는 건설부에서 담당하던 방재 업무가 1991년 내무부로 이관되었고, 1995년 서울의 삼풍백화점 붕괴사건을 계기로 재난통제에서 재난관리로 전환되었으며, 참여정부인 2004년 소방방재청이 개청하면서 독립적인 전담 재난관리 조직이 태어나 현재에 이르고 있다.

산불은 기본적으로 산림청의 지휘를 받아 기초지방자치단체가 담당한다. 그러나 산불이 커지게 되면 산림청의 지휘를 받아 광역자치단체가 맡는다. 그리고 산림청은 산불 현장 대책지원단 구성 및 지원, 그리고 공중 지휘기를 운영한다. 작은 산불이든 큰 산불이든 지방자치단체가 진화를 하고 있으나 실질적인 진화 책임은 산림을 조성하고 가꾸는 산림청이 담당하게 되는데 소방을 전문으로 담당하는 소방청과의 역할 관계도 재정리가 필요할 때다.

고성군이 수립하여 추진하고 있는 '주민참여형 특별산불방지종합대책' 이후 고성군 관내에서의 대형 산불은 지금까지 단 1건도 발생하지 않았다.

04 백색농업 시설 재배의 땅 살리기

충청남도 염류집적 시설 하우스 담수 지원에 관한 조례안 : 부여군

생명체의 먹거리인 농업은 인류의 기초산업으로서 4번의 대변화를 통해 오늘에 이르렀다.

인류의 출범과 함께 약 100여 년 전까지의 시기로 노동집약적으로 이루어진 농업 1.0 시대와 '녹색혁명' 이라고 불리는 유전자 조작과 화학 농업이 결합하고 보행형 경운기 등이 사용되면서 생산성이 비약적으로 높아진 농업 2.0 시대, 그리고 21세기의 농업은 3.0 시대로 정보통신기술이 접목되어 승용형 원동기 등이 결합하여 통신기술(Internet of Things, IoT)에 기반한 지능형 과학 농업(smart fram) 시기이다.

농업 4.0 시대는 현재 걸음마 수준으로 시설과 장비, 정보 등이 결합하여 인공지능과 대형정보의 분석, 사물 통신(internet), 로봇 등에 의해 이루어진 무인 자율구동 시기로 나눌 수 있다.

농업은 제조업과 달리 생산 환경에서 기상 요소가 가장 중요한 영향 요인으로 작용하는데 기후변화로 인한 지구의 기온 상승과 기상 불확실성의 심화는 농업 생산 환경의 변화와 위험 요소를 증가시키고 있다. 세계적인 기온 상승은 현재 재배되고 있는 작물들의 재배 적지를 북상시키고 있으며 상대적으로 덥고 습해지는 환경 변화는 발생이 뜸하던 병해충이 빈번하게 발생하게 한다.

농민들은 기후위기에 적응하기 위해 재배 시기를 변경하거나 생산 효율이 떨어지는 작물을 파악하여 생산성이 높은 새로운 작물로 대체하고 있으며, 병해충에 대한 위험은 여러 기술을 결합해 대응하고 있다.

1980년대 다자간 무역협상(Uruguay Round)의 타결과 세계무역기구(World Trade Organization, WTO)의 출범으로 농업 경쟁력 강화를 위해 시설재배에 대한 정책지원이 강화되었다.

참여정부 시 정보통신부는 '어디서나 가능한 농업(U-Farm) 선도 사업(2004)'을 추진했고, 이명박 정부는 농림축산식품부의 '정보통신기술(ICT) 융복합 시범화 사업'을, 박근혜 정부는 시설원예, 노지 과수 등에 '정보통신기술 융복합 확산 사업'을 추진하면서 시설재배 산업을 보급했다.

문재인 정부는 '지능형 과학 농업(Smart farm) 혁신 지역(valley)' 사업과 농림수산식품부, 농촌진흥청, 과학기술정보통신부가 공동으로 지속 가능한 농축산업 구현 및 국제 경쟁력 제고를 목표로 '지능형 과학 농업 다부처 모둠 혁신기술 개발' 사업을 추진했다. 윤석열 정부도 지능형 과학 농업을 추진 전략으로 설정하였다.

대한민국의 농업 정책은 쌀을 중심으로 한 식량 작물 비중이 높았으나 2010년에 채소의 생산액이 식량 작물을 넘어서면서 원예작물인 채소, 과실, 특용·약용작물, 화훼와 같은 소득 작목 중심으로 변화했다. 대표적 식량 작물인 쌀의 300평당 평균 소득은 731,727원이고, 쌀을 제외한 7개 식량 작물 평균 소득도 848,267원인데 반해, 시설 과수는 10,358,772원으로 가장 높았고, 시설 채소의 평균 소득은 7,068,553원으로 두 번째로 높았다. 또한 노지와 시설 재배작물을 비교했을 때 시설 채소의 평균 소득이 노지 채소보다 약 3.6배 높았고, 시설 과수의 평균 소득도 노지 과수보다 약 3.2배 높아 큰 차이를 보였다.

시설 재배는 작물 생산에서 자연환경의 영향인 시간적, 공간적인 제약을 극복하기 위한 노력의 결과다. 4계절이 뚜렷한 한반도 특성상 계절의 영향이 커서 지리적으로 온대나 아열대 지방과 같이 온난한 기후에서만 생산되는 농산물을 온대 혹은 한대지방에서 생산할 수 있도록 온실을 지어 농작물을 재배하였다. 시간적인 제약도 극복하기 위해 여름철에만 생산이 가능한 신선한 채소나 과일을 겨울에도 생산할 수 있도록 시설 재배를 확대하면서 대한민국의 시설원예 면적은 세계 3위이고, 1인당 시설 재배 면적은 세계에서 가장 많다.

한반도에서의 시설 재배는 세계 최초의 과학적 온실이 만들어질 정도로 창의적이고 긴 역사를 가지고 있다.

《조선왕조실록》에 의하면 세종(20년, 1428)은 감귤이 강화도에서 월동할 수 있도록 온실을 짓고 바닥에 온돌을 설치한 다음 온돌 위에 흙을 깔아서 아열대성 작물인 감귤나무를 심고 온돌 아래에 불을 피워서 감귤 재배를 시도하였다.

1450년에 어의(御醫) 전순의(全循義) 의해 발간된 종합농업 서적인 《산가요록(山家要錄)》에 의하면 닥나무로 만든 한지와 온돌과 가마솥을 이용하여 겨울철 채소 재배를 위해 온실을 건축하는 기법이 기록되어 있다. 이는 세계 최초라는 1619년 독일(하이델베르그)에서 난로를 설치해서 온도를 높이는 방법보다 170년이나 앞선 기술이다.

1960년대에 100ha 정도에 불과한 시설 재배 면적이 1980년에는 7,322ha로 엄청나게 증가하였다. 보온을 위한 시설 골조 자재도 대나무와 목재를 이용하다가 1970년대 들어서면서 반영구적인 철골 구조의 합성수지 소재의 비닐집(vinyl house)이 만들어졌다. 시설 안에 식물을 키울 때 어린 묘를 따뜻하게 하고 성장기에는 열을 가하지 않는 저온성 작물인 잎채소에 대한 보온 재배법의 연구가 이루어지면서 늦봄의 딸기를 겨울에 먹을 수 있게 되었으며, 오이와 토마토, 멜론, 피망 등의 고온성 작물인 과일과 채소류는 난방기를 통한 재배가 이루어지게 되었다. 시설 재배는 외부의 온도와 습도, 그리고 비와 햇빛 등의 상황을 파악하여 온실 내부의 온도와 습도, 토양 수분 등을 조절하여 작물을 재배하면서 '농업의 실시간 관리' 와 '관리의 효율성 향상' 에 초점을 둘 수 있게 되었다.

국민 소득이 증가하면서 생활 수준도 높아짐에 따라 식생활의 다양화와 고급화 현상이 나타나고 건강에 대한 인식의 확산에 따라 시설 재배 산업은 가파른 성장을 이루고 있다. 특히, 기후위기로 인한 기상이변으로 채소 작물의 안정적인 생산을 위해 시설채소 재배 면적 증가와 재배 농가의 규모화 및 현대화, 신품종의 도입 등으로 변화하고 있다.

◆ 들녘을 가득 매운 충남도의 온실 재배 시설　　　　　출처 : 네이버

국민의 생활 수준 향상은 국민건강권에 눈을 돌리게 하면서 친환경 농업으로의 재배가 확대되었다. 친환경 농업은 농산물의 생산과정에서 천연자원인 물과 공기, 토양의 오염을 최소화하고, 병해충 및 잡초 등의 관리에 투입되는 자재인 농약과 비료를 적절하게 관리 사용하여 지속적인 농업생산력을 확보하여 생태계를 보존하면서도 농업소득의 수익성을 보장하고, 식품의 안전성을 충족시키는 농업이다. 특히, 유기농업은 비료나 농약 등 합성된 화학자재를 일체 사용하지 않고 유기물과 미생물 등 천연자원으로 농업생태계를 유지·보전하면서도 안전한 농산물을 생산하면서 자연과 인간이 공생하는 농업으로 소비자의 선택을 받고 있다.

대한민국의 농업진흥청과 흙살림연구소 등이 참여하고 전 세계 118개국이 가입한 국제유기농운동연맹(IFOAM, 1972)과 국제연합식량농업기구(FAO)와 세계보건기구(WHO)는 '유기식품의 생산 가공 표기 및 유통에 관한 지침(2001)'을 채택하여 안전한 먹거리 생산 환경을 관리하고 있다.

대한민국의 경제 성장과 인구 증가는 국민이 찾는 채소류의 양도 증가하게 만들었다. 1975년에 1인당 연간 소비량이 62.5kg에서 2014년에는 176.2kg으로, 2023년에는 134.8kg으로 증가하였다. 이에 맞춰 시설 채소재배과 생산량도 1,975년에 1,745ha에 137천 톤에서

1995년에는 40,077ha에 2,523천 톤으로, 2023년에는 53,106ha에 2,237천 톤으로 증가하면서 토양에 문제가 발생했다.

백색농업이라는 시설 재배는 가온 시설 안에서 특정 작물을 반복해 농사를 짓다 보니 작물이 섭취하고 남은 염류가 빗물에 씻겨 시설 밖으로 나가지 못하고 토양(표토층)에 축적되는 현상이 발생하는데 그중 염화나트륨($NaCl$), 염화마그네슘($MgCl_2$), 황산마그네슘($MgSO_4$) 등의 무기물질인 염류(鹽類)의 증가는 토양을 오염시키며 생산량을 감소시키는 결과를 초래했다.

토양에 염류가 쌓이는 현상은 노지에서는 발생하지 않고, 시설 재배지 내 빗물이 토양에 남아 있는 염류를 재배지 밖으로 이동시키지 못하고 축적되는 현상을 말한다. 또한 시설 내부는 온도가 높아 토양 표면으로부터 증발이 많아 모세관 현상에 의해 토양수가 표면으로 이동하여 표토층에 염류가 쌓이는 현상이 발생한다.

토양 내 쌓인 염류는 작물의 발아 억제와 성장에 장해(障害)를 유발할 수 있으며, 삼투압 현상에 의한 수분과 양분 흡수 방해, 불균형 양분 흡수 등으로 생산성과 품질을 저하시키는 것으로 알려져 있다. 또한 염류 집적은 수계로의 유출로 인한 지하수 오염 및 아산화질소 등 대기로의 배출로 인한 지구온난화 유발 등과 같은 환경오염에도 영향을 미친다.

농촌진흥청 국립농업과학원에서는 전국 주요 작물 재배지 중 시설 재배지의 토양 화학성 평가를 위해 시·군 농업기술센터 및 각도 농업기술원에서 채취, 분석한 2003년부터 2015년의 흙토양 검정자료 43만8,310점을 분석한 결과 화학성분의 함량이 꾸준히 증가하고 있어 토양에 대한 정기적인 검사를 통해 비료의 과다 투입 및 양분 부족을 예방하고, 토양개량제 지원 사업 추진 등을 통한 국가적 농경지 관리가 필요하다고 발표했다.

충청남도의회 김기서 의원은 국립농업과학원에 토양 화학성분 검사 결과를 면밀히 분석한 후 개선책을 고민했다. 충남은 전국의 비닐시설 재배 면적 53,239ha의 14.7%인 7,850ha로 전국에서 세 번째 많은 지역인데다 시설 재배 대표 작물인 수박, 멜론, 토마토 등의 과채류는 전국에서 가장 많이 생산하고 있는 품목임에도 연작 피해가 심각하게 발생하고 있는 시설 재배 농경지에 근본적인 대책을 강구했다.

김 의원은 "시설 재배지 내 쌓인 염류를 제거하기 위해서는 제염 식물인 녹비 재배와 토양 세척, 객토 등 다양한 제염 방법 등이 제시되고 있는데 녹비 재배는 재배작물을 바꾸는 것으로, 연작이 어려운데다 작물에 맞는 농업기술을 새롭게 습득하여 농사를 짓는 것이라 굉장히 어려운 일이다. 객토는 비용이 과다하여 농가들이 부담스러워하는 작업이다. 그래서 온실에서는 1년에 세 번 수확을 하는 3기작도 하는데 1기작을 줄여서 기작 사이에 40일 이상을 물에 담가 염류를 제거하는 작업을 통해 토양을 정화하는 방법을 제안하게 되었다. 그리고 제염 효과가 높은 것은 제염작물재배가 61%의 효과를 낸다면 담수는 85%의 효과가 있다" 고 밝혔다.

2023년 5월 발의한 김기서 의원 외 15명이 발의한 '충청남도 염류집적 시설 하우스 담수 지원에 관한 조례안' 에 대해 농수산해양위원회 수석전문위원은 "시설 재배하는 작물 대부분이 원예작물이긴 하나, 염류집적 피해를 보는 시설작물 전체로 확대하는 방안에 대한 검토가 필요하다고 판단" 되며, 충청남도 농어업 농어촌 지원에 관한 기본조례(시작년도 :2021년)에 의해 "도에서 추진하고 있는 시범사업 현황을 보면 지원 시·군이 한정돼 있고, 실적이 저조" 하다며 대책이 필요하다는 의견을 제시했다.

김 의원이 발의한 토양 담수 방법은 토양에 담수를 한 후 부유물질을 침전시키고 상등(上等)액의 일부를 외부로 빼줄 경우 염류가 토양 하부로 이동하지 않기에 표토층의 염류가 심토층으로 확산되지 않으며, 모세관 현상에 의한 염류의 재집적도 방지할 수 있다. 그리고 재배지 밖으로 빼낸 상등액에는 질소, 인, 칼리 등 비료 성분을 포함하고 있어 비료로 재이용될 수 있다는 연구 결과도 힘을 보탰다.

부여군(군수 박정현)은 2022년도에 극조생 벼를 활용하여 염류 제거 작업을 추진했고, 2023년부터는 수박, 호박, 멜론 등 박과 작물 중심으로 993동을, 2024년에는 472동을 추진했다. 부여군은 편성된 예산보다 신청한 농가가 많아 농가당 최대 2동(김기서 의원이 발의한 조례는 3동까지 지원)의 범위 내에서 지원하고 있으며, 1년 농사 중 봄과 여름에 1기작 후 담수 후 2기작 추진하는 경우로 제한하여 지원하고 있는데 이는 여름철 최소 40일 이상 담수 후 밀폐할 시 시설 내부 고온으로 소독 효과를 높이기 위함이며, 농가들은 관리대장을 비치하여야 하고 읍·면장이 현장 확인을 한다.

대상 농가도 소(1,500평 이하)·중(3,000평 이하) 원예 농가와 여성 원예

◆ 극조생 벼를 활용하여 염류 제거 시범 사업　　　　　출처 : 부여군청

농가, 그리고 빠르미 벼 재배 농가를 우선 신청 농가로 지정하여 추진하고 있다. 사업 대상 농지는 사업 효과를 분석하기 위하여 사업 전과 사업추진 후에 토양을 표본 추출하여 토양 검정을 추진한다. 토양의 깊이는 15cm로 하고, 검사 항목은 산도(PH)와 토양염류(EC) 등 화학성과 토양의 물리성을 종합적으로 분석하고, 작물별의 생육 성장도 분석하여 효과를 평가하고 있다.

기후변화로 인한 기상이변으로 노지에서의 농사 어려움과 소비자들이 과채류의 4계절 연중 요구는 시설 재배 확산으로 이어지고 있다, 농가들은 작물의 연작을 통해 생산량 증가와 소득을 높이고 있으나 장기적으로는 토양오염과 함께 농작물의 감소로 이어져 농가와 소비자 모두에게 피해가 발생할 것이다.

농업 전문가인 지방의회 의원의 조례 발의는 시설 재배 산업의 친환경 농업으로 거듭 태어나도록 이끌고 있으며, 소비자에게는 고품질의 안전한 먹거리를 통해 건강권을 보장하고 안정적인 공급으로 농가 경쟁력과 소득향상을 이끌고 있다는 점에서 전국 최초로 제정된 조례는 지방자치 시대 의미 있는 의정 활동으로 평가되고 있다.

2부

시민과 어깨동무하는 희망 만들기

01 이웃이 손을 내밀 때 바로 잡아주는 시간

행복한 복지 남구 7979상담소(center) : 광주광역시 남구청

• • •

독일의 사회학자 울리히 벡(Ulrich Beck)은 《위험사회(Risk Society, 1986)》라는 저서를 통해 경제와 지구환경 문제를 다루면서 '경제적 위험은 계층별로 차별적'이라 주장했다.

2008년 한국을 방문한 벡은 "한국은 아주 특별하게 위험한 사회다"라고 진단했는데 외적으로는 환경오염 문제를 해결하기 위한 국제적 연대 강화의 필요성을, 내적으로는 경제 성장으로 인한 환경파괴와 경제적 차별로 인한 빈곤 등 복지의 심각성을 지적한 것으로 해석할 수 있다.

일본 제국주의의 수탈과 한국전쟁으로 산업시설은 파괴되고 국토는 황폐화되었다. 이승만 정권은 일본이 소유했던 자산인 적산(敵産)을 이해관계자들과의 결탁을 통해 저렴한 가격으로 불하(拂下)하였고, 정부와 재벌의 강한 유착으로 고착화되면서 대다수 국민은 빈곤의 굴

레를 벗어나지 못한다.

5.16 군사정변으로 정권을 빼앗은 박정희 군사독재정권은 정권 연장을 위해 사회보장과 관련한 법률을 제정하지만 수출 주도형 경제 성장을 중심으로 사회보장은 경제 성장의 걸림돌로 인식하여 최빈곤층을 생활 보호 대상으로 지정하여 시혜적 차원의 복지를 제공하였으나 생물학적 욕구조차 충족할 수 없는 수준이었으며, 노동 가능한 빈곤층에게는 이조차도 제공되지 않아 비참한 삶이었다.

1987년 민주화 대투쟁 이후 사회보장법의 개정을 통해 사회보장제도가 태어나기 시작됐지만, 수출주도형 경제 정책은 '성장이 우선이고 복지는 비용' 이라는 관점을 벗어나지 못하다가 1997년 외환위기로 인해 기업이 부도로 무너졌고, 국제통화기금(IMF)의 관리정책에 따라 진행된 공공기관의 구조조정은 대규모 실업과 빈곤으로 곧 국가의 위기가 되었다.

김대중 정부는 일련의 국가 상황을 해결하기 위해 사회보장제도에 대한 보편적 구축과 함께 공공부조를 통한 복지제도를 도입했다. 복지 체제는 정치경제의 산물로 역사적으로 제도화된 틀에서 진행이 되는 것처럼 김영삼 정부까지 이루어진 복지와 관련한 법률의 개정과 함께 제도 개혁을 통해 사회복지의 틀을 구축하기 시작했다.

김대중 대통령은 '생산적 복지' 라는 이름으로 시장친화적인 사회안전망으로 국민기초생활보장제도 도입, 공공근로 실시, 의료보험 통합, 국민연금과 고용보험, 산재보험의 확대 등의 복지 정책을 추진했다.

국민의 정부를 이어 참여정부의 출범으로 민주 정부를 이끈 노무현 대통령은 보편적 복지를 선언했다. 기초노령연금과 근로장려세제 도입을 계획하고, 노인장기요양보험과 사회적 일자리 사업, 사회적 기업 육성, 보육료 지원 및 장애수당 확대 등을 추진했다.

복지 전달 체계를 구축하기 위해 2003년 사회복지사무소 시범사업 기본 계획을 발표하고, 2004년부터 2년 동안 9개 지역에서 시범 실시를 추진했다. 2005년에는 성장과 복지의 동반 성장을 위한 〈국가 비전 2030-함께하는 희망 한국〉 보고서를 통해 복지의 장기적 방향을 제시하고 시·구에 사회복지협의체를 구성했다. 2006년에는 주민생활지원서비스 1단계 시범사업과 지역사회복지계획을 수립하고, 2007년에는 노인과 장애인 등 지역사회 서비스 투자사업을 추진하면서 사회투자국가로의 기틀을 만들었다.

이명박 대통령은 '능동적 복지' 라는 이름으로 참여정부가 계획한 제도를 도입했고, 한시적이지만 생계보호가구 지원을 위해 저소득층의 재산을 담보로 하여 생계비를 융자하는 제도를 신설하고 장애인의 연금과 활동지원제도를 도입했다.

박근혜 대통령은 2011년 서울시의회의 무상급식 조례와 관련하여 한나라당이 당론으로 반대하면서 복지정책은 '필요한 시기에 필요한 지원을 제공' 하는 선택적 복지를 추진했다.

문재인 대통령은 이명박, 박근혜 정부 시기에 구축된 소득 불평등을 완화하고자 국민기초생활보장제도와 기초연금제도 등을 통해 최저 생활을 보장하는 소득재분배 정책의 포용적 복지를 추진했으나 우리나라 65세 이상 노인 인구의 상대 빈곤률을 경제협력개발기구(OECD) 회원국 평균 이하로 낮추지는 못했다. 문재인 정부는 돌봄 서비스 확대 및 관련 산업 육성을 위해 읍 · 면 · 동에서 찾아가는 보건복지서비스를 제공하기 시작했다. 2019년 2,911개, 2021년 3,312개의 읍 · 면 · 동에서 찾아가는 사회복지 서비스를 제공할 수 있도록 추진한 결과 2021년에 전체 읍 · 면 · 동의 94.6%가 움직였다는 통계를 얻었으나 수요자의 일상생활에서 높은 만족도를 이끌어내지는 못했다.

윤석열 정부는 "표와 관계없이 자기 목소리를 내기 어려운 약자들에게 공정한 기회를 부여하는 복지로의 전환을 추진" 하면서 "현금 복지는 일할 수 없거나, 일을 해도 소득이 불충분한 취약계층 위주로 내실화하겠다" 며 선별적 복지를 추진했다.

우리나라 법률에는 국민이 복지서비스를 받을 권리와 공공기관의 복지 서비스를 제공할 의무를 명확히 하고 있어 많은 지방자치단체들이 현장에서 서비스를 제공받을 대상자의 다양한 상황과 욕구를 파악하여 사각지대를 발굴함으로써 빈틈없는 복지 서비스를 제공하는 통합적이고도 구체적인 맞춤형 서비스를 통해 효율성을 높이는 복지지원 체계를 고민하고 있지만 현실적으로는 굉장히 어려운 과제 중 하나이다.

김병내 광주 남구청장은 선거공보에서 "독거 노인, 취약계층 등 구민 생활지원단 7979센터 구축"을 통해 "행복한 마을공동체 만들기 사업 추진"을 제시하였다. 광주광역시 남구청이 구축한 '행복한 복지 남구 7979상담소'는 '7979전화복지상담실'과 '7979봉사단', '카카오톡 소통방', '7979福주머니', '한 번에 세가지 맞춤형 복지' 등으로 구축했다.

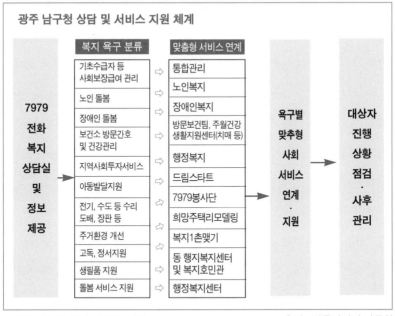

◆ 광주 남구청 상담 및 지원 체계　　　　　　　　출처 : 광주광역시 남구청

'7979상담소(Center)' 의 모든 전화는 7979전화복지상담실(Center)로 연결(062-607-3939)되며 상담관은 연결된 민원인의 발신자 정보를 남구청이 개발한 프로그램에 등록한 후 사업별 해당 부서를 연결하거나, 협약을 체결한 종합사회복지관이나 재가장기요양기관, 남구지역사회보장협의체 등 73개 참여기관을 연결하거나 '7979봉사단' 과 연결한다.

2019년에 개소한 7979상담소는 해가 갈수록 구민들의 사랑을 받고 있다. 7979라는 숫자는 '친구 친구' 라는 뜻을 갖고 있으며, 누구나 편하게 친구를 찾아 어려움을 호소하고 궁금한 것을 쉽게 물어볼 수 있고, 전화내선 또한 남구청 내에 별도 설치하여 주민 누구나 편하게 상담할 수 있도록 기반을 갖추었다.

지난 5년 동안 총 8만 3,277건을 처리했는데 1일 평균 58건으로 전체 1/3은 복지 일반에 대한 서비스 신청이었으며, 긴급지원 및 기초생활과 관련한 서비스, 그리고 노인과 장애인, 보건 및 주거 관련 복지 서비스 순으로 이어졌다.

두 번째는 '7979봉사단' 으로 복지 서비스를 요청하는 민원 중 일상생활에 필요한 여러 가지 재능을 가진 기부자와 기술을 소지한 사람들이 17개 동별로 활동하는데 현장 출동 해결사 역할을 하는 자원봉사자 단체다.

민원인(의뢰인)의 요구사항을 확인(접수)한 후 자원봉사자들의 현장 방문을 통해 해결할 수 있는 사항은 봉사 인력을 파악, 방문 일정을 조율하고 민원인과 협의하여 확정한다. 봉사자들은 활동 규모에 따라 17개 동사무소에 배정된 예산과 자원봉사자의 재능기부가 결합된다. 2024년 말 현재 '7979봉사단' 자원봉사자는 1,086명이 활동하며 전문 봉사자 50명, 일반봉사자가 1,036명이 참여하고 있다.

미용 봉사를 하는 윤일원 씨는 "명절에 어르신 댁을 방문했는데 '멀끄락이 질어 성가시지만 배깥은 뜨겁고 이 다리몽둥이가 말을 안들어 멀끄락 자를 생각을 못한당께. 근데 이렇게 와서 해주어 좋아라' 며 해맑게 웃어 주셨는데, 내가 가진 작은 기술이 어떤 이에게는 도움이 될 수 있고 어쩐지 특별한 사람이 된 것 같은 기분이 들기도 한다. 봉사란 내 가까운 이웃에게 관심을 기울이고, 크든 작든 도움을 주고받는 아름다운 행위라 존재의 특별해짐을 느끼고 있다"고 소회를 밝혔다.

5월에는 노후 수도꼭지를 교체하고, 방충망을 수리하거나 교체하는 작업도 함께 진행한다. 주거편익서비스 전문기술자인 7979봉사단 이성훈 씨는 "어르신들의 현재의 삶의 공간은 어제의 몸 상황에 맞게 되어 있기에 거동이 불편한 오늘의 몸 상황에 맞게 수리함으로써 편리성 증진을 위해 노력하고 있는데 예산의 한계로 전체 손질을 못해 마음이 무거울 때가 많다"고 현장에서의 활동을 전했다.

◆ 7979봉사단 주방 교체 작업　　　　　　　　출처 : 광주광역시 남구청

　2019년 7979전화복지상담소가 개소하면서 시작한 '7979봉사단'은 총 5,799건의 생활불편사항을 접수하고 해결했는데 월평균 80건의 복지 서비스를 제공함으로서 공동체 활성화에 기여하는 의미 또한 크다고 할 수 있겠다.

　'카카오톡 단체소통방'은 개인별 휴대전화기에 설치된 카카오톡에 소통방을 개설하여 일자리나 최근 복지정보 등을 월 2회 안내하는 공간이다. 공지된 게시글에 질문을 할 경우 복지담당자가 일대일 소통 문자로 상담을 통해 복지 서비스 연결하고 있다. 카카오톡 친구로 소통하는 남구 관내 주민은 2024년 기준 말 2,192명에 달한다.

　'7979福주머니'는 여러 복지 정보를 통합하여 운영하는 공간으로 남구청 누리집(home-page)에 별도의 공간이 마련되어 복지 전달 체계의 신규 정보나 변경 등에 대한 안내서류 410종과 복지관련 서식 514종의 정보를 종합하여 제공하는데 대부분 상담과정에서 필요한 서류 제목을 설명해 주거나 복지담당자가 검색하여 출력해 제공한다.

2022년부터는 3인이 한 번에 방문하는 맞춤형 사업(3 in 1)도 진행하고 있다. 구청에서 사회복지 담당 공무원이 민원인 집을 방문할 때 생활 불편 사항을 처리하는 봉사단과 건강 및 보건을 담당하는 관계자 등 3명이 함께 방문하여 생활 불편 민원 해결뿐만 아니라 보건관계자가 의료 취약계층의 건강을 포함한 보건 돌봄도 함께 진행하는 사업이다. 가정 내 잠재된 아동학대, 가정폭력 등의 실태를 파악하여 전문가들의 종합적인 진단과 처방을 통해 해결하고 있다.

기술을 갖춘 전문봉사자들은 대부분 생업에 종사하고 있어 전문봉사인력 배치가 어려운 문제가 발생한다. 2025년에는 마을별 숨은 기술자를 전문직업 기술교육을 통해 전문봉사자로 양성하는 계획을 수립해, 향후 배출될 전문봉사자와 함께 7979봉사단의 역량을 강화시켜 소소하지만 실질적으로 필요한 복지 욕구 해결을 통해 복지 체감을 향상시켜 나가고자 노력할 계획이다.

◆ 7979봉사단과 함께 활동하는 구청장　　　　　　출처 : 광주광역시 남구청

　'7979복지상담소'를 설계한 김병내 구청장 "가난이 두려운 사회를 바꾸고 싶었고, 생활고를 이기지 못해 극단적인 선택을 하는 사람들에게 손을 내밀어 희망을 안겨주고 싶었다. 정부에서 제공하는 사회보장 종류만 해도 수백여 종에 달하는데도 해당 업무를 처리하는 부서가 칸막이로 분산되어 복지 서비스를 이용하는데 상당히 애를 먹는다. 이러한 복지 서비스의 한계를 극복하기 위해 이웃이 이웃을 돌보는 동단위의 민관협의체 돌봄 체계를 구축하는 것이다. 복지는 개인과 가족만의 문제가 아니라 우리의 문제로 이웃이 손을 내밀 때 바로잡아주는 시점이 중요하다. 7979는 동 단위에서 이웃이 이웃을 돌보는 공공복지 전달 체계의 최전선을 구축하는 것으로 지역공동체의 복

원이자 '행복한 복지 남구'를 실현하는 주 동력으로, 공동체의 주인은 나와 이웃하는 주민"이라고 밝혔다.

7979상담소 이용자들의 만족도는 매우 높은 편으로 2020년 700명 대상으로 한 만족도 조사에서 88%가 만족을, 2021년도에는 660명을 대상으로 하여 92.4%가 만족을, 2022년도에는 500명 응답자 중 93%가 만족한다고 답변하였고, 2023년도와 2024년도는 94%와 94.5%가 만족한다고 답변해 효과를 증명하고 있다. 2019년부터 현재까지 매년 불만족하다고 답변한 비율은 1%이내다.

광주광역시 남구청이 운영하는 7979상담소의 핵심 중 하나는 전문 상담사와 공무원들의 헌신적인 노력도 있지만 1,089명의 자원봉사자들을 씨줄 날줄로 엮고자 하는 단체장의 철학과 호응한 주민들이다. 나의 재능을 이웃과 나누기 위해서는 관심이 필요하고 그 관심들을 모아 문제를 해결하는 과정이 나눔과 상생이 되었기 때문이다. 복지 사각지대를 발굴하며 주민이 가지고 있는 재능을 이웃과 나누는 일은 지역 생활공동체를 복원하며 행복한 복지의 초석이 되었다.

02 씨줄날줄로 엮은 통합돌봄체계

온종일 돌봄 지원을 통한 누구나 통합 돌봄 : 노원구

• • •

우리나라에서 '돌봄'은 가정에서 이뤄지는 사적 영역으로 가족 구성원들이 감당해야 한다는 오랜 관습이 남아 있다. 부득이하게 가정에서 돌보지 못할 경우 국가가 보호하는 돌봄은 시민을 보호의 대상이거나 학습이 필요한 과정으로 인식하는 돌봄 정책을 펼쳐왔다.

최초의 돌봄에 관한 법률은 아동복리법(1961)으로 태평양전쟁과 한국전쟁 과정에서 보호자로부터 적절한 보호를 받지 못하는 아동을 대상으로 법률이 제정되었고, 1987년 남녀고용평등법(1987)에 따른 직장 탁아제도를 통해 국민의 돌봄이 공공의 영역에서 논의되기 시작했다.

1989년 국제연합에서 아동의 권리에 관한 협약(United Nations Convention on the Rights of the Child, UNCRC)은 아동을 '보호의 대상'이 아니라 '권리의 주체'로 규정하였으나 우리나라는 '적절한 법적 보호를 포함한 특별한 보호와 배려'가 필요한 대상으로 규정하였다.

돌봄의 역사 중 초등학생을 대상으로 하는 사업은 문민정부 시절인 1996년에 보건복지부가 추진한 '초등 보육 교실'이 있다.

참여정부에서는 2004년에 보건복지부가 지역아동센터(만 18세 미만)를 추진하면서 기 추진하던 초등 보육 교실을 교육부로 이관하여 '방과후학교'로 통합한다. 초·중등 교육 과정 총론 교육부 고시로 운영된 방과후학교는 초등학교 1학년부터 고등학교 3학년까지를 대상으로 돌봄에 초점을 두기보다는 '사교육비 경감 대책'의 일환으로 저녁 돌봄과 연계하여 초등학교 전체 대상으로 운영했다. 2005년에는 여성가족부가 초등학교 4학년부터 중학교 3학년까지 '청소년방과후아카데미'를, 2006년에는 만 12세 이하를 대상으로 '아이돌보미사업'을 추진했다.

2012년 제18대 대통령 선거에서 문재인 후보의 '유치원과 초등생 저학년에 집중 투자를 통한 돌봄 지원 강화'와 박근혜 후보의 초등학교 '온종일 돌봄 학교'를 공약화하며 돌봄 사업은 한 발짝 더 나아간다.

문재인정부는 2017년 교육부와 보건복지부가 만 12세 미만의 아동을 대상으로 하는 '초등돌봄교실'과 '다함께돌봄센터'를 추진했다. 건강가정기본법에 따라 추진된 만 12세 이하 대상 아이돌보미사업은 2012년 아이돌봄지원법에 따라 '아이돌봄지원사업'으로 전환하고, 2020년에 '온종일 돌봄 생태계 구축' 사업으로 확대하였다.

윤석열정부는 '늘봄학교'로 명칭을 바꾸며 전일제 돌봄으로 확대하는 방향을 제시했고, 2024년에 초등학교 1학년을 시작으로 2025년에는 2학년까지 확대한 후 2026년부터는 전체 학년으로 확대한다는 방침이다.

문재인 정부도 돌봄의 필요성에 대해 충분히 인지하고 있었지만 돌봄을 대상화하여 공급자 중심 정책으로 추진하였다. 그런데다 초등학생의 돌봄 정책을 두고 각 부처별로 '교육'인지 '보육'인지에 대한 주도권 싸움까지 현재 진행형이다.

2020년 교육부는 '온종일 돌봄 체계 운영·지원'에 관한 '초·중등교육법' 일부개정안을 입법예고했다가 철회하는 소동이 있을 정도로 갈등이 증폭되었으며, 국회에서 의원 발의된 '온종일 돌봄체계 운영·지원에 관한 특별법' 제정도 무산될 정도로 심각하다.

문재인 정부는 이러한 쟁점을 잠재우기 위해 온종일 돌봄 체계 구축의 정책 목표를 단순한 온종일 돌봄의 확대가 아닌 돌봄 사각지대 해소를 위한 각 부처별 돌봄 서비스 연계와 협력, 학교와 마을의 연계와 협력을 통한 지역 돌봄 체계 구축과 통합 돌봄 서비스 제공 등 포용 국가 사회정책(관계 부처 합동, 2019)으로 범부처 차원에서 정책적인 노력을 기울이고자 국정 과제로 채택했다.

2019년 2월 노원구에서 추진한 '포용 국가 사회정책 대국민 보고회'는 부처 간 갈등을 통합하고 국가 사무와 지방 사무 간의 갈등도 해소하고자 하는 대응책이기도 했다. '모든 국민의 전 생애 기본생활 보장'이라는 청사진을 강조한 이날 보고회는 문재인 정부의 포용 국가 4대 정책도 있었지만 보고회에 앞서 방문한 노원구의 어르신 복지 쉼터 (center)와 아이 돌봄 쉼터(center) 현장과 사업 내용에도 관심이 쏠렸다.

보고회가 진행된 월계문화복지쉼터(2018년 개관)는 1층엔 어르신복지쉼터, 2층에는 어린이 돌봄 쉼터, 3층과 4층엔 도서관과 텃밭을 구성해 아동과 청소년, 중·장년, 어르신 등 여러 세대를 대상으로 통합 돌봄을 제공한다. 특히, 초등학교 저학년 대상 융합형돌봄쉼터(center)인 아픈 아이 병상 쉼터(center)와 밥상 돌봄 쉼터(center), 등교 전과 방과 후 돌봄 등은 씨줄날줄로 촘촘히 이루어진 노원형 온종일 돌봄 사업의 강점이라 할 수 있다.

2018년 말 기준으로 노원구에 거주하는 주민의 80%가 아파트에 주거지를 두었고, 맞벌이 가정이 40%인 1만 1천여 명으로 매우 높은 지역이다 보니 영유아 돌봄은 전임 김성환 구청장의 중요 정책 사업으로 추진되어 우리나라 공공기관 돌봄 시설 이용률 68%보다 높은 78.6%인 1만 7,972명이 돌봄을 받고 있었으나 초등학생의 경우 공공기관 돌봄 시설 이용률 12%보다 낮아 2만 7,562명 중 3,150명인 11.4%만이 돌봄을 받고 있었다.

오승록 구청장은 민선 7기로 취임하자마자 "아이 돌봄은 학교와 마을에서 함께 이루어져야 하며, 아이들이 편안한 공간에서 안전하게 보호를 받으며 잘 놀고, 균형 잡힌 영양소로 잘 먹고, 또래 친구들과 잘 놀도록 하는 초등학생 100% 돌봄 정책은 경제적 불평등을 넘어 건강한 사회로 가는 첫걸음이기에 지금 당장 시작하자"며 관계 공무원들을 독려했다.

노원구의 초등학교 저학년 학생 돌봄은 학교 돌봄으로 초등돌봄교실과 연계형 돌봄교실로 이루어지고 있는데 노원구의 통합 돌봄은 첫째, 아이휴쉼터에서 등교 전 돌봄과 방과 후 돌봄, 그리고 저녁 돌봄이다. 둘째는 아픈아이 병상 돌봄과 병원 동행이 이루어지고 있고, 셋째는 융합형 아이휴쉼터의 저녁 돌봄에서 밥상 돌봄도 이루어진다. 넷째로는 지역아동쉼터와 청소년방과후학교 등을 통한 돌봄으로 운영되고 있다.

첫 번째 사업인 아이휴쉼터(休center)는 부모의 출근 시간인 오전 7~9시까지는 등교 전 돌봄으로 등교가 끝나면 마무리된다. 이때부터 돌봄 공간은 돌봄 관계자들이 정보를 나누거나 마을 교육공간으로 전환되었다가 낮 12시부터 18시까지는 방과 후 돌봄으로 아이들이 서로를 이해하고 존중함으로서 민주시민의 정체성이 형성된 시민으로 성장하도록 진행된다.

오승록 구청장은 2018년 취임하는 해에 2개소를 설치하고, 2019년에 13개소, 2020년에는 9개소, 2021년에는 3개소, 2023년과 2024년은 각 1개소를 공동주택과 일반주택에는 일반형 아이휴쉼터를 마련하고 구청 소유의 토지에는 아이휴쉼터와 밥상 돌봄 등을 한 건물에 집적화한 융합형 4개소(1개소는 아픈 아이 돌봄도 진행) 등 총 29개를 개소하였다.

2018년에 오후 돌봄과 방과 후 학교 연계 돌봄 등 학교 돌봄 이용 학생은 2,423명이고, 2021년에는 2,515명, 2024년에는 2,925명이 참여했다. 마을 돌봄은 2018년 675명에서 2022년 1,775명, 2024년에는 3,401명으로 증가하여 맞벌이 가정의 아이들을 학교와 마을이 돌보는 지역이 되었다.

노원구청은 아이휴쉼터를 준비하면서 학교와 마을 돌봄을 잇는 중간지원조직인 온종일돌봄사업단을 2018년에 설치한 후 위탁 관리를 시작했고, 초등학교 돌봄교실과 아이 휴 쉼터, 지역 아동 등 마을 돌봄 관계자들을 중심으로 마을돌봄협의회를 구성(2018년 10월)하여 학교와 마을을 연계하는 유기적인 협력 체계를 구축했다.

공릉동에 거주하며 공릉태릉우성아이휴센터(서울시 우리동네 키움쉼터 29호점)에 저학년 자녀 2명을 보내는 맞벌이 부부 곽은경 씨는 "겨울 방학이 되면 석면 철거 공사로 학교 돌봄이 어려웠는데 아이휴쉼터 개소 소식을 듣고 신청해 운 좋게 당첨되었다. 쉼터 관계자들은 숲해설사를 초청하여 나무와 숲에 대한 이해를 도왔고, 학생들 체험 활동에 무료로 참여하거나 연극이나 영화 공연 관람도 진행했다. 감사의 마음을 전한다"고 말했다.

아이휴쉼터는 돌봄을 할 수 있는 정원이 있다 보니 늘 대기자가 밀려 있으나 돌봄 방임아동의 경우 0순위라 정원 외로 입소시켜 돌봄을 제공하고 있다.

두 번째 사업으로는 중계동에 위치한 융합형 아이휴쉼터에서 일반형 아이휴쉼터가 포용하지 못하는 장애아동 돌봄이다. 장애와 비장애 아이들 모두 '달보드레'에서 함께 쉬고, '온새미로'에서 놀고, 간식을 먹는 등의 기본 돌봄과 문화와 예술, 체육 등의 특별활동을 한다. 저녁 돌봄은 18시부터 20시까지이며 운영하고 있다.

◆ 아이휴쉼터의 아픈 아이가 머무르는 꿈터 　　　　　　출처 : 노원구청

　아픈아이돌봄쉼터에는 병상 돌봄도 운영한다. 아이들이 등하교 전후나 또는 아파서 조퇴할 경우를 대비하여 진행하는 돌봄으로 6개 병상을 마련하여 돌봄을 진행하는데 쉼터에는 병상뿐만 아니라 아이들의 상태에 따라 놀이할 수 있는 활동실과 약재보관용 냉장고 등도 갖춰져 있다. 아픈아이 병원 동행과 병상 돌봄은 간호사와 간호조무사, 사회복지사, 보육교사 등 5명으로 조직하여 만 4세부터 초등학교 6학년까지 학생을 대상으로 평일에 무료로 운영되는데 진료비와 약제비 지급(본인 부담)을 위해 1만 원을 예치하도록 하고 있다.

　노원구형 온종일통합돌봄사업 중 세 번째 특징은 밥상 돌봄이다.
　아이 밥상 돌봄은 지소득층 아이들이 편의점에서, 학원 가는 아이들은 길거리에서 밥을 먹는 안타까움을 해결하고 따뜻한 집밥을 통해 건강까지 고려하여 추진하는 사업이다. 초기에는 아이휴쉼터에서 정기돌봄 이용 아동을 대상으로 추진하다 결식 아동으로 확대하였고, 현재는 아이휴쉼터를 이용하지 않는 일반 아동까지 확대하여 운영하고 있다. 일반 아동은 식사 3일 전까지 예약을 하면 밥상 돌봄을 받을 수 있고, 꿈나무카드로 결재가 가능하다.

◆ 아이휴쉼터의 밥상돌봄 아동식당   출처 : 노원구청

노원구는 마을 돌봄을 위한 집적화한 전용공간을 4개소(1개소는 아픈 아이 돌봄 운영)를 설치했는데 첫 설치는 2020년 천주교 서울대교구 중계성당 앞에 마련했다. 지하에는 어린이식당을, 1층에는 공동육아방, 2층은 융합형아이휴쉼터, 3층은 아픈아이돌봄실을 마련하면서 예산은 2019년과 2020년 서울시 공모사업을 통해 선정되어 확보했다.

오승록 구청장은 "아이를 키운다는 것은 가정 내의 문제만이 아니다. 아이들을 마음 편히 키울 수 있는 환경을 만들어주는 것은 정부와 지방자치단체가 나서서 해결해야 하는 일이다. 아이들이 걸어서 다닐 수 있는 곳에서의 돌봄, 안전하고 건강한 돌봄, 부모가 안심할 수 있는 돌봄, 아이들이 편안한 돌봄은 노원형 돌봄 생태계로 취약계층만이 아니라 소득 수준에 관계없이 누구나 돌봄을 받는 포용적 복지를 실현해 나가고자 노력하고 있다"고 밝혔다.

돌봄 사업은 2013년 김성환 구청장의 '독서돌봄 마을학교' 라는 이름으로 틈새 돌봄을 시작하였고, 2017년에는 경증 치매 어르신 돌봄 사업으로 가족참여형 공동돌봄교실인 '두드림' 과 주민참여형 치매쉼터인 '노새노세 치매쉼터', 치매 어르신과 가족·지역 주민의 활력소와 쉼터가 되는 '함께노세 열린쉼터' 등으로 구성된 희노애락(喜努愛樂) 돌봄 사업을 추진했다.

노원구는 서울의 동북부 끝 동네로 인구의 80%가 아파트에 거주하고, 저소득층과 중위 소득층이 많아 맞벌이 가정의 비율이 40%로 높은 지역이다. 만 4세부터 12세까지 아동 인구도 서울에서 세 번째로 많은 지역 특성에 맞는 정책을 실현하며 '아이 한 명을 키우려면 온 동네가 필요' 함을 실천하고 있는 지방자치단체이다.

노원구의 초등학교 저학년을 대상으로 하는 온종일 통합 돌봄 사업은 2019년에는 기초자치단체장 공약실천 우수사례 경진대회에서 저출산 고령화 분야 최우수상과 보건복지부 다함께 돌봄 조성 및 운영 사업 분야 최우수상을 수상, 제17회 대한민국 지방자치경영대전(2021) 사회복지서비스 분야 최우수상을 수상했다. 2020년에는 서울시 사회복지사협회가 주관하는 복지구청장으로 선정되기도 했다.

초등 돌봄이 국민기초생활보장법과 사회복지사업법 등과 관련한 국가의 복지 사무인지, 지방자치법과 지방교육자치에 관한 법률 등과 관련한 지방 사무인지에 대한 논쟁은 아직도 진행 중이다. 그리고 교육청에서는 정규 교육과정 시간 후의 방과후학교와 돌봄까지 역할이 넓어지면서 복지의 영역으로, 지방자치단체는 학교 교육의 연장선에서 이루어지는 교육의 영역이라며 떠밀기도 진행형이다.

노원구는 초등학교 돌봄이 교육과 복지 간의 갈등과 국가 사무와 지방 사무와의 혼선에도 불구하고 아이들을 주체화하여 보호와 학습을 넘어 아이들이 학교와 마을에서 건강하게 자라기를 바란다. 편안한 공간에서 안전한 보호를 받으며 잘 놀고, 잘 먹으며 공동체 구성원으로 성장할 수 있는 초등학생 100% 돌봄은 경제적 불평등을 넘어 민주시민으로 나아가게 하는 첫걸음이다.

아이들은 존재만으로도 충분하다.

03 네가 태어난 순간 빛은 이미 켜졌어

출생 미등록 아동 발굴 및 지원 조례 : 시흥시

● ● ●

미국 제47대 대통령으로 취임한 미국의 도널드 트럼프가 취임 첫날 서명한 행정명령은 미국에 거주하는 불법 이민자를 추방하는 정책이지만, 현재 지구촌에는 국경을 넘어 이주한 사람이 1970년에 8,400만 명에서 2020년에는 2억 8,100만 명으로 늘었다.

대한민국도 1992년 한국과 중국과의 국교 정상화 이후 재중 동포의 귀국, 국제결혼으로 인한 이주, 젊은이들의 유학, 노동자 및 농촌 인력의 이동 등으로 유입 인구가 더 늘어나 체류 중인 외국인 수는 2023년에 250만 7,000명을 넘어섰다. 체류 중인 외국인은 체류 목적과 체류 기간이 끝나면 자국으로 돌아가야 하는데 여러 사유로 돌아가지 못하는 상황이 발생하면서 불법체류자가 되고 2023년에는 체류 중인 외국인의 6%인 42만 4,000명이 늘었다.

대한민국 헌법 제10조는 "모든 국민은 인간으로서의 존엄과 가치를 가지며, 행복을 추구할 권리를 가진다. 국가는 개인이 가지는 불가침의 기본적 인권을 확인하고 이를 보장할 의무를 진다"고 규정하고 있으며, 아이가 출생 후 국적과 이름을 가질 권리(제7조)와 국가와 지방자치단체는 아동 보호의 일차적 의무 이행자인 부모가 아동에 대한 양육과 돌봄의 책임을 잘 이행할 수 있도록 적절한 지원을 제공(제18조)하도록 하고 있다.

그러나 대한민국 국적법(제2조)은 "출생 당시에 부 또는 모가 대한민국의 국민인 자"는 대한민국을 취득하게 되어 있어 세계아동권리협약의 권리를 보장해주지 않아 충돌되는 경우가 발생하고 있다.

국제아동인권센터에서 활동한 김희진 변호사는 "우리나라 아동복지법은 아동권리의 기본법으로 작용하기에 한계가 있으며 모든 아동·청소년 관련법과 연동되고, 필요한 경우 보충적 해석을 통해 아동 최상의 이익을 위한 '아동기본법' 또는 '어린이·청소년인권법'으로 개정되어 공적 의사결정에서 아동이 배제되지 않는 시스템을 구축하고, 아동 권리가 주류화 되는 변화를 가져와야 한다"고 주장했다.

일반적으로 태어난 아이의 국적을 결정하는 방식은 부모의 국적과 관계없이 출생한 장소에 따라 국적이 부여되는 출생지주의라고 불리는 속지주의(屬地主義, Territorial principle)다. "로마에 가면 로마법을 따르라"라는 속담처럼 일정한 지역에 거주하고 있는 사람에게 해당 지역의 법을 적용하는 제도로 원정 출산을 시도하기도 한다.

또 하나는 속인주의(屬人主義, nationality principle)로 태어난 아이의 출산 장소와 상관없이 부모의 국적을 따르도록 법을 적용하는 방식인데 대한민국이 채택하고 있는 제도다. 그러다 보니 대한민국에서 태어나도 부와 모 중 한 사람도 대한민국 국적이 아니면 출생신고 자체가 어려워 지구 시민으로써 아동의 기본권을 보장받지 못하는 상황이 발생한다.

국제아동인권센터, 굿네이버스 등 국내 아동보호단체는 "출생 미신고는 아동 학대이다. 2021년 아동 학대 사망 사례의 아동 학대 유형에서 방임은 신체적 학대 다음으로 가장 큰 비율을 차지하였다(보건복지부, 2021년 아동 학대 연차보고서). 학대 피해 아동을 사망에까지 이르게 하는 위험 지표"라고 지적했다.

대한민국의 속인주의 제도가 세계아동권리협약에도 불구하고 아동 구제권 미비로 법과 권리의 사각지대가 지속적으로 발생하자 국제 아동·권리위원회는 대한민국을 상대로 '부모의 법적 지위 또는 출신지와 관계없이 모든 아동이 출생신고를 보편적으로 이용할 수 있도록 하라'는 권고를 10년 넘게 하고 있고, 2차례나 2년 연속 권고도 받았으나, 보편적 출생등록의 개념을 골자로 '국내에서 출생한 모든 외국인 아동이 부모의 법적 신분과 관계없이 출생 등록이 될 수 있도록 하자'는 '외국인아동의 출생등록에 관한 법률안'은 2023년부터 국회 계류 중으로 여전히 논의가 필요한 상황이다.

국가인권위원회의 권유로, 법무부가 2022년 2월부터 국내 장기체류 아동의 교육권 보장을 위해 일정 기준을 충족하는 아동들을 대상으로 성년이 될 때까지 한시적으로 체류 자격을 부여하는 정책을 시행 중이나, 국내에서 출생한 미등록 이주배경아동에 대한 근본적인 해결책이 아니다.

대한민국에 체류하는 외국인의 60%가 수도권에 사는데 그중 35%가 경기도에 거주한다. 시흥시에 거주하는 외국인은 62,101명으로 시흥시 인구의 12%로 외국인 아동이 상대적으로 많은 지역이라 미등록된 아동도 상대적으로 많을 수 있다고 예측할 수 있다.

시흥시 우리동네연구소(대표 이상민)는 2017년에 만든 시민모임으로, 2021년 국제아동인권센터와의 교류를 통해 출생 등록을 하지 못하고 살아가는 그림자 아동의 존재를 인식하고 지역 주민, 지역 내 유관단체와 함께 "네가 태어난 순간 이미 빛은 켜졌어"라는 구호를 외치며 지방자치법 제15조에 근거해 주민 발의로 조례를 청구하는 운동을 시작했다.

◆ 우리동네연구소가 주민 발의를 위한 청구 운동　　　　　출처 : 우리동네연구소

　시흥시 출생확인증 조례 운동 공동대표(14명)로 활동한 안소정 우리동네연구소 운영위원은 "우리나라 출생신고제도는 아동을 독립된 존재가 아니라 부모의 소유물로 보는 뿌리 깊은 인식의 한계로 아동의 출생 신고를 부모에게만 맡겨둔 출생신고제도가 한몫을 하고 있다. 세계아동권리협약에 따라 아동의 존엄성은 국가를 초월해 지구의 모든 아동의 기본권이기에 우리 동네부터 시작하자는 취지에서 길거리 시민운동으로 시작해 10만 명의 시흥시민과 소통하여 조례 제정을 청구했다"고 취지를 설명했다.

　임병택 시장도 2021년 10월 시민사회단체와 간담회 개최 이후, "조례 취지가 굉장히 귀하고 시민들의 발의 청구 운동이 전국 최초라는 점에서 많은 어려움이 예상되기에 공무원들이 열린 마음으로 각자의 역할을 고민해달라"고 협조를 청했다.

시흥시와 시흥시의회는 법제처에 질의서를 보내 법령의 범위 안에서 그 사무에 관하여 조례를 제정할 수 있는지를 질의하자, 법제처는 "미 출생신고 아동들에 대한 등록 업무는 국가 사무나 기관위임 사무로 보여짐에 따라 본 조례 제정 청구안은 지방자치단체의 조례 제정 범위에 속하지 않다(대법원 2001. 11. 27. 선고 2001추57)"는 대법원의 판결문을 인용하여 회신했다.

11월에는 시흥시민 2만 2,083명의 서명(유효 16,405명)을 받아 '시흥시 출생확인증 작성 및 발급에 관한 조례 제정 청구의견서'가 접수되자 시흥시는 수정 조례 내용을 중심으로 2022년 1월에 법제처에 다시 질의를 하면서 4가지의 조례 제정 필요성을 주장하였다.

첫째, 시흥시가 제정하려는 출생확인증 조례안은 위임 없는 국가 사무를 정하는 조례가 아니라 대한민국 '헌법'과 대한민국이 비준한 '아동의 권리에 관한 협약', '아동복지법', '저출산·고령사회기본법' 등에 기반을 두고 있으며, '가족관계등록 등에 관한 법률(다음 가족관계등록법)'은 조례(안)의 상위 법률이 아니라 자치 사무라는 논리다.

둘째, 출생확인증 조례(안)는 시흥시에서 출생하고 거주하는 아동의 존재를 확인하여 모든 아동에 대한 누락 없는 아동복지 제공을 목적으로 하고 있기에 주민복지에 관한 사업이며, 아동의 보호와 복지 증진에 관한 사무로서 지방자치법 제9조 제2항에 따른 자치 사무다.

셋째, 출생확인증 조례(안)는 "가족관계등록법에 따른 가족관계등록부가 작성되어 있지 않은 경우, 시장은 해당 아동의 출생을 등록하기 위한 법적·행정적 지원을 제공하여야 한다"고 규정된 것처럼, 출생신고와 출생확인증 신청은 별도의 절차다. 그리고 아동복지법 제3조와 세계아동권리협약 제7조에 따라 국가와 지방자치단체는 출생과 관련한 기록과 함께 아동 보호 조치를 해야 하는데 출생 신고가 되어 있지 않음에 따라 보호 조치가 불가능하여 방임에 해당된다.

넷째, 출생확인증 조례(안)은 가족관계등록법의 규정이 의도하는 목적과 효과를 전혀 저해하지 않을 뿐만 아니라 현행 가족관계등록법 제46조는 출생 신고 의무자가 출생 후 1개월 이내에 출생 신고를 하지 않아 아동의 복리가 위태롭게 될 우려가 있는 경우에는 지방자치단체의 장이 출생 신고를 할 수 있다고 규정하고 있어 그 혜택이 주민에게 돌아가는 수익적 조례임을 강조했으나 법제처 판단은 기존 내용과 동일하게 회신했다. 결국 법제처의 유권 해석의 벽을 넘기에는 역부족이었다.

7월 시흥시의회 자치행정위원회는 〈시흥시 출생확인증 작성 및 발급에 관한 조례〉에 대해 '위법성을 다툴 만한 쟁점이 있다'며 각하 하자, 주민조례 청구 공동대표단은 "제8대 시흥시의회가 결코 위법하다고 단정할 수 없는 주민 청구 조례안을 위법하다고 경솔히 단정하여 행정 처리 단계에서 폐기시킨 결과, 아동 인권 제고를 위한 시정 변화의 가능성을 차단하였고, 지방자치단체가 가질 수 있는 자치의 범위를 스스로 협소하게 해석하여 주민자치와 지방자치 발전을 위한 제도의 효과성을 경감"시켰다고 반발했다.

제9대 시흥시의회가 개원된 후 10월부터 더불어민주당 비례대표인 김수연 의원은 시민단체와 전문가, 관계 공무원들과의 간담회를 시작했다. 시흥시도 법률 전문가인 변호사와 법무법인, 교수 등을 만나 자문을 구하였다.

기존의 법률적 검토 외에 지방자치단체가 세계아동권리협약 기준의 범위 내에서 '지원대상확인서'나 '거주확인서'가 출입국관리법 제84조(통보의무) 위반 여부나, 과정에서 얻은 불법 거주 인지 사실을 통보하지 않았을 경우 출입국관리법 제84조 위반인지 여부, 불법체류자인 외국인 아동에게 세계아동권리협약 기준의 인권적 지원이 지방자치단체 사무인지 여부, 주민등록법상 저촉 여부, '시흥시 외국인주민 및 다문화가족 지원 조례'와 저촉되는지 등도 추가하여 검토했다.

2023년 1월 시흥시의회는 주민 조례 청구 공동대표단과 시흥시 관계자들과 협의하여 수정 조례(안)의 필요성에 공감하고 주민 조례 청구의 취지를 존중하는 범위에서 수정안을 추진하되 상위법 쟁점 사항을 보완하여 5월에 '출생확인서'로 합의를 이루어 7월에 〈시흥시 출생 미등록 아동 발굴 및 지원 조례〉가 제정되었다.

조례를 대표 발의한 김수연 의원은 "전임 8대 의회에서 기각된 조례라 재선된 의원의 입장과 보수적인 유권 해석으로 힘들었지만 아동들의 존엄성을 지켜야한다는 민주당의 강령과 시민들을 보며 힘을 얻었다. 부모의 불법 체류에도 불구하고 미등록된 외국인 아동의 여러 위험에 노출될 가능성을 차단하여 제도 내에서 보호할 수 있는 예방접종은 물론 건강권을 보장할 수 있는 법률적 장치가 반드시 필요했는데 대한민국의 첫 번째 조례로 태어나게 되었고, 이 제도가 주권자인 시민의 조례 청구 운동으로 이루어진 조례라서 의미가 더 크다"고 말했다.

〈시흥시 출생 미등록 아동 발굴 및 지원 조례〉는 아동의 인권과 권리가 기본권적 차원에서 존중되는 지방자치단체의 의무화를 선포하였을 뿐만 아니라 아이의 출생을 공적으로 확인하며 '시흥시 산후조리비 지원 조례'와 '시흥시 임신·출산 지원에 관한 조례' 등 각 가정 상황에 맞는 맞춤형 사업 지원과 혜택을 누릴 수 있게 되었다.

세계아동기금 아동친화도시 지방정부 협의회 회장을 역임한 임병택 시장은 "아동친화도시는 아동을 돌봄과 보호의 대상으로 보는 시각을 넘어 독립된 존재이자 권리의 주체로 본다. 출생 미등록 아동 발굴 및 지원 조례로 출생 확인의 사무가 중앙정부의 고유 업무가 아니라 지방자치의 사무로써 아동의 기본권을 확보하는데 중요한 사무로 자리 잡게 되었다"고 밝혔다.

2023년 시흥시 출생 미등록 아동 발굴 및 지원 조례가 논의 중이던 6월, 국회에서는 '가족관계 등록 등에 관한 법률'이 일부 개정되어 출생통보제도가 10월에는 '위기 임신 및 보호 출산 지원과 아동 보호에 관한 특별법'이 제정되었다.

2024년 7월부터는 의료기관에서 태어나는 내국인 아동의 출생을 지방자치단체에 통보하는 출생통보제가 시행되었는데 보건복지부는 법원과 병원에 출생통보시스템을 구축하여 국가의 책임을 강화시키고 있다. 하지만 아직은 국내에서 출생한 외국인 아동에 대한 구제책이 마련되지 않아 아쉬움이 크다.

시민들의 조례 청구 운동과 시의회, 공무원이 하나가 되어 제정된 시흥시 '출생 미등록 아동 발굴 및 지원 조례'는 입법부의 법률 개정 시급성을 알리는 효과를 발휘해 2022년에 국제연합 아동기금(UN Children's Fund) 한국위원회가 주관하는 '아동을 위한 좋은 변화' 우수상을 수상하였다. 이어 국가인권위원회 아동 인권 실현을 위한 정책 실천 사례, 2024년 경기도 31개 시군 규제혁신 우수사례 우수상 등 기초자치단체에서 할 수 있는 최대한의 재량 행위이자 유의미한 정책 사례로 그 노력을 인정받았다.

아동을 단순히 돌봄과 보호의 대상으로 보는 시각을 넘어 독립된 인격체로써 존중하여 지구 시민으로서의 기본권을 존중하고 있는 시흥시 '출생 미등록 아동 발굴 및 지원 조례'는 헌법을 넘어 세계아동권리협약의 보편적 인권에 맞춰 실천하고자 하는 의지를 기초지방단체가 선언한 정책으로 지방자치 시대 모범 사례로 확산되고 있다. 모든 아이들은 빛이 맞다.

04 역사 정의의 물꼬를 트다

4 · 3특별위원회 : 제주도의회

• • •

1961년 군부독재정권에 의해 강제로 중지된 지방의회 선거가 30년 만인 1991년에 선거가 진행되어 지방의회가 부활되었다.

1987년 6월 항쟁으로 헌법에 명시되며 활동을 시작한 지방의회는 240여 개의 광역의회와 기초의회는 국민들의 눈높이만큼이나 의욕적으로 의정활동을 시작했다. 지금의 지방의회처럼 정기급여가 나오지 않고 공식 의사 일정이 있을 때 참석해야만 회의비 형식으로 수당이 나오는 무보수 명예직이지만 30년 만의 부활로 시민들의 기대가 컸던 만큼 지방의회에서도 치열한 고민을 시작한 것이다.

지방의회 의원들은 주민들의 갈등 통합에서부터 조례 제정, 그리고 정책 제안과 행정부의 감시 등 다양한 활동을 통해 시민들과 소통했다. 그중에 한반도 최남단의 섬 제주도의회의 의정활동 중 하나는 45년 동안 침묵을 강요받아온 제주 4 · 3의 공론화였다.

제주 4 · 3은 섬이라는 공간에서 발생한 일이지만 그 성격과 가해자를 놓고 보면 미국(미군정)과 이승만 정부, 국방부, 경찰청, 그리고 개신교 등 국가 공권력과 종교까지 관계된 사안이라 지방의회의 범주를 넘어서는 사안이라고 보는 시각도 존재했고, 가족이 군인과 경찰에 의해 죽임을 당했다는 이유만으로 '빨갱이' 나 '폭도' 라는 이념적 누명과 사회적 편견, 그리고 45년 동안 산(山)사람들의 죽음은 당연한 것이라고 강요했던 가해자 입장에서는 논의가 불필요 하다는 입장이었다.

그러나 강요를 받아온 피해자 입장에서는 억울하게 죽어간, 그리고 피해자들이 다 죽기 전에 반드시 정리되어야 할 야만의 역사이기에 진실을 밝히려는 의지가 강했다. 특히 시민사회 입장에서는 30년 만에 부활된 지방의회에서 반드시 풀어내야만 하는 역사적 과제이기도 했다.

제4대 제주도의회가 구성되자 4·3에 대한 논의가 일기 시작했다. 대표적인 사람이 애월읍 출신의 민주자유당 장정언 의원(1936년생)과 양금석 의원(1936년생), 기자 출신의 김영훈 의원(1945년생)과 전국교직원노동조합 출신의 이영길 의원(1943년생)이다. 네 사람들은 모두 유가족이라는 특징과 함께 장정언 의원과 양금석 의원은 4·3의 진실을 밝히겠다고 공약했으며, 당시 시민 후보로 선출된 이영길 의원도 시민사회의 중요한 과제였던 4·3을 중요한 의정활동 목표로 상정했다.

고인이 된 제주도의회 양금석 의원은 30년 만에 부활한 첫 정기회(제주도의회 제69회)에서 노태우 대통령이 임명한 우근민 제주도지사를 상대로 한 도정 질문을 통해 "제주도의 역사에 있어서 가장 불행하고 참담한 역사적 사건입니다. 때문에 4·3의 비극을 치유하기 위한 어떠한 방안이든 도민 화합 방안을 모색"해야 한다고 주문하였다.

당시 제주 출신 우근민 제주도지사는 "제주 4·3은 우리 시대에 해결해야 하며 제주도의회에서나 민간단체에서 화합과 양보로 해결될 수 있는 방안들이 제시가 된다면 제주도가 적극적으로 문제 해결에 지원하겠다"라고 입장을 밝혔다.

제주도의회는 지방의회가 부활되고 처음으로 맞이하는 제44주기 위령제를 앞둔 4월 2일 입장문을 내고, 장정언 제주도의회 의장은 〈4·3관계기구 설치 준비위원회〉를 의회 운영위원회에서 논의하도록 요청했다. 4·3준비위원회는 제주도지사를 비롯해, 언론사, 유족회, 4·3관련단체 등을 방문하여 4·3의 접근을 위한 다양한 의견을 수렴한 결과 "도민의 대표 기구라는 공신력을 바탕으로 제주도의회가 주체가 되어 서로 용서하고 화합하는 차원에서 역사적 진상 규명과 도민의 명예회복"을 위해 조사가 필요하다는 결론을 도출하여 본회의에서 만장일치로 4·3특별위원회를 구성하기로 결정(1993.03.20.)하였다.

제주도의회는 본회의에서 "제주도에서 발생한 현대사의 최대의 비극이었으며, 우리 제주도민들의 아픔이 아직도 아물지 않고 있다는 것입니다. 이 같은 비극의 역사에 대한 진실은 밝혀져야 하고 바른 역사를 정립하여 도민의 명예를 회복하고 상처를 치유함으로써 다시는 비극이 반복되지 않게 우리 의원들이 지혜를 모아 해결해야 하는 역사적 소명"이라며 밝혔다.

당시 제주 4·3에 대한 성격 규명이 안 된 점을 감안하여 명칭을 '4·3특별위원회'로 하고 위원수를 7인으로 구성(당시 제주도의회 의원수는 17명)하였다. 특별위원회는 민자당 소속 4명(고석현, 김영훈, 양금석, 이재현)과 무소속 3명(강완철, 이영길, 김동규)으로 구성하였다. 위원장은 유족이자 언론인 출신으로 민자당 김영훈 의원을, 간사로는 전국교직원노동조합 제주 초대 지부장 출신인 무소속 이영길 의원을 선출하였으며, 7명 중 4명이 유가족으로 구성되었다.

4·3특별위원회는 "4·3의 역사적 진상을 규명하고, 이를 바탕으로 4·3에 대한 올바른 역사를 정립하여 이에 따른 각종 조치(위령사업 실시, 정부나 국회 차원의 해결책 마련 등)를 취하도록 하여 도민 화합을 이룩"하고자 하는 목적으로 설정하였으나 집행(행정)부는 동의하지 않았다.

이영길 의원은 "제주도의회가 요청한 예산의 2/3를 삭감하여 편성한 후 의회에 이송해왔다. 집행부가 4·3의 진실을 밝히고자 하는 지방의회의 의지를 꺾으려고 한 것이다. 그래서 의회에서는 집행부가 편성한 1/3의 예산도 전액 삭감으로 대응해 행정부를 압박하면서 4·3의 진실을 밝히고자 하는 의지"를 보였다.

정부 기관과 반공단체들의 압력에도 불구하고 제주도의회는 4·3특별위원회를 구성한 후 기초 조사와 4·3역사 정립, 도민 화합 방안이라는 3단계 업무 계획을 수립했다.

기초조사는 4·19혁명이 일어나고 국회 차원의 진상 조사 이후 처음 이루어지는 조사로 피해 상황을 파악하는 데 굉장히 중요한 사업이었다.

4·3특별위원회는 1년을 기초 조사의 해로 정하여 4·3 관련 각종 자료를 수집하고, 제주도의회에 피해 신고실을 개설하여 피해와 증언 8,228건의 등을 접수할 뿐만 아니라 각 읍·면·동 단위로 조사 요원을 위촉하여 4·3피해 조사 활동을 벌이며 현지답사단(특위 위원, 자문위원, 사무처 요원 등)을 구성하여 피해가 큰 마을부터 방문하여 의견을 수렴하며 조사를 진행해 나갔다.

4·3특별위원회는 제주 출신 국회의원과 기초의회 의장단(제주시, 서귀포시, 남제주군, 북제주군) 등과도 간담회를 통해 힘을 모았고, 국회에 "4·3에 대한 편견 없는 진상을 규명하여 억울한 피해자에 대한 특별법 제정을 통한 보상 등을 당연히 국회 차원에서 할 수 있도록" 국회 4·3특별위원회 설치를 청원키로 했고, "분단적 모순구조를 결자해지

차원에서 국회나 정부가 당연히 치유책을 마련하여야 제주도민들이 진정한 화합으로 21세기를 창조"할 수 있기에 국회에 건의하기로 의견을 모았다.

1994년 1월에는 진보와 보수 등 관계자들을 중심으로 하는 자문위원회를 구성하여 4·3특별위원회 활동을 보고하고 의견을 수렴하는 절차도 병행하면서 갈등을 최소화하고자 노력했다.

2월에는 제주 출신 국회의원과 제주도지사, 4·3 사건 민간인 희생자유족회장 등을 초청하여 제주도의회에서 4·3현판식 및 〈4·3피해 신고실〉을 개설하고 제주도의회 의장 명의로 '제주도민에게 드리는 말씀' 이라는 담화문을 제주도내 일간지와 반상회보, 행정과 마을의 게시판을 통해 알리고 〈4·3피해 신고를 받습니다〉라는 벽보를 게시하였다. 4월에는 17명의 조사요원을 위촉하여 활동을 본격적으로 추진하였다.

당시까지만 해도 4·3위령제는 진보와 보수 단체가 따로 진행했는데 4·3특별위원회는 공동으로 개최를 중재하면서 '제46주기 제주4·3희생자 위령제 봉행위원회' 를 구성하여 통합 위령제를 진행하도록 합의를 이끌어내며 도민의 대의기구로써 역할을 수행해 도민의 박수를 받았다.

4·3특별위원회는 위원들과 조사요원들과 함께 피해 마을과 현장

을 답사하면서 희생자들의 증언과 의견을 직접 수렴하면서 4·3해결의 실마리를 찾아보고자 부단히 노력했다.

제주도의회의 노력으로 제4대 도의회는 4·3피해자를 정리한 제1차 보고서를 발간하고, 보고서를 국회에 전달하면서 국회 차원의 4·3특별위원회 구성과 4·3특별법 제정을 촉구하는 건의문을 제출하였다.

당시 민자당 출신의 황낙주 국회의장은 "국회도 하기 힘든 일을 지방의회가 해냈다"며 격려하였으나 국회 차원에서의 4·3특별법 제정 논의는 진행되지 않았다.

30년 만에 부활된 제4대 제주도의회는 다른 지방의회와는 달리 그 역할을 성실히 수행하면서 도민들의 사랑을 받았다.

지방선거가 끝나면 당선자들의 임기가 시작되고 의원들이 모여 원 구성을 하게 되는데 상·하반기로 나눠 의회의 장과 부의장, 상임위원장 등을 구성한다. 그리고 이 과정에서 의장단에 당선되기 위한 치열한 경쟁을 치르게 되는데 1991년 6월에 부활된 제주도의회는 4년 동안 한 명이 의장직을 수행했다.

마을 이장 출신이자 사업가였던 장정언 의원은 지역구에서도 무투표로 당선되어 정치력을 증명하였듯이 의장 선거에서도 당시 민자당과 무소속 16명 의원 모두 장정언 씨를 상하반기 의장으로 추대하였고, 장정언 의장은 4·3특별위원회 활동에 대해 대외적인 바람막이 역할을 성실히 수행한 것으로 평가되고 있다.

장정언 전 의장은 "그 시기에 이래저래 수난을 많이 당했어요. 정보기관이 제 앞에서는 뭐라고 안 하는데 뒤에서, 하루는 밤에 집 사람한테 전화를 한 거예요. 쌍년! 뭐… 여러 번 그랬어요, 당시 그런 일들이 가슴에 쌓여서 (배우자가) 일찍 돌아가셨다 생각해요. 정말 나쁜 사람들이에요"라며 당시 가족의 고통을 이야기 했다.

지방의회의 회의는 특별한 경우가 아니면 공개를 원칙으로 한다. 대의기구로써 도민의 소리이기 때문이다. 그런데 4 · 3특별위원회 회의록이 많지 않다는 점이다.

이영길 전 의원은 "당시 제주도 의회에서 회의를 하면 의회 속기록이 내부 결재도 하기 전에 경찰 등 정보기관에 빠져나가는 일이 발생하였고, 여러 곳에서 압력이 들어왔다. 그래서 당시 4 · 3특별위원회는 사안의 중요성을 고려하여 공식적인 회의를 하기 보다는 위원들이 모여 비공개 간담회를 통해 여러 의제와 현안들을 논의하고 합의를 이끌어내는 방식으로 진행했다"며 당시 분위기가 살벌했음을 설명했다.

30년 만에 부활 된 제4대 제주도의회는 '4 · 3특별위원회' 라는 조직을 만들어 1만581명의 피해 신고서 (2024년 3월 현재 국가가 인정한 희생자는 1만 4,822명)를 접수 받으며 '제주도 4 · 3피해 조사 1차 보고서' 를 발간

(1995년 5월)하며 역사적인 숙제를 1차 마무리했다.

1995년에 구성된 제5대 제주도의회에서도 4·3특별위원회가 구성
되었다. 당시는 신한국당, 새정치국민회의, 무소속 출신으로 4·3특
별위원회를 구성(위원장 김영훈, 간사 강호남)하였고, 제4대 제주도의회에
서 왕성한 활동을 한 김영훈 의원과 이영길 의원이 다시 참여하여 분
위기를 이끌었다.

'4·3피해신고실' 을 다시 개설하고 제주도 내 언론사와 신고 안내
부착, 국회 차원의 '국회4·3특별위원회 구성' 을 청원하고 1996년에
는 박희수 도의원과 도민들이 20개 도시를 돌며 '제주도 4·3알리기
와 특별법 제정 촉구' 에 나섰다.

당시 순례를 추진했던 박희수 전 의장은 "제주도를 위해 하는 일이
라 예산 지원을 요청했으나 지원해 주지 않았습니다. 나중에 직원들
에게 들으니 당시 안기부에서 전화오고 난리가 났었고, 절대 도와주
지 말라고 했던 것 같습니다. 그래서 한약방 하는 한태만씨, 그리고
제 지인들이 돈을 모아서 전국적인 현안으로 만들었다"며 4·3의 진
실을 밝히는 과정이 순탄치 않았음을 밝혔다.

그리고 제주도민들이 많이 거주하는 일본의 교민과 미국에 거주하
는 교민들 대상으로 4·3특별위원회 활동을 소개하고 피해자 신고취

지를 설명하였다. 1997년에는 피해자의 추가 신고와 수정·보완된 내용을 정리하여 피해자 1만 4,504명의 '제주도 4·3 피해조사보고서(수정·보완판)'을 발간하였다.

1998년은 4·3 제50주년을 맞아 4·3으로 인한 상처를 치유하고 진실 규명과 명예 회복을 위한 범국민위원회가 구성되어 '제주 4·3 명예회복의 해' 선포식을 추진한 후 4·3 특별법 제정 운동이 시작되었다.

◆ 4·3의 진실과 4·3특별법 제정을
촉구하는 전국 순례
출처 : 제민일보(1996. 04.02)

1998년 제6대 제주도의회에서도 제1기와 제2기로 나누어 '4·3특별위원회(위원장 오만식)'가 구성되었다. 이 시기는 제주지역 5개 광역 및 기초의회와 4·3유족 단체, 4·3 단체들이 공동으로 '제주 4·3 해결 촉구를 위한 전국 홍보'를 통해 국회를 압박하였고, 전국의 광역 의회를 방문하고, 주요 도시에서 4·3의 진실을 알리는 홍보전을 진행하였다. 그리고 전국 시·도의회 운영위원회(제주도의회 운영위원장 박희수)에서 제주 4·3 해결을 촉구하는 결의문을 채택하는 등 전국적인 힘을 모았다.

◆ 4·3특별법 제정 쟁취를 위한 3차 도민대회 (1999.10.23)   출처 : 김기삼

수도권에서도 4·3유족회가 결성되고 1999년도에는 '제주 4·3사건 희생자 위령 사업 범도민 추진위원회 설치 및 운영에 관한 조례'가 제주도의회 발의로 제정되어 위령 사업을 범도민 행사로 할 수 있는 법적 장치를 마련하였고, 4·3특별법 제정 운동도 진행되어 1999년 12월 16일 「제주 4·3사건 진상규명 및 명예회복에 관한 특별법(다음 4·3특별법)」이 제정 되면서 진실 규명에 대한 국가 차원의 법적 장치가 마련되는 역사적 계기를 마련하였다.

제주 4·3의 진실을 밝히는 법률 제정의 긴 과정에서 제주도의회 4·3특별위원회가 중요한 역할이 맡아 큰 힘이 되었다.

1999년 12월 31일 자로 피해자는 누적 정리한 결과 1만 4,841명으로 파악되었다.

이후 제7대와 제8대, 제9대 제주도의회에서도 4·3특별위원회의 역할은 컸다.

노무현 대통령의 추념식 참석 요청, 이명박 대통령의 '제주 4·3사건 진상규명 및 명예회복위원회'의 폐지 철회 요구, 국방부의 4·3사건 관련 교과서 개정 요구 철회, 제주 4·3의 국가 추념일 지정 노력, 국가의 배·보상을 통한 제주 4·3의 명예 회복을 위한 4·3특별법 개정 등의 활동은 도민의 대의기관인 제주도의회가 역할을 다해줌으로써 4·3의 진실이 세상 밖으로 나올 수 있었다.

제11대 제주도의회 4·3특별위원회(위원장 강철남)에서도 역할을 해주었다. 지난 2021년 유가족들과 4·3단체들이 눈보라 치는 겨울에 국회앞에서 4·3특별법 개정을 촉구하는 1인 시위와 홍보전을 할 때도 도의원들은 함께 하였고, 전국의회에서의 결의문 채택과 함께 여야 국회를 방문하며 4·3의 진실을 밝히기 위한 4·3특별법 개정 작업에도 힘을 모았다.

강철남 의원은 "4·3의 진실을 밝히는 데 제주도의회는 여당과 야당이 따로 없었으며, 1세대 어르신들이 살아생전에 명예 회복을 하고자 하는 염원을 받들어 함께 하나가 되는 시간이었습니다. 특히 보상을 통한 명예회복의 길이 열렸고, 불법적인 군사재판의 재심 청구의 길이 열려 많은 수형인들이 재판을 통해 무죄라는 명예회복으로 편안히 눈을 감을 수 있도록 미력하나마 역할을 할 수 있어 기쁘다"며 대의기관으로서의 역할에 의미를 부여했다.

제주 4·3항쟁의 진실을 밝히는 많은 운동이 있었으나 그중에 한 축은 30년 만에 부활된 제주도의회 4·3특별위원회의 치열한 싸움으로써 또 다른 공권력을 넘어서 진실을 밝히는 촛불이 되어 주었다.

제주 4·3특별위원회는 군사독재정권에 의해 중지된 지방의회가 30년 만에 부활된 후 첫 사업으로 4·3의 진실을 밝히는 물꼬를 내었다는데 역사적 의미가 있다. 한국전쟁 전후 민간인 학살에 대한 많은 과거사들이 아직도 진실을 밝히지 못하고 있는 상황에서 지난 1993년부터 활동해온 제주도의회의 4·3특별위원회 활동이 타 의회에서도 참고가 되길 기대해본다.

3부

시민과 함께하는 마을 만들기

마을 만들기를 통한 공동체 복원 : 보성군

· · ·

한반도의 전통 사회는 마을이라는 공간에서 행정의 통제보다는 일상 속에서 관계를 갖고 상호 작용하며 이해와 신뢰를 기반으로 마을을 이끌어가는 공동 사회의 성격을 가지고 있었다. 그러나 급속한 산업화와 도시화로의 변화로 마을 크기가 넓어지면서 주민 간 상호 작용의 단절은 공동체성이 파괴되고 마을 공동의 목표는 무관심으로 사라지고 있다.

지역에 대한 주민의 무관심과 미참여는 지역 사회의 결집력을 느슨하게 만들고 지역 문제에 대한 대응력도 떨어지게 되면서 공동체 회복을 통한 극복 사례를 만들고자 하는 여러 움직임이 시작되었다.

마을 만들기는 "주민 스스로가 마을의 주인으로 거듭나고 주민 간에 마을과 마을을 이어 주고 주민들이 더불어 살아가는 지역공동체를 창조하기 위한 모든 활동"으로 주민의 자율적이고, 주체적이며, 의도적인 활동을 통해서 이루어진다.

일제 강점기 마을 만들기는 항일 독립 투쟁을 위한 망명자들과 국경을 넘은 이민자에 의한 이상촌 만들기로부터 시작하여 군부 독재 시절인 1960년대 빈민 공동체 운동과 1970년대 주거권 운동, 신용협동조합운동이 있었고, 1980년에는 도시 빈민 지역의 아이 돌봄을 비롯한 교육 운동, 1990년대에는 민주화 대투쟁의 성과를 이은 환경과 문화, 농업, 생활조합 등의 다양한 마을 만들기 운동으로 이어진다.

1991년 30년 만에 부활한 지방의회와 함께 1992년 브라질의 리우데자네이루에서 '지구를 건강하게, 미래를 풍요롭게' 라는 주제로 열린 환경과개발에관한유엔회의(UNCED)의 〈의제21〉채택은 마을과 공동체를 통해 지구를 살리자는 운동으로 확산되는 계기가 되었다.

〈의제21〉제28장은 지속 가능한 발전(Sustainable Development)을 위해 지방정부의 주도적 역할을 강조하면서 각국 정부는 지역 차원의 지속 가능 발전 행동계획으로 지방의제21(Local Agenda21)의 실천 운동을 권고하면서 참여단체(기관)는 지방정부와 지방의회, 여성, 청소년, 시민단체, 노동조합, 농민을 비롯해 원주민 등의 참여 권고를 반영하여 마을 만들기 운동이 전국적으로 진행된다.

전국의 지방의제21 추진협의회는 서울특별시와 부산광역시, 광주광역시가 1995년에 출범했고, 기초지방자치단체로는 순천과 청주,

수원, 안산, 영덕 등에서 1996~1997년에 출범했는데 추진 과제를 실천하기 위한 대상이 마을이어서 마을 주민들을 주체화하고자 하였다.

지방의제21 실천 운동의 마을 만들기는 사업 주체가 환경단체를 비롯한 시민단체가 중심적으로 움직여 민간주도형 경향이 강했다. 시민단체가 추진하고 향후에 공공이 지원하는 형태를 띠었는데 성미산 마을 만들기와 인왕산 골짜기 달동네인 홍제동의 개미마을, 통영 동파랑벽화마을 등이 대표적이라 할 수 있다.

지방의제21이 전국적으로 확산되는 국민의 정부 시기는 과거 농촌개발정책이 지나친 물리적 기반시설 중심인데다 하향식 개발, 그리고 주민 참여 부족이라는 평가가 나오자 2000년부터는 정부가 정책을 수립하고 지방자치단체와 민간을 대상으로 공모를 통해 추진 주체를 선정하는 공공지원형으로 변화하기 시작한다.

2001년부터 추진된 행정안전부 '정보화마을', 참여정부 시기에 추진한 '참 살기 좋은 마을 가꾸기 사업'과 농림부의 '농촌체험휴양마을', 국토교통부의 '도시재생사업', '도시활력증진사업', 환경부의 '자연생태우수마을' 등 마을 만들기 사업 등이 여기에 해당된다.

공공교육형 사업은 주민참여형 마을 만들기 교육을 선행하여 주민 역량을 키우고, 향후 계획(안)을 실천할 수 있도록 유도하는데 국토부의 '도시대학'과 경기도의 '새마을 시민대학' 등이다.

공공계획형은 계획 과정에서 주민의 의견을 다양하게 수렴하여 계획을 수립하고 추진하는 형식으로 전주 한옥마을과 서울 명동의 지구단위계획 등이 추진되었다.

지방의제21과 중앙정부의 마을 만들기는 지방자치단체에서도 바람이 불기 시작하여 2009년부터 제주도와 전라북도, 광주광역시, 서울특별시 등 마을 만들기 조례가 제정되기 시작했다. 기초지방자치단체로는 2003년에 진안군이 조례를 제정한 후 2005년에 가평군, 부평구, 군산시 등 전국으로 확산되었다.

기초 지방자치단체에서도 많은 사업들이 추진되고 있는데 온 동네가 함께하는 대표적인 마을이 전라남도 보성군이다.

보성군은 농산물 지리적표시제 1호인 녹차가 유명하다. 우리나라 녹차의 40%를 생산하며 한국의 차산업을 이끈다는 자부심과 함께 한국 차 박물관도 군에서 운영하고 있다. 조정래의 《태백산맥》과 영화 〈남부군〉을 비롯한 역사의 아픔이 남아 있으며 특히 회천면 봉강리는 충무공 이순신의 종사관으로 종횡 무진 했던 반곡 정경달(盤谷, 丁景達)의 고택이 있는 곳으로 정씨 집안은 항일투쟁기부터 군부 독재정권까지 4대가 감옥살이를 한 한국 현대사의 아픔을 간직한 곳이다.

보성군은 자랑할 만한 여러 자산을 가지고 있음에도 산업화로 인한 수도권 집중화로 1992년 7만 8,940명에서 2020년에는 4만 462명으로 인구가 감소하자 행정안전부는 전국의 89개 기초지방자치단체를 인구 감소지역으로 지정·고시하였고, 지속적인 감소로 2024년에는 37,045명으로 줄어들면서 결국 소멸위기에 처했다. 이에 보성군은 마을을 대상으로 활력을 되찾기 위해 역점시책으로 '우리 동네 우리가 가꾸는 보성 600' 사업을 시작했다.

농자천하지대본 시기 두레는 농촌에서 공동으로 일하는 주민들의 마을별 공동노동조직이었고, 일제강점기에 독립 투쟁 정신이었던 두레 정신을 보성군에 적합하게 전환하는 '우리 동네 우리가 가꾸는 보성 600(다음 보성 600)'을 2019년에 확정하여 400여 명의 주민들이 2020년부터 추진하는 것으로 결의했다.

순수 군비로 추진하는 사업으로 매년 10억~15억 원을 투입하는 '보성 600' 사업은 12개 읍면 604개 마을마다 주민들이 사업을 결정하여 추진하는 소규모 마을 만들기 사업이다. 보성군의 '보성 600' 사업은 공공계획형 사업으로 주민의견수렴과 전문가 자문을 통해 마을별 묘목과 초화류(草花類)에 대한 수요를 파악하고, 마을별 차별화와 특성화 방안을 검토하며 수종을 변경하는 등 주민 의견 수렴에 정성을 들였다. 군사 독재 정권 시절 금지곡이 되었던 민중가요 '부용산'의 배경이 된 벌교읍 부용산에는 부용화를 식재하였고, 철쭉으로 유명한 초암산 인근 마을에는 철쭉을 심어 마을별 특색 있는 거리를 조성하기로 하였다.

득량면 도촌리 석장마을 주민들은 지역 경제소득 사업과 연계하여 공동으로 3년 동안 두릅나무를 3천여 그루를 식재한 후 '보성 두릅 축제 한마당' 이라는 마을 축제를 개최하여 마을소득과 지역경제를 연계하는 사업도 추진하고 있다. 대화마을(도촌1리) 임정원은 "아직은 수확량이 적어 소득이 작지만 주민들이 함께 가꾼 두릅나무에서 소득이 창출되는 기쁨을 모두가 경험했다는 것만으로도 참 뿌듯하다"고 말했다.

회천면 서당리 원서당 마을은 서당(書堂)이 있어 지명이 유래가 되었던 것처럼 마을 입구부터 안길까지 마을의 유래와 자연경관 등을 마을 담벼락에 그려 마을의 역사를 기록하고, 방문객에서 친근한 분위기를 연출하고 있다.

◆ 서당마을 담벼락에 벽화를 그리는 주민들　　　　　　출처 : 보성군

보성 600사업은 단순한 경관 개선에 머물지 않고 소득작물을 심는 것으로 확대해 마을사업으로 넓혀 진행하면서 회천면의 우암마을은 금규화를, 보성읍의 쌍용마을은 둥글레와 어성초를, 벌교읍의 수차마을은 대추나무를 심었다.

보성 600 사업이 316개 행정리를 중심으로 진행된 것이 아니라 604개의 자연마을 중심으로 진행되는 사업이다 보니 인구가 작은 마을도 있어 한 마을이 5인 가구 미만일 경우는 인근 마을과 통합하여 추진하는 방안도 마련하였다.

김철우 보성군수는 "수도권 집중화로 농어촌은 위기에 처해 있다. 이 위기를 극복하고 마을에 활력을 찾는 일은 주민들에 의해서만 가능한 것이다. 70~80대 어르신들이 나서면서 지역공동체가 살아나고 마을이 활력을 얻었다. 행정은 주민들의 의지를 지원하는 역할을 위해 노력했다. 지방자치시대 주민과 행정의 소통으로 마을이 어떻게 변화할 수 있는지를 '우리 동네 우리가 가꾸는 보성 600'을 통해 검증하는 계기가 되었다" 며 지방자치 시대 지도자의 의지와 역할이 얼마나 중요한지를 증명하였다.

보성 600 사업의 원활한 추진을 위해 군수가 직접 회의를 주재하고, 군수가 현장에서 주민들과 소통하는 등 발로 뛰는 행정을 통해 실현하였다.

2020년 285개 마을에 1만 2,000명의 참여를 시작으로 2021년에는 272개 마을에 1만 여명이, 2022년에는 206개 마을 6,000여 명이, 2023년에는 137개 마을이, 2024년 문패 달기에는 9,000여 세대가 참여하였다. '보성 600' 사업은 600여 개 마을에 1회당 3백만 원에서 5백만 원씩 배정되었고, 2020년에 11억 5,000만 원의 예산을, 2021년에는 11억 9,900만 원, 2022년에는 9억 5,000만 원 등 지난 3년 동안 총 39억 원이 투입되었다.

김철우 군수는 "행정 주도에 익숙해져 있는데다 기존의 마을 가꾸기가 건설 분야에 집중되어 있어 사고의 전환이 필요하였다. 특히 인구 유출로 인한 노동력 부족을 극복해야 하는 농어촌의 어려움이 있었으나 보성군 군민 문화운동단체의 노력이 주민 참여로 이어져 주민이 직접 주도하고 추진하는 특색 있는 마을 가꾸기 사업이 동력을 받았다. '보성 600'은 우리나라의 전통인 '두레'를 현대적 정신으로 계승하였고, 주민의 참여와 소통을 통해 더불어 사는 농어촌 마을에 활력을 불어넣어 공동체를 복원하는 데 큰 힘이 되었다"고 밝혔다.

2022년부터는 '깨끗한 보성 600' 사업으로 영농 쓰레기 치우기 사업을 진행했다. 노령인구 증가와 인구 감소 등으로 마을 주변을 공동으로 청소하는 문화가 점차 사라지고, 마을 주변에 농기계를 비롯한 영농부산물 등 각종 폐기물을 방치하는 사례가 늘어남에 따라 관내 600

개 마을 전체가 참여한 가운데 마을별 이어 달리기 방식으로 대청소가 진행되었다.

마을 진입로와 농로, 하천 및 용·배수로와 인근 야산 등에 방치된 생활폐기물, 폐가전제품, 영농폐기물 등을 수거하였다. 특히, 창고와 농지 주변에 있던 폐농약와 폐병, 그리고 폐의약품과 영농폐기물인 부직포, 차광막 등을 집중 수거하여 군민의 안전과 환경오염 예방 활동으로까지 진행되었다.

◆ 깨끗한 마을 600 사업에 참여하여 청소하는 주민들　　　　　　출처 : 보성군

2020년에 출발한 보성 600 사업은 2022년에 '깨끗한 보성 600'에 이어 2023년도에는 '산림 600', '복지 600'을, 2024년도에는 '문화 600' 사업으로 전환하며 추진하고 있다.

'문화 600'은 예향으로 알려진 보성의 문화를 보성군민 모두가 질 높은 문화적 혜택을 누릴 수 있도록 주민과 함께하는 문화사업으로, '인생 한 컷' 사업은 75세 이상 노인들의 삶을 기록해 보성군 봇재에서 개최되었으며, 전시 작품은 각 가정에 전달되어 걸렸다. '찾아가는 섬 소리 여행' 사업은 문화 소외지역을 대상으로 2024년에 보성군의 가장 큰 유인도인 장도에서 전통 국악 공연을 선보이며 전통 소리와 예술을 즐기는 기회를 제공했다.

'복지 600'은 지역의 복지문제를 주민들이 제시하고 자체적으로 해결할 수 있는 소규모 의제를 복지 사업 계획으로 수립·실행하는 주민 주도 사업으로 '사랑 나눔 이불 빨래방', '행복해 보성 가족봉사단', 그리고 '우리 동네 복지기동대'와 '건강복지 현장 사랑방', '사랑의 밑반찬 나눔' 등의 사업들이 시행되고 있다.

◆ 복지 600인 사랑 나눔 이불 빨래방 　　　　　　　　　　　　출처 : 보성군

주민들의 만족도가 가장 높은 사업은 '사랑 나눔 이불 빨래방' 사업으로, 노인 일자리 사회서비스형 사업으로 복지 문제를 스스로 제시하고, 자체적으로 해결할 수 있는 소규모 의제를 복지 사업 계획으로 수립·실행하는 주도적인 사업이다.

'산림 600 사업'은 생활권 주변의 숲과 전통 숲 등 군민의 일상을 함께하는 마을에 인접한 숲을 관리하는 사업이다.

'보성 600' 사업의 성과는 다른 지방자치단체들이 응용으로 이어져 전라남도는 2021년부터 '으뜸 마을 만들기 3,000'을 목표로 사업을 시작했다. 5년 동안 총 사업비 380억 원을 투입하여 저출산, 고령화와 전염병(COVID-19) 등 사회 문제로 활기를 잃은 마을 3,000개를 살기 좋은 마을로 조성하여 위기 극복을 위한 돌파구로 추진한 것이다. 주민들이 마을의 문제점을 파악하고, 발전 방향과 해결 방안을 도출할 수 있도록 사업 기획부터 실행, 관리 등을 주도하고 있다. 지역은 다르지만 지역 사회 환경 개선과 자원 보전, 주민 주도, 공동체의식 회복이라는 궁극적인 목표는 모두 동일하다.

마을 만들기 사업은 행정과 마을 지도자들의 적극적인 노력으로 사업 방향 설명과 홍보, 동의 과정 자체가 마을 주민들이 통합되는 과정임을 지향하면서 추진되어야 한다. 해당 사업에 유무형의 이익이 발생한다면 공평하게 분배되어 마을 전체로 돌아가게끔 유도하고, 사업 추진에 찬·반 의견을 내놓는 주민들의 이견을 조율하는 과정도 공동체성을 해치지 않는 범위내에서의 선택도 필요할 것이다.

토박이인 김점미 씨는 "600과 관련한 사업이 중장기적인 관점에서 계획을 수립하여 추진하는 것이 필요하며, 전통을 계승하고 시대에 맞게 창조하는 보성만의 사업을 위한 고민이 필요하다"고 제언하였다.

'우리 동네 우리가 가꾸는 보성 600'은 인구 소멸이 예견되는 미래의 농어촌이 살아낼 하나의 방법이 되어, 진짜 마을을 만들고 싶은 미래의 사람들에게 하나의 길로 남을 것이다.

02 정주(定住)인구에서 생활인구로

전자관광주민증을 통한 생활인구유입으로 지역 경제 활성화 : 옥천군

● ● ●

‘인구절벽’을 넘어 ‘국가소멸’과 ‘민족멸종’ 등 상상하기도 무서운 문구가 거론되고, 지구상에서 가장 먼저 사라질 나라가 대한민국이라는 주장과 함께 〈뉴욕타임스〉의 로스 다우서트(Ross Douthat) 기자는 "한국의 인구 감소가 14세기 흑사병이 유럽에 몰고 온 인구 감소를 능가"할 수 있다고 지적했다. 경제협력개발기구(OECD)의 국가별 합계출산율은 호주와 프랑스는 1.64명, 미국은 1.62명, 스웨덴 1.56명, 일본 1.44명, 스위스 1.43명, 독일과 스페인 1.21명 등으로 대한민국

◆ 1970~2022 대한민국 합계출산율   출처 : 국가지표체계

보다 높게 나타나고 있는데 반해 대한민국은 전 세계에서 최악의 합계출산율을 보이고 있다.

대한민국의 합계출산율이 낮아지는 현상은 수도권과 비수도권 관계없이 17개 시도에서 모두 나타나는 현상이고 2020년부터는 연간 출생자 수가 사망자 수보다 적은 교차 하향 곡선(dead-cross)으로 나타나 2021년에는 인구 성장율이 0.18%를 기록하며 인구 감소 시대로 접어들었다. 인구가 수도권으로 이동하며 지방소멸 위기가 나타나고 다시 지방소멸은 국가소멸이라는 위기를 불러온다.

경기도, 서울, 인천 등 수도권 면적은 대한민국 전 국토의 11.8%에 불과하지만 거주 인구는 2019년부터 대한민국 전체 인구의 50%를 넘어 섰다. 1960년대부터 농촌 젊은이들이 일자리를 찾아 서울로 이동하면서 1959년 200만 명의 서울시 인구가 1988년에는 1,000만 명, 1992년 10,935,230명으로 폭발적으로 증가하다가 2016년부터는 900만 명대를 유지하고 있다.

전두환 군부 독재정권은 '주택 500만 호 건설'을 제시하며 택지개발 촉진 특별조치법을 제정(1980.12)하고, 이어 1988년 노태우 후보의 '주택 200 만호 건설' 공약을 만들었다. 두 개의 주택 건설 정책은 녹지 및 토지 보호지역인 개발제한구역을 무시하고 1, 2, 3기 신도시라는 이름으로 수도권 집중화를 가속화시켰다.

경기도도 1990년에 615만 명에서 신도시 개발 이후 2003년에는 1,020만 명, 2024년 10월에는 1,414만 명으로 증가하였다. 인천시도 경기도에서 분리되어 인천직할시로 위상을 바꾸었고, 서울, 경기도, 인천 등 수도권 인구가 1970년에 913만 명에서 2020년에는 2,596만 명으로 50년 만에 184.4% 증가하며 국토 면적의 12%에 전체 인구의 50%가 물려 사는 현상이 발생한 것이다.

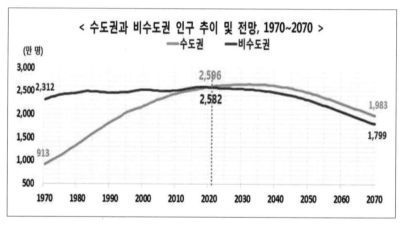

◆ 최근 20년간 수도권 인구이동 추이와 향후 인구 전망　　　　출처 : 통계청

국민의 정부는 2001년에 '지방 소도읍(小都邑) 육성 지원법' 을 제정하고, 참여정부는 행정부를 지방으로 이전하고 지방에 권한을 두어 국가를 균형 있게 변화시키는 것이 국가 경쟁력이라는 기조하에 수도권 규제와 함께 국가균형발전법을 통한 균형발전특별회계의 도입과

수도권에 있는 공공기관의 지방 이전과 혁신도시 건설, 그리고 지방 대학 육성 및 지방 인재 채용 강화 등을 추진했다.

노무현 대통령은 "농촌과 도시는 둘이 아닌 하나이고 농촌 발전은 국토균형발전의 주요 축"이기에 농촌 삶의 질 향상을 정책 목표로 제시하며 도시에서 5일과 농촌에서 2일을 생활하는 도시와 농촌의 교류 정책을 추진했다. 2007년 노무현 대통령은 혁신도시 기공식에서 "국민 여러분의 가슴 속에 균형발전정책이 꼭 필요한 정책이라는 확신과 애정을 심어주어야만 정책이 무너지지 않고 유지될 수 있다"고 강조하면서 지방 살리기를 시도했다.

헌법재판소는 참여정부의 신행정수도건설특별법이 위헌이라는 결정으로 수도 이전은 좌절되었으나 2005년부터 2019년까지 한국전력 등 수도권에 있던 153개의 공공기관이 비수도권인 지방으로 이전하면서 수도권 유입 인구는 2011년부터 2016년까지 감소 추세가 이어지지만 2017년부터는 수도권으로의 인구 유입이 다시 늘어나기 시작했다.

문재인 정부는 인구 감소지역에 특별교부세를 통해 지원해보았지만 효과가 크지 않았고, 통계청에서도 일자리와 교육 등을 위하여 비수도권에서 수도권으로의 인구 유입 현상이 향후 50년간 지속될 것으로 예측하면서 비상이 걸렸다.

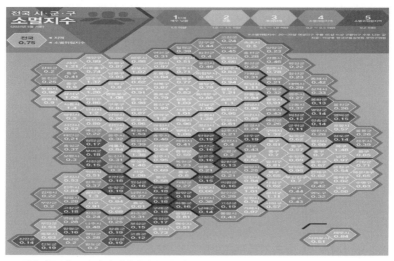

◆ 대한민국 기초 지방자치단체의 소멸 지수   출처 : 한겨레

　문재인 정부는 국가균형발전특별법에 '인구감소지역'에 대한 규정
(2020)을 만들고, 2021년 10월에는 인구감소지역 89개와 관심지역 18
개의 기초지방자치단체를 지정한 후 지방자치단체 기금관리기본법
(2005 제정)을 개정하여 중앙정부가 인구감소지역에 매년 1조원씩 10
년 동안 지방소멸대응기금을 도입한다고 발표했다. 그리고 고향 사랑
기부금에 관한 법률을 제정(2021)하여 전국 모든 지방자치단체에 기부
금을 기부하는 제도를 도입한다. 그리고 제20대 국회 때부터 발의되
었지만 합의가 되지 않았던 '인구 감소 지역에 대한 지원 특별법(다음
인구감소지역법)'이 제정(2022.06)되었다.

행정안전부는 인구감소지역법에 따라 2023년도부터 지역경제 활력을 높이기 위해 '고향올래(GO鄕All來)' 사업을 추진하고 있다. 2023년도에는 21개소에 지방비 포함 250억 원을, 2024년도는 문화예술인들의 두 지역 살이, 유학생과 가족을 위한 주거시설 제공, 청년들의 문화·창업·교육 활동 및 주거공간 지원, 은퇴자의 귀농이나 귀촌, 일을 하는 업무 공간의 공유와 휴식을 취할 수 있도록 하는 업무집중형 공간지원사업 등 5개 유형에 공모를 실시하여 12개 지방자치단체에 지방비 50% 포함하여 총 200억 원을 지원했지만 실효성에 대한 문제 제기 속에서 충청북도 옥천군은 자체적으로 회생 방안을 찾아 나섰다.

옥천군수는 인구감소지역법이 제정되기 전부터 사회적 교환 이론(Social Exchange Theory)에 착안해 이촌향도(離村向都)라는 사회적 대이동 현상을 극복하기 위해 관광산업을 통해 오도이촌(五都二村)을 넘어 이도향촌(離都向村)으로 전환하고자 논의를 시작하였고, 관계인구 또는 생활인구에 대한 개념을 통한 방문자 경제를 구상했다.

옥천군은 한국관광공사가 관광객의 흐름을 파악해 디지털관광주민증(다음 전자관광주민증) 사업을 기획하고 운영하는 부서와 일반 방문자들이 이용할 누리집 '대한민국 구석구석' 과의 연동을 위한 개발 사업과 전자관광주민증 발급 및 홍보 업무를 추진하는 2개 부서를 정하고 한국관광공사 국내 지사를 통해 사업설명 및 협의를 추진하였다.

옥천군은 2022년 새해부터 옥천군을 방문하는 방문자에게 혜택을 제공하는 업체를 찾아 나섰고, 국내외에 명성이 있는 사설 유료 관광지 2개소를 참여시켰다. 1970년대부터 정홍용 씨가 묵묵히 나무를 심어 가꾼 화인산림욕장과 수련과 각종 야생화로 심리를 치유하는 충청북도 민간정원 10호인 수생식물학습원이 입장료 할인을 약속했다.

천상의 정원(수생식물학습원) 대표인 주서택 원장은 "인구소멸과 기후위기를 극복하며 현대인들이 정신 건강을 위해서 사람들이 자연으로 들어오도록 해야 합니다. 사람들은 자연 속에 있을 때 자연스러워지거든요. 옥천군이 추진하는 전자관광주민증 사업은 우리 지역에 이동인구와 생활인구를 늘리고 도시민들의 정신 건강까지 챙기는 선제적 관광사업이고 복지사업입니다"라고 말했다.

5월이 되어 옥천군 관광정책과는 환호와 비명을 동시에 울렸다. 한국관광공사에서 전자관광주민증 시범사업 지방자치단체로 관광산업으로 유명한 평창군과 옥천군을 발표하고 홍보비 1억 원도 확보했기 때문이다.

옥천군은 속도를 냈다. 전자관광주민증을 소지한 방문객들에게 혜택을 주기 위해 군이 관리하는 시설에 대한 이용료 감면을 위한 법률적 장치인 '옥천전통문화체험관 설치 및 운영 조례' 등을 2022년 일부 개정하여 정비했다. 방문객의 주머니를 열 특산품과 기념품도 준비했다. 새로운 기념품을 만들기 위하여 2022년과 2023년 충북도 관광상품 개발 지원사업 공모전에 선정되어 사업비를 확보하고 옥천군만의 지역 색깔을 살린 상품을 개발하였다.

2023년 3월, 드디어 2만 명의 관광주민증이 발급되었고, 10월 30일을 '옥천 관광 주민의 날'로 선포하여 전자관광주민증 5만 명을 통해 옥천군은 생활인구 10만 명을 선포했다.

◆ 전자관광주민 등 생활인구 10만 명 선포식   출처 : 옥천군청

옥천군은 한국관광공사에서 운영하는 누리집 관광 정보 분석기를 통해 방문객의 욕구와 경향성 등의 흐름을 분석해 관광 자원화로 이용하였다. 지역별 방문인구통계정보는 옥천군의 생활인구로 연결하고 관광주민증을 많이 사용한 식음료 사업장들 파악, 당일 방문과 숙

박 방문의 지출 비용을 산출하여 인구 감소로 인한 생활인구의 대체 효과를 분석하는 등 다양하게 활용하였다.

2023년 옥천군과 평창군의 전자관광주민증 시범사업으로 성과를 내자 문화체육관광부는 옥천군을 기관 표창하였고, 한국관광공사는 관광공사가 운영하는 통계 정보를 잘 활용한다며 대상을 주었다. 옥천군과 평창군의 성공적인 전자관광주민증 사업은 2024년 15개 지자체로 확대하면서 생활인구의 확대로 이어지고 있고 옥천군은 금강권을 통해 이웃 지방자치단체와 연계한 관광 노선 개발과 상품화를 시도하고 있다.

옥천군에는 경부고속도로상에 2개의 나들목이 있고 아름다운 금강이 흐르고 있다. 우리나라의 어린나무 70%를 생산·유통하는 묘목산업특구이며 400년 수령의 옻나무 샘물과 옻칠과 옻 관련 음식 등 옻산업 특구로 지정된 만큼 나무와 숲, 습지를 중심으로 한 사업과, 우리 글로 우리의 정서를 표현한 시인 정지용 문학상을 비롯한 시인의 마을 위상을 만들어내고 있다.

전체 면적의 30%가 수질 보호구역인 장점을 살려 대청호를 중심으로 오염원을 덜 배출하는 친환경 수상 교통망을 마련(지방소멸기금 110억 원 확보)하여 소정리(군복면)와 막지리, 장계 관광지(안내면), 장계리

주막말, 오대리(옥천읍)를 거쳐 연주리(안남면)를 운행하면서 지역 주민의 교통 편익 제공으로 정주 여건 개선은 물론 지역 경제 활성화에도 기여하고자 선착장 공사를 진행 중이며, 2025년 11월 운행을 목표로 호수 관광 정책도 수립 중이다.

황규철 옥천군수는 "비수도권 지방자치단체를 살리는 방법의 일환으로 생활인구 제도가 생겨났는데 그 생활인구를 형성하는 방법 중 하나가 바로 관광이다. 옥천군은 한국관광공사와 전자관광주민증 사업을 진행했고 관광에 의해 지역 경제가 살아날 수 있었다. 전자관광주민증 사업과 같이 생활인구 유입과 더불어 지역 경제 활성화가 가능하도록 상호 연계가능한 정책들을 지속적으로 발굴하고 지원 또한 확대해야 지방소멸의 위기를 기회로 전환할 수 있다"며 인구감소지원법의 개정을 통해 개혁적인 운영 방안을 주문했다.

중앙 정부가 비수도권을 살리는 길이 곧 국가를 살리는 길이다.

은퇴자 마을처럼 임시방편이 아니라 아닌 농촌에서의 출산과 육아, 교육은 국가가 모두 책임지고, 교육 행정과 일반 행정을 통합해 대안중심의 혁신학교로 창의적인 인력을 육성해야 한다. 청년들이 살 수 있도록 거주 공간을 제공하고. 일자리와 청년수당을 매달 지급한다. 놀고 있는 농지를 청년들에게 제공하고 특화된 농산물을 생산할 수 있도록 맞춤형 지도와 함께 농산물 가격 안정 제도와 농민수당을 통해 보장한다. 수도권 기업이 지방으로 이전할 때는 세제상의 지원뿐만 아니라 택지와 주택과 복지 등 통합 지원하는 파격적인 정책으로 전환해야 한다.

소멸 위기에 몰린 지방자치단체들은 아주 작은 인적 관계를 찾아 생활인구로 전환하기 위해 치열한 몸부림을 치고 있다. 고향이라는 이름으로 향우회를 방문하고, 행정과 관련하여 방문한 관계자를 찾아 가족끼리 방문을 요청하고, 관광객의 다양한 욕구에 따른 숙박과 체류 등 소비 형태의 정보를 적절한 분석을 통해 관광 정책을 수립하여 지역 경제를 살리기 위한 노력을 기울이고 있다.

과거 정주인구 중심의 인구소멸 지역에서 전자관광주민증을 통한 생활인구 증가로 새로운 도전을 추진하는 옥천군의 치열한 몸부림은 열악한 관광기반시설을 극복하고자 노력하는 지방자치시대 의미 있는 사례로 평가되고 있다.

03 햇빛과 바람은 모두의 기본소득

에너지 이익 공유 제도 : 신안군

• • •

"공산당보다 더한 군수!"

신안의 섬 주민들이 "햇빛에너지를 팔아 주민들에게 돌려주겠다" 는 조례에 대해 반대하며 외친 말이다.

대한민국 에너지 정책의 출발은 1950년대 석탄이었다. 1960년대 제1차 5개년 경제개발의 제조업을 통한 수출 지향적 정책을 추진하면서 석유로 전환되었다.

1970년대는 석유 파동으로 에너지 안보가 부각되면서 국가와 공기업이 에너지를 독점하는 체제를 만들었고, 에너지 수입원의 다원화와 효율성 확보, 그리고 비축기지를 마련하면서 국민에게 에너지 절약을 강조했다.

1972년 스웨덴의 스톡홀름에서 개최된 인간환경회의(UN Conference On the Human Environment)에서 환경 파괴와 기후변화에 대한 문제 제기가 있는 데다 1973년에 석유 무기화 정책으로 닥친 석유 파동과

1979년 이란 혁명에 의한 석유 파동은 대체할 에너지 필요성이 제기되면서 햇빛과 바람, 그리고 원자력에너지가 검토되기 시작하여 '대체에너지 기술 개발 촉진법'을 제정(1987)했다. 1990년대는 에너지 민영화와 해외 개발, 원자력에너지로의 전환이 이루어지는 시기였다.

1992년 브라질의 리우데자네이루에서 개최되었던 UN 환경개발회의(UNCED)에서 채택된 '환경과 개발에 관한 리우선언'과 1997년 채택된 교토의정서(Kyoto Protocol)를 통해 인류의 생존을 위해 눈앞에 닥친 기후위기를 극복하기 위해서는 신재생에너지가 선택 사항이 아니라 필수임을 국제사회가 합의했다.

1997년에는 '대체에너지 개발 및 이용보급 촉진법'으로 개정하면서 재생에너지 시설에 대한 보조와 융자 및 세제 지원, 그리고 국공유재산의 이용 지원 등의 재생에너지 정책을 마련했다.

2000년에 들어서는 세계적인 신재생에너지로의 흐름에 많이 뒤쳐졌지만 대한민국이 발걸음을 내딛었다.

2002년에는 '신재생에너지 개발 이용 보급 촉진법(다음 신재생에너지 촉진법)'의 개정을 통해 공공건물의 대체에너지 사용 의무화와 독일 등에서 운영하는 신재생에너지 보급사업에 직접 보조하는 방식의 발전차액지원제도를 도입하였으나 정부의 재정 투입이 많다는 지적에 폐기(2011)하고, 재생에너지 설비를 제외한 500MW 이상 운영하는 발전 사업자에게 총발전량의 일정 비율 이상을 재생에너지로 공급하도록 하는 신재생에너지의 의무 공급(Renewable Energy Portfolio Standard, RPS)제도를 시행(2012)했다.

2003년에는 제2차 신재생에너지 기본계획의 수립하고 태양광 10만 호, 연료전지 1만호 추진한다는 목표를 세웠다.

2004년과 2009년, 2013년에는 '신재생에너지 촉진법' 개정을 추진하면서 신축과 개축하는 공공건물에 재생에너지 사용 의무화와 100만호에 신재생에너지 시설물을 설치하는 등의 목표를 세웠다.

문재인 정부는 2017년에 재생에너지 발전 비중을 2030년까지 20%를 달성한다는 '재생에너지 3020' 이행 계획을 발표하고 후보 시절 공약으로 찬반 논란이 일었던 월성1호기의 조기 폐쇄도 결정했다.

국제에너지기구(IEA)가 발표한 '2020년 국가별 재생에너지 발전 비중(양수발전 제외)'은 노르웨이 98.6%, 덴마크 81.6%, 캐나다 67.9%, 스웨덴 67.5%, 미국 19.7%, 일본 19%인데 반해 대한민국은 5.8%로 경제협력개발기구(OECD) 37개국 중 37위로 최하위에 머물렀다는 평가에 문재인 정부는 국가온실가스감축목표(NDC)를 2018년 배출량 대비 40%로 감축하겠다고 발표하였는데 이는 2030년까지 온실가스 배출량을 2018년 대비 26.3%에서 대폭 상향한 목표다.

독일의 환경·개발 비정부기구(NGO)인 저먼워치(Germanwatch)와 신기후연구소(New Climate Institute), 기후행동네트워크(Climate Action Network)가 2005년부터 매년 발표하는 국가별 온실가스 배출, 에너지 사용, 재생에너지 확대, 기후 정책 등의 항목을 평가하는 기후변화대응지수(Climate Change Performance Index, CCPI)에서 2023년에는 64개국 중 61위, 2024년에는 67개국 중 63위로 대한민국보다 낮은 순위는 산유국인 사우디아라비아(Saudi Arabia), 아랍에미리트(UAE), 이란(Iran) 등이어서 대한민국은 기후위기를 극복하기 위한 대응을 막는 '기후 악당' 이라는 평가가 고착되었다.

세계 각국 정상들은 2015년 국제연합(UN) 총회에서 인류가 앞으로 지속 가능하기 위해서는 새천년개발목표(MDGs)를 넘어 2030년까지 지속 가능한 발전 목표(UN Sustainable Development Goals, SDGs)를 이행하기로 합의했고, 중앙정부만이 아니라 지방정부, 비정부기구 등 모두가 함께 기후위기를 극복하기 위해 실천해야 한다며 17개 과제를 채택했다. 17개 목표 중 13번 과제는 '기후변화와 그로 인한 영향에 맞서기 위한 긴급 대응' 으로 온실가스 배출량을 줄이고, 신재생에너지 사용량을 늘리는 일은 국경을 초월한 우리 모두의 과제임을 명확히 하고 있다. 기후위기는 더 이상 중앙정부에 맡겨 놓을 수 없는 상태에서 기초 지방자치단체도 나서기 시작했다. 특히 신안군은 언론에 '태양광 발전소 투기꾼들의 놀이터' 라는 기사가 등장할 정도로 태양광 발전 시설이 무분별하게 설치되는 난개발과 발전사와의 주민 갈등도 계속 이어지고 있어 제도적으로 해소할 장치가 마련되지 않으면 안 될 정도로 심각한 상황이었다.

박우량 군수는 '공산당보다 더한 군수'라는 비난을 받으면서 '신재생에너지 개발이익 공유 등에 관한 조례(다음 에너지 이익 공유 조례)'를 제정(2018)했다.

박우량 신안군수는 "신안군에 비치는 햇빛과 서울시에 비치는 햇빛, 그리고 제주에 부는 바람과 신안에 부는 바람도 모두 특정인이 소유할 수 없는 우리 모두의 공공 자산이다. 자연이 주는 햇빛과 바람이 기계장치에 의해 에너지로 전환되는데 이 시설을 설치한 자본(사업)가가 이익을 모두 독점해서는 안 된다. 공유 자산에서 발생한 이익의 일부를 주민에게 돌아가도록 하는 이익 공유제도를 통해 신안군만의 햇빛 연금을 실현하고 있다"고 밝혔다.

◆ 2023년 임자도 햇빛 기본소득 첫 배당   출처 : 신안군청

공공 자산은 모두의 자산이기에 해당 주민에게도 이익을 돌려줘야 한다는 주장은 2012년 김동주 박사에 의해 제주도에서 논의가 시작되어 2016년에 '제주도 풍력발전사업 허가 및 지구 지정 등에 관한 조례' 제정을 통해 '풍력 개발이익 공유화 제도'가 시작하였다.

제주도 바람에너지의 이익 공유화 제도가 시행되었지만 실질적인 효과는 없었고, 신안군에 의해서 햇빛에너지에 대한 이익 공유가 시작된 것이다.

《유러피언 드림(The European Dream)》의 저자인 미국의 행동주의 철학자 제레미 리프킨(Jeremy Rifkin) 교수가 "자연 혜택 풍력의 이익을 공유한다는 관점에서 시장에만 맡기지 말고 제도와 시장 그리고 공동체가 함께 움직일 수 있는 정책이 필요하다"는 에너지 민주주의를 주장했는데 박우량 신안군수가 대한민국에서 처음으로 가장 규모 있게 실현한 것이다.

신안군의 영토는 육지 땅(655㎢)보다 더 넓은 바다 땅(12,654㎢, 서울시의 22배)과 하늘 땅(13,309㎢)도 있다. 육상에 햇빛에너지를 모으는 태양광 발전 시설을 한다면 바다에는 바람을 에너지로 모으는 풍력 발전 시설을 설치하고 있다. 에너지 이익 공유 조례의 실현을 위해 햇빛과 바람을 이용한 에너지 전환시설을 설치하는 데 주민들의 반대도 심했다.

전라남도 관내 기초의원 중 신의면에 큰 염전을 가지고 있는 박용

찬 의원은 "참말로 아름다운 우리 신안을 난개발시켜 가지고 양철이 사방에 들어서면 쓰겠어요"라고 말했다. 에너지 이익 공유 사업을 난개발로 규정한데다 해안 경관의 훼손과 난개발은 물론 전자파, 태양광 집광판 반사 빛으로 인한 주민의 생활 불편과 농작물 피해까지 다양한 민원이 발생했다고 한다. 바다를 생업으로 하는 어업인들의 반대도 만만치 않았다. 어업인들도 반대대책위를 구성하여 집단행동에 돌입했다.

바닷바람 에너지 발전시설로 연안 어업인들의 피해가 예상되지만 현행 공유수면법상 어업인들로 구성된 반대대책위와 바닷바람 에너지 발전시설을 반대하는 어업인들에게 법적으로 피해를 보상해줄 근거가 존재하지 않는다는 점에서 신안군은 고민에 빠졌다.

박우량 군수는 "행정에서 제시하는 정책이 기후위기 시대를 극복하는 의미 있는 정책이라 하더라도 주민의 뜻에 반하는 정책은 좋은 정책이라고 주장해서는 안 된다. 정책의 정당성을 확보하기 위해 반대하는 주민과의 끊임없는 소통을 통해 지속적으로 협의하는 것이 지방자치 정신"이라며 주민들과 만남을 계속 이어간다는 입장이다.

신안군은 주민들의 불안함을 해소하기 위해 공공기관이든 사설 기업이든 주민들이 원하는 곳에 검사와 측정을 의뢰할 수 있도록 지원하며 불안감을 해소시켜 나갔다.

신안군은 반대하는 어민 대책위와도 만났다. 회의마다 군수가 참여하여 정성으로 대화와 대안을 찾기 위한 회의를 통해 〈해상 풍력발전단지 수용성 확보를 위한 연구〉용역 추진을 시행키로 하고, 해상풍력의 수익금을 담보로 피해 어선 매입, 손실 보상, 허가권에 대한 보상 등 항구적인 보상 체계를 마련했다.

바닷바람 발전시설의 신규 일자리는 어업인 후계자에게 우선권을 제공하고, 에너지 이익 공유 배당 시 어선어업 종사자에게 가중치를 추가하는 등 정책 보상과 함께 소득 및 편익 사업 등을 통해 간접보상을 제공하는 방안 등 3년 동안 어업인들과의 토론을 통해 대한민국에서 가장 규모 있는 바닷바람 에너지 발전 사업의 역사를 마련했다.

모든 주민을 다 이해시키지 못하여 땅속으로 송전선로를 설치하는 공사와 해상 등부표 설치, 관제실 신축, 공사 유지 보수항 이용 등에서 일부 주민은 소송을 하며 양측 모두 경제적 손실이 발생하고 있으나 박우량 군수는 주민들을 지속적으로 만나고 피해 주장에 대해서는 주민들과 검증하며 이해를 구하고 있다.

◆ 바닷바람 에너지 전환 시설   출처 : 신안군청

　신안군의 햇빛 발전과 관련하여 13개 섬에 신재생에너지 주민·군 협동조합이 설립되었고, 2024년 12월까지 신안군민의 43%인 1만 6,333명이 햇빛 혜택을 받았다. 지금까지 햇빛 발전으로 인한 신안군 수익금은 221억 원으로 그 중에 주민들에게 제공된 햇빛 기본소득은 총 197억 원이다.

　초기에 설치한 자라도와 안좌도는 총 16회에 걸쳐 배당하였고, 지도는 14회 등 분기마다 1인당 최대 22만 원까지 지급되고 있다.

　햇빛 발전에서 얻은 수익금 중 일부는 아동수당을 마련하여 신안에 거주하는 17세 이하의 모든 아동을 대상으로 2023년에는 2,817명에게 40만 원씩, 2024년에는 2,055명에게 80만 원씩 제공했으며, 2025

년에는 120만 원까지 올려 지급한다는 계획이다.

신안군은 전국에서 인구소멸 핵심 지방자치단체 중 하나로, 2023년에는 자라분교도 학생 수가 3명으로 폐교 예정이었으나 2027년까지 취학할 아동이 15명이 확인되어 폐교이행기간이 연장되었으며, 2022년까지 감소하던 인구가 2023년에는 179명이 증가하고, 2024년에는 136명이 증가하면서 신안군의 인구 증가 요인 중 하나가 햇빛 발전으로 인한 기본소득으로 해석하는데 이의를 제기하는 사람은 없는 듯하다. 바닷바람을 통한 에너지 발전도 시작되었다. 전라남도 육상면적과 같은 1만2천㎢에 동서 150㎞, 남북 120㎞로의 넓은 해역에 전남해상풍력㈜ 96MW가 완료된 것이다.

앞으로 신안 앞바다에 26개 단지에 총 8.2GW가 설치되면 주민참여수익이 약 3천억 원에 이를 것으로 예상된다. 일자리도 늘어날 전망이다. 민간투자 48조 원이 투입되어 40개의 기업이 유치되면 상시 일자리 4천 개와 직·간접 일자리 11만 7천 개가 창출될 것으로 기대되어 향후 인구수는 더 늘어날 것으로 예상되고 지역 경제도 활성화될 것이다.

해상풍력에 투자할 신탁 자본(fund) 1,000억 원도 모집하고 있는데 수익률은 13% 고정금리로 신안군민과 송·변전설비 주변지역, 그리고 지역 금융권을 대상으로 추진하고 있다. 신안군의 햇빛과 바람에 의한 기본소득 창출은 전국의 지방자치단체와 자연 에너지를 연구하는 기관에 중요한 모범 사례로 소개되면서 2024년까지 150여 차례 이상 관계 공무원의 현장 방문을 통해 활용되고 있다.

◆ 염전이 햇빛 발전시설로의 전환 　　　　　　　　　　출처 : 신안군청

　신안군의 에너지 이익 공유제도는 전력이 부족한 섬에서 전력을 공급하는 섬으로 재탄생의 의미를 넘어 자본으로부터 독점되던 햇빛과 바람을 공공영역으로 확정하고 환원시켰다는 가치를 갖는다. 공유자산에서 발생한 이익이 모두에게 돌아가야 한다는 공유경제 회복을 통해 당대를 떠나 이후 세대에게로까지 공유하게 된다. 햇빛이 꺼지고 바람이 불지 않을 때까지.

　신안의 햇빛과 바람에서 얻은 에너지 기본소득은 떠나는 섬에서 돌아오는 섬으로, 살고 싶은 섬으로 다시 태어나게 했다.

04 기억을 저장하세요

● ● ●

치매 질환을 앓고 있는 세계 인구는 약 5,500만 명으로 대한민국 인구 5,128만 명보다도 많다. 특히, 국가별 정책 효과가 더디게 나타나는 저출생 문제와 함께 고령화 사회에서의 치매 예방은 국가마다 중요한 과제로 부각되고 있다.

가족 중에 치매 환자가 있을 때 치매가 없는 가족보다 우울 증상이 1.7배 높으며, 중년 여성의 우울 증상 보유율은 2.3배 높았고, 치매 환자가 있는 가족은 치매 환자가 없는 가족보다 죽음에 대해 생각하는 비율도 7배나 차이가 날 정도로 가족에게도 심각한 고통을 동반하면서 사회문제화된 지 한참이다.

2016년부터 2023년까지 치매로 행방불명되었다고 신고된 사람은 9만 8,840명이고, 이중 사망한 치매환자는 807명이다. 2023년도 한 해 동안 행방불명되었다고 신고 된 치매환자 수는 1만 4,677명으로 해가 갈수록 높아지고, 일주일에도 몇 번씩 치매 환자가 행방불명 되었다며 발견하면 신고해달라는 문자가 시·군·구에 위치한 휴대전화로 발송되고 있다.

보건복지부 국립중앙의료원(중앙치매센터)에 의하면 2023년 말 우리나라 인구 중 65세 이상 인구는 946만 2,000명으로 이 중 10.41%인 98만 4,000명이 치매 환자로 추정하고 있는데, 이는 노년층 10명당 1명 이상 추정되는 수치이다. 2025년에는 인구 5명 중 1명이 노인이 되는 초고령화 사회로 진입하게 되면서 소요되는 국가 치매 관리 비용도 약 22.6조 원이라고 밝히고 있다.

보건복지부는 치매관리법 제정(2011) 이후 중앙치매센터를 설치(2015)하고, 2018년부터는 기초지방자치단체별로 치매안심센터를 설치하여 치매 관련 조기검진과 치매 환자의 가족을 지원하는 사업을 펼치고 있다. 2021년부터는 보건복지부가 개발한 한국형 치매선별검사인 인지선별검사(Cognitive Impairment Screening Test: CIST)를 치매안심센터에서 적용하고 있으나 경미한 인지장애까지 접근하지 못하는 실정이고, 2024년 7월부터 병원이 아닌 환자가 거주하는 공간에서 치매를 관리하는 '치매관리주치의' 제도를 도입하여 2년 동안 22개 기초지방자치 단체에 시범사업을 시행하고 있다.

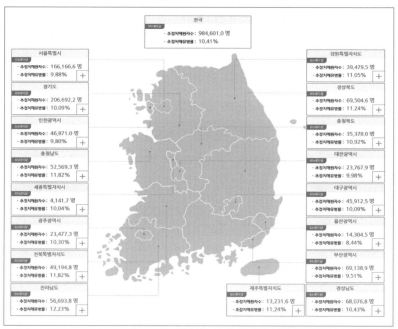

◆ 2023년 전국 추정 치매 환자 수 및 유병률   출처 : 국립중앙의료원 중앙치매센터

우리나라 치매 유병률은 2016년에 6.86%였으나 2023년에는 10.41%로 증가하였으며, 2030년에는 10.87%(141만 8,000명), 2040년에는 13.13%(226만 3,000명), 2050년에는 16.57%(314만 8,000명)로 계속 증가할 것으로 추정되고 있다.

지방자치단체별로 보면 전국 평균 추정 유병률은 전국 평균보다 높은 지역은 전라남도 12.23%, 충청남도와 전라남도가 11.82%, 제주특별자치도는 11.24% 등으로 나타나고 있다.

부여군은 2018년부터 치매 기준분류 중에 최근 몇 주 동안에 있었던 일들 중 중요한 것은 기억하지만 사소한 것을 잊어버려 실마리를 제공해야만 기억해 낼 수 있는 사람, 즉 기억력이 떨어지나 일상생활을 수행할 수 있는 '경미한 인지저하(Mild Cognitive Impairment, MCI)' 자를 대상으로 치료 예방사업인 인지장애예방사업을 준비하였다.

인지장애예방사업을 준비한 부여군은 그동안 관행적으로 추진해 오던 공공복지정책이 가지고 있는 한계점을 먼저 분석했다. 그동안 사업 성과와 관계없이 사전적으로 집행하는 예산, 예산 집행 과정에서 문제가 발생해도 신속한 미대응으로 사회적 비용 증가, 한정된 자원으로 인한 예산 부족, 민간을 배제한 기관 중심의 일방적 집행 등의 문제들을 해소하기 위해 대안을 찾았고 '민간의 사회적 투자를 통해 사회문제를 해결하고 성공 시 지방자치단체가 사회문제 해결에 대한 성과를 구매' 하는 계약 방식인 '사회성과보상제도' 를 선택했다. 사회성과 보상 사업(Social Impact Bond, SIB) 제도는 문재인 정부 시 행정안전부가 권장한 제도로 영국과 미국에서 바람이 일었다.

영국의 대처 총리와 미국의 레이건 대통령은 1974년에 노벨경제학상을 받은 하이에크(Friedrich Hayek)의 신자유주의 논리를 수용했다. 국제적으로 경기침체가 장기화하면서 정부 긴축재정을 펼치자, 금융자본은 공적 시설에 눈독을 들였는데 대표적인 시설이 교도소였다.

영국은 2010년 피터버러(Peterborough)시 교도소의 단기 남성 재소자의 재범률 감소를, 미국은 2012년 뉴욕의 라이커스(Rikers Island) 교도소 수감 청소년의 재범률 감소를 목표로 하고, 교도소의 효율적 운영을 명분으로 민간이 투자할 수 있도록 추진하면서 사회와 환경, 복지 등에도 민간투자자본이 참여할 수 있도록 확대한다.

대한민국에 사회성과보상제도를 도입한 사람은 시민 활동가 출신인 박원순 서울특별시장이다.

사회성과보상제도(다음 보상제도)는 정부의 부족한 재원을 명분으로 민간자본을 공적 영역에 참여시키는 '사회성과연계채권(SIB:Social Impact Bond)' 제도다. 자본의 투자 목적이 단순 수익이 아닌 공익과 수익을 동시에 충족시키고, 투자된 금액은 사회문제를 해결하여 공공성을 강화한다는 명분을 지니고 있다. 2015년에는 경기도, 2018년에는 제주특별자치도와 광주광역시, 2020년에는 충청남도 등 광역자치단체들이 도입했고, 기초지방자치단체 중 시 단위로는 수원시가 2017년에, 군 단위에서는 2019년에 부여군이 최초로 도입하였으며, 이후 안양시(2020), 시흥시와 화성시(2021) 등도 도입하였다.

부여군은 행정안전부의 보상제도 정책의 이해를 위해 '사회성과보상사업 지방정부 협의회'에 가입하고 정책에 대한 이해와 타 지방자

164

치단체의 사례를 분석한 후, 2018년 부여군청 12개 부서 50여 명이 모여 논의를 하였고, 자체적인 사업구상대회를 열며 사업 방향을 압축해 나갔다.

　부여군은 적용 분야를 보건과 복지, 교육과 고용, 환경 등 다양한 영역을 대상으로 8개 사업을 발굴하고, 2019년에도 보상제도 대상사업 발굴을 위해 50여 명이 모여 부여군이 놓치고 있는 사업을 발굴한 결과 행정안전부 보상제도 사업 경진대회에서 2018년에 사업구상(idea) 부분 3,000만 원, 2019년에는 기획안 부분 1억 원의 상금을 수상하면서 사업은 급물살을 탔다.

　보상제도는 부여군청이 처음으로 시행하는 사업이다 보니 의회와의 소통이 중요했다. 특히 조례의 제정, 심의위원회 구성, 운영과 평가기관의 선정, 민간과 이루어진 협약에 대한 의회의 동의, 민간이 선집행한 3년 예산의 일괄 편성 등 모든 과정을 돌다리도 두드리며 확인하는 마음으로 진행하였다.

촘촘한 설계를 통한 효율적인 추진체계 구축

부여군

❶ 계약체결 ❷ 예산집행 ❸ 평가결과 전달

민간투자자
(행복나눔재단,한국사회
가치연대기금,비플러스 등)

❸ 자금조달
❹ 자금상환

SIB운영전문기관
(팬임팩트코리아)

평가기관
(오무대학교 산학협력단)

❶ 선정, 사업비 전달

사업수행기관
(마음과컨설싱)

❷ 사업수행

❸ 성과 평가

경도인지장애자

◆ '사회성과보상제도' 추진 체계　　　　　　　　　　출처 : 부여군

　　2019년 4월에는 보상제도에 관한 연구를 시행하고, 군의회와의 소
통 기구인 의정협의회와 논의 후 기본 계획 초안을 마련하였다. 9월
에는 부여군과 민간업체가 업무협약을 체결하고 투자자를 확보, 12
월에는 '부여군 사회성과보상사업 운영 조례'가 제정되면서 법률적
장치를 마련하였다.

　　조례를 근거로 2020년 5월에는 지역 주민과 전문가, 지방의회를 중
심으로 '사업성과보상사업 심의위원회'를 구성한 후 사업 추진 계획
을 수립하고, 7월에는 운영기관을 공모하여 '팬임팩트코리아'를 선정
한 후 10월에 운영기관 협약체결과 함께 민간투자자를 모집한 결과

행복나눔재단과 한국사회가치연대기금, 비플러스 등이 투자키로 하였다. 12월에는 사업의 전문적인 평가를 위해 인제대학교 산학협력단을 평가기관으로 선정하여 2021년 3월에는 운영기관과 계약 체결, 5월에는 사업수행기관으로 '마음꼭컨소시엄'을 선정하여 2021년 7월부터 시작한 3년 사업이 2024년 6월로 마무리되었고, 사업평가를 진행해 12월에 성과보상금을 결정하였다.

운영기관과 수행기관, 평가기관 등을 선정하기 위해 심의위원회에서는 평가 항목과 점수 배점에 대해 많은 논의가 있었다.

사업계획평가 분야에는 문제해결 역량, 수행기관 선정 및 관리, 민간투자의 유치와 관리 항목이 마련되었고, 조직평가에는 사업의 전문성과 재정 상태를 중심으로, 가격평가에서는 사업비 산출의 적정성과 성과보상비를 중심으로 평가 항목이 구성되었다. 평가기관 선정기준으로는 역량 평가로 전문성과 평가계획을, 조직평가로는 주관부서와 운영기관, 수행기관의 독립성과 인력 현황, 재정 현황, 그리고 가격평가 등 3개 분야에 6개 항목을 정하였다.

부여군 치매안심센터는 만 60~80세 이상 노인을 대상으로 선별검사(CIST)를 통해 일차적으로 인지저하자를 선별하고, 임상심리사의 개인별 신경심리검사(CERAD-K)와 경미한 인지장애 또는 치매 유무에 대

한 평가, 전문의의 진료를 통해 발병 원인과 유형을 평가하는 감별검
사와 인지장애 여부를 진단 한 후 치매 예방 교육에 참여를 희망하는
대상자를 수행기관에 연계하는 절차를 밟았다.

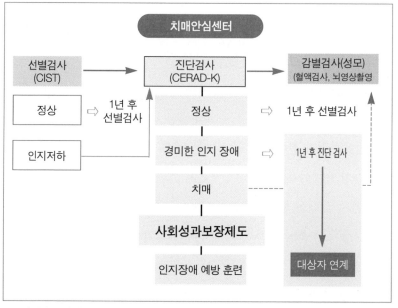

◆ '경미한 인지장애' 예방을 위해 추진한 사업 추진 체계   출처 : 부여군

　경미한 인지장애 예방 사업을 추진한 부여군 보건소 유정임 팀장은
"치매안심센터가 여러 조건으로 추진하지 못해 안타까웠던 영역을
민간이 선투자하는 사업으로 연결되어 치매 예방에 큰 상승 효과가
나타났다. 그러나 보상제도 영역은 기초 지자체가 본격적으로 예산을

투입하기 전에 시범사업처럼 추진하여 검증받을 수 있다는 데 의미를 두어야 할 것이며 미개척된 분야이기에 운영기관과 수행기관이 다양하지 않아 선정 등에 현실적인 어려움도 있었다"고 밝혔다.

사업 시작 시기에 전염병(COVID-19)가 발생하는 바람에 집단설명회가 어려워 이장단회의와 노인종합복지관, 노인대학 등 마을별 방문설명회를 통해 총 691명이 사업을 신청하였고, 이중 사전검사를 통해 총 303명이 참여자로 선정되었다.

평가 정보로는 매년 대상자를 선정했는데 중도 탈락 13명, 미수검자 26명을 제외한 1차 년도는 사업대상자 104명 중 88명이, 2차 년도에는 사업대상자 119명 중 108명이, 3차 연도에는 사업대상자 80명 중 68명이 사후검사가 이루어져 사후검사 완료자는 총 264명이며 이중 총 9명이 치매로 이환되어 치매 진단율 3.4%를 달성하였다.

최종 참여대상자의 사업 수행 과정은 '마음꼭 기억충전소' 임상심리상담사 3명이 담당 관리자로 지정되어 다영역 기억력 강화 훈련인 메타기억교실(Meta Memory Training, MMT)을 1기수당 3개월 동안 매주 실시된다. 일상생활에서의 기억을 더욱 효율적으로 다룰 수 있도록 촉진하는 구조화된 인지 훈련 방법으로 전국 병·의원 20개 의료기관과 50개소의 치매안심센터에서 활용하고 있다.

기억력 강화 훈련은 뇌에 인지를 활성화하는 과정이다. 눈과 코, 입과 귀, 손을 통해 형성된 정보가 시각 · 후각 · 미각 · 청각 · 촉각으로 전환 감각 기능으로 전환하여 지적 · 영적 · 심적 관심을 집중시켜 머릿속에서 그림을 그리도록 자극하여 뇌에 전달되어 기억력이 강화된다. 참여자들은 교육과정의 반복을 통해 머릿속에서 연상작용으로 뇌의 활동이 증대된다.

참여자들은 단체 훈련이 끝나면 귀가 후 반복 학습을 통해 주의력과 집중력을 강화하는 훈련 12회를 진행하여 인지능력 퇴화 방지와 강화 과정을 통하여 기억력을 회복시킨다.

기억 강화 훈련은 마을별 단체로 진행하기도 하고 1:1도 진행했다. 기본 훈련 시작과 함께 청각 자극을 유도하는 인공지능 돌봄 자동응답 음향기(NUGU, '아리아' 부르면 반응)를 통해 10개월 동안 개인별로 훈련하여 치매 예방 치료를 한다.

청각자극 인공돌봄기 누구(NUGU)는 사용자의 질문에 응대하여 노래나 날씨, 운세, 안부 인사 등을 통해 청각을 자극하고, 주 3회 이상 반응이 없을 경우는 석사급 임상심리사가 자택을 방문하여 문제를 해결한다.

사업 참여자의 만족도 조사 결과 94.2%가 전반적으로 만족도가 높았다. 다만 12주의 대면 교육 기간이 짧다는 의견이 있었고 청각자극 인공 돌봄기 누구(NUGU)는 3개월 분량의 교육자료를 반복 사용해 흥미나 동기부여가 떨어진다는 평가도 있었다.

이번 사업은 국내에서 처음으로 시도되어 현장 상황에 대응하는 데 어려움이 있었다. 특히, 농촌이라 무선통신기반시설이 도시처럼 잘 갖추어지지 않았고, 인지장애가 있는 사람들에게는 예상보다 많은 인력과 예산이 필요하여 충청남도 청년일자리 지원사업을 통해 인력을 보충하며 상황에 대응한 것으로 파악되었다.

우리나라 기초 지방자치 단체 중 처음으로 경미한 인지장애 예방 사업으로 사회성과보상제도를 추진한 박정현 부여군수는 "저출생과 떠나는 농촌, 고령화라는 인구소멸 위기 속에서 어르신들의 치매 조기 검진으로 적기에 치료와 예방이 이루어질 때 당사자의 행복감을 높일 뿐만 아니라 도시나 인근에 나가 있는 가족들의 정신적 고통과 경제적 손실도 줄일 수 있다. 특히, 인지장애 예방은 국가 경쟁력과 재정의 효율성에도 많은 영향을 미치기 때문에 선제적으로 사업을 추진했다"고 밝혔다.

부여군은 이번 사업을 통해 인지력이 정상이면 매년 1~2%가 치매로 진행되는 반면 경미한 인지장애자 중 치매 예방 교육에 미참여한 대상자의 치매 진단율은 3년 평균 15.83%(2222년 20.59%)로 나타났는데 예방 사업에 참여한 대상자의 치매 전환(이환)은 3년 누적 결과 3.4%에 그쳐 큰 효과를 검증하였다.

이처럼 치매를 예방하거나 발병을 지연시키면 미래의 치매 유병률을 지속해서 감소시킬 수 있으므로 사업 종료 후에도 대상자와 가족들의 삶의 질 향상과 미래 부여군의 치매 관련 연간 1인당 약 3,200만 원의 사회비용 절감 효과를 얻을 수 있으며, 사회적 절감 비용은 부여군의 경우 경도인지장애 환자 5,753명 기준 213억 원, 전국적으로는 약 7조 원의 사회비용을 절감할 수 있을 것으로 예측했다.

사업에 참여한 천복희(1951년생)는 "지인과의 약속을 잊어버리거나 휴대전화를 찾지 못하는 등 건망증이 있었는데 교육도 좋았고, 자동응답 장치는 내가 묻는 말에 대답해주고, 노래 제목을 이야기하면 노래도 들려주고, 일기예보도 알려주는 좋은 말벗이 되어 기억력도 많이 회복되었으나 올해 끝나서 아쉬움이 크다"라며 "지인들에게도 권하고 있다"고 사업 참여 소회를 밝혔다.

2024년 9월로 3년 동안의 경미한 인지장애 예방 사업을 종료하는 부여군은 치매 발병률을 크게 낮추며 예산의 사회적 효과에 대한 불안감으로 고민하는 지방자치단체에 사회성과보상제도로 치매예방을 통한 치매 관리 비용을 절감할 수 있다는 가능성을 검증해 주었고 지방자치단체의 재정 부담을 줄이기 위해서는 국비 지원이 추가로 병행

172

되어야 함을 제언하고 있다.

박정현 부여군수는 "부여군이 기초자치단체로는 처음으로 사회성
과보상제도를 통해 주민복지를 향상시킬 수 있다는 가능성을 검증해
주었다. 부여군의 성공 사례가 광역을 넘어 국가 정책으로 확산되기
를 바라며 앞으로도 저출산·고령화, 지역소멸 등 다양한 분야의 문
제해결을 위해서도 사회성과보상제도가 연계될 수 있는 전환점이 있
는지 찾고 있다"고 말했다.

부여군은 사회성과보상제도를 통한 치매예방사업으로 2019년에는
행정안전부가 주관한 사회성과보상사업 경진대회 기획안 부분에서
수상 사업비 1억 원을, 2021년에는 민관협치단이 주최한 지방자치대
상 최우수상을, 한국공약(manifesto)실천본부와 인천연구원이 주최한
전국기초자치단체장 경진대회에서 우수상을 받았다.

부여군은 신자유주의 바람을 통해 미국과 영국에서 금융 자본이 새로
운 투자대상으로 지목하며 등장한 '사회성과연계채권(SIB:Social Impact
Bond)' 제도가 한국에서 사회성과보상제도로 어떻게 자리매김 할 수 있
는지를 검증한 중요한 사례로 평가된다.

기름을 닦아낸 130만 명의 자원봉사의 손길 : 태안군

● ● ●

대한민국 국민들은 여름이 되면 시원한 물과 바람이 있는 장소를 찾아 대이동을 하면서 본격적인 더위를 이겨낼 방법을 찾는다. 그런데 2007년에는 눈보라 치는 한겨울에 엄청난 규모의 시민들이 태안을 비롯해 서해안의 해수욕장과 바닷길을 찾았다.

◆ 기름으로 뒤덮혀 날지 못하는 생명체   출처 : 태안군청

12월 11일에 1만 명이 모이더니 2008년 새해 첫날 연휴인 1월 2일에는 누적 50만 명이 방문했고 1월 7일이 되자 100만 명이 다녀갔다.

2007년 12월 11일에는 노무현 대통령도 방문하여 해양경찰청장에게 "어떤 가능성이라도 남북으로 확산되지 않게 총동원해야 한다. 최단 시일 내 해안에 표착해 있는 기름을 제거하고 지하에 스며들어 오염이 심화되는 것은 막아야 한다. 제일 큰 문제는 해안환경을 복구하는 것이며, 정부가 지원을 하고 배상은 법적으로 처리"하는 방향을 제시하고 자원봉사자를 격려했다.

◆ 만리포 해수욕장을 방문하여 격려하는 노무현 대통령   출처 : 유류피해극복기념관

2007년 12월 7일 아침 7시경 태안 만리포 해수욕장 앞바다 9㎞ 앞에 있던 홍콩 유조선 허베이 스피릿(Hebei Spirit)호에서 원유가 유출되어 바다와 서해만이 오염되었다. 법률상 명칭은 '예인선 삼성T-5호, 예인선 삼호T-3호의 피예인부선 삼성1호와 유조선 허베이 줄스피릿(Hebei Spirit)호 충돌로 인한 해양오염사건' 이다. 이 사고로 오염의 복원과 피해주민지원을 위한 특별법도 제정(2008)되었다.

태안기름유출사건의 주 내용은 삼성중공업의 해상기중기 부선 '삼성1호'가 삼성중공업 예인선 2척에 운송되다 예인선이 균형을 잃고 쓰러지게 되고 삼성1호가 지나가던 유조선 허베이 줄스피릿(Hebei Spirit)호와 충돌하며 기름이 유출된 것이다. 충청남도에서 제주도(추자도)까지 기름이 흘러갔고, 기름 1만 900톤은 충청남도의 태안과 서산, 보령, 서천, 홍성, 당진 등으로 집중되어 6개 지방자치단체는 특별재난지역으로 선포되었다. 피해 면적은 여의도 면적의 130배인 3만 4,703.5ha이며, 총 피해액은 7,341억 원이다.

태안은 동서 방향보다 남과 북으로 길게 형성되어 동쪽 서산 방향을 제외하고 모두 바다와 접하고 있고 인구 6만 5,000명 중 75%가 어업에 종사한다. 기름 유출로 해안가에서 맨손으로 작업하는 어업인과 잠녀(潛女) 등이 삶의 희망을 잃고 넋 놓고 있을 때, 눈보라를 뚫고 전국에서 자원봉사자들이 방문했다. 비행기를 타고 제주에서, 멀리 북동쪽 끝인 강원도, 남동쪽 끝인 부산 등 전국에서 달려온 123만 명의 시민들이 기름으로 뒤덮인 해안가의 검은 기름을 닦아냈다.

태안의 해안가 292㎢와 보령 36.6㎢를 포함해 328.9㎢가 해안국립 공원(1978년 '서산해안국립공원'으로 지정되었다가 1989년 태안군이 복군(復郡)되면서 '태안해안국립공원'으로 명칭 변경)으로 가로림만에서 안면도에 이르는 구역의 모래 언덕이 광활하게 펼쳐진 국내 유일의 해안국립공원이다.

특히, 신두리의 해안 사구(砂丘, 해류에 의해 운반된 모래가 바람에 의해 낮은 구릉 모양으로 쌓여서 형성된 언덕 지형)는 천연기념물(제431호, 2001년)로 빙하기 이후 1만 5,000년 전부터 주변 산지의 운모편암(雲母片岩, mica schis)이 깎여 바다로 간 뒤 파랑(波浪)을 타고 다시 바닷가로 밀려들거나 파랑의 침식물이 해안가로 밀려와 형성되었고, 금개구리와 물새 서식 지로서 2007년 람사르 습지(Ramsar Convention, 1971년 이란의 람사르에서 채택된 국제협약)로 지정된 두웅습지를 배후에 두고 있기도 하다.

하지만 기름 유출로 해안이 오염되자 시민들은 흡착포를 들고 모래 알을 일일이 닦으며 두꺼운 기름을 벗겨냈다. 모래 언덕이 황금빛 백 사장의 모습을 되찾으면서 생명체가 돌아오고 생태계도 조금씩 회복 되면서 국내 최초의 해안 국립공원은 다시 태어났다.

2023년부터는 태안군과 국립생태원에서 뿔소똥구리 복원을 위해 뿔소똥구리가 서식할 수 있도록 소 다섯 마리를 방목하며 생태계 복원을 위해 정성을 기울였다.

그러나 오염으로 인한 상처는 너무 컸다. 인구의 75%가 어업에 종사하는 태안 주민들은 생업의 터전을 잃어 망연자실하였고, 여름철 관광특수는 사라졌다. 해산물과 바닷고기를 판매하던 식당은 문을 닫았고 지역 경제가 완전히 무너졌다. 그럼에도 불구하고 자원봉사자들의 정을 잊어서는 안 되는 일이었다. 주민들은 130만 명의 자원봉사자 손길과 피해에 대한 아픔을 잊지 않기 위해 군에서는 부지를, 건축비는 국비로 충당되어 유류피해극복기념관(2017)을 개관했다. 전국의 따뜻한 연대의 손길과 검은 쓰나미의 악몽으로부터 바다를 지켜낸 기적을 기록하였다.

외부적인 상처가 치유되면서 정신적 외상으로 고통받는 주민들과 130만 자원봉사자들 모두에게 치유가 필요했다. 치유(healing)는 의료인에 의해 실행되는 치료(treatment)가 아니라 비의료인 전문가에 의해 신체적 건강과 정신적·심리적·사회적 건강까지도 회복하도록 도움을 주는 예방활동의 포괄적 개념이다.

해양수산부는 해양 생태계의 가치를 국민과 함께하고 해양 자원을 활용하여 정신적·육체적 건강을 회복할 수 있는 치유 활용화를 위해 2017년부터 2019년까지 '해양산업 활성화를 위한 해양 치유 가능 자원 발굴 및 실용화 기반 연구'를 토대로 전국의 해안가 군 단위 4개 기초지방자치단체를 협력 지자체로 선정하여 해양치유관 조성사업을 결정했다.

서남해안권에서는 완도군, 남해권에서는 고성군, 동해안권에서는 울진군, 서해안권에서는 태안군을 선정한 후 치유관을 설치하는 구상을 확정한다.

2020년에는 '해양치유 산업 활성화 기반 구축 연구'를 수행하였고, 이를 기반으로 '해양 치유 자원의 관리 및 활용에 관한 법률(2020.02, 다음 해양치유법)'을 통해 치유 산업의 첫발을 내딛는다.

태안군은 2017년부터 해양 치유 효능이 있는 자원을 발굴하고 이를 과학적으로 증명하는 임상연구를 시작했다. 태안군의 갯벌에는 이탄 (peat)이 있는데 이탄을 이용하여 얼굴과 몸, 머리 등 피부관리용 제품 개발에 박차를 가하여 기능성 화장품 3건과 펄빅산 추출 원천기술 1건 등 특허 출원(2023)을 했다. 바닷바람으로부터 농경지를 보호하기 위해 식재한 방사림과 방풍림의 해송(곰솔) 1만 847ha은 해양과 산림이 결합한 식이요법과 대사증후군 환자의 고혈압, 당뇨에 미치는 영향도 임상연구를 통해 검증받았다.

해양 치유 산업에는 해양 치유 전문인력도 필요했다. 2021년도에 주민 대상 해양치유 초급 과정을 시작으로 2023년도까지 총 151명이

해양 치유 사업을 통해 치유받을 수 있었으며 다른 이들에게도 그러한 치유 경험을 제공하기 위해 전문교육을 추진하기로 했다.

해양치유사 전 과정을 수료한 박우정 씨는 "3년 동안의 교육 과정을 통해 기름 유출로 인한 정신적 외상을 치료받았으며, 2023년 여름 한달 동안 몽산포 해수욕장을 방문한 방문객 300명을 대상으로 추진한 결과 85% 이상 만족도를 보였다. 안면도 주민들도 높은 만족도를 얻으면서 태안의 해양과 산림을 통해 사람의 아픈 마음과 정신을 치유하는 공간임을 직접 확인할 수 있었다"고 말했다.

생태계가 회복되고 있는 해안선에는 100km의 산책로가 만들어졌다. 태안해안국립공원에서 조성 관리하는 노을길(백사장~꽃지)의 일부 구간(구례포, 기지포)이 무장애 탐방로로 만들어졌고, 기지포 인근 구간은 길이가 1,004미터로 '천사길'로 불린다. 계속해서 바라길, 솔모래길, 노을길, 샛별길, 바람길은 130만 명의 자원봉사자들과 주민들의 고통과 고마움을 기억할 수 있도록 조성하였다. 이외에도 만대항에서 백화산까지 소나무숲 50km가 조성되었으며 대한민국 둘레길 중 서해랑길 109개 노선 1,800km중 65~75번 길 188km가 태안군 해안길과 함께하고 있다.

태안군은 북쪽으로는 서산시와 함께하는 가로림만, 서쪽으로는 근흥면과 소원면 사이의 근소만, 그리고 동쪽으로는 서산시와 홍성군, 보령시와 인접한 천수만(淺水灣)으로 둘러진 반도 지방자치단체다.

천수만은 1995년에 방조제가 준공되어 농경지(1995)가 조성되고, 2005년에는 기업도시 시범지구로 선정되어 기공식(2007)을 가졌으나 속도가 더디다. 생태적 가치가 있는 공간은 근소만과 가로림만인데 태안군은 두 곳의 만을 살려 해양 치유 산업과 연계를 추진하고 있다.

근소만은 조석(潮汐)으로 차가 크고 1960년대 설치된 반폐쇄성 방조제(길이 1.7㎞, 폭 8~17m)가 있어 갯골이 발달했으며, 소량의 담수가 유입되고 있는데 '갯벌 및 그 주변지역의 지속 가능한 관리와 복원에 관한 법률'의 경관개선형으로 방향을 설정하고 해양 생태계 회복과 관광 자원화를 통한 지역경제 활성화를 이룬다는 세 가지 사업을 구상했다.

첫째는 갯벌 식생 복원사업으로 오염에서 복원을 통해 치유로의 전환이고, 둘째는 노후화된 어장 및 주변 해역의 오염퇴적물을 제거하여 청정어장 재생하는 사업으로 근소만 외해측에 오염된 퇴적물을 제거하고 경운하여 종자를 살포하는 등 재생사업이다.

세 번째 사업은 갯벌식생복원 사업 중 계절별로 다른 분위기를 통해 염생식물을 관찰할 수 있는 '봄길-여름길-가을길-겨울길' 탐방로를 설치하는 사업이다.

서산시와 함께하는 가로림만(加露林灣)은 천연기념물(제331호)이자 멸종위기 야생생물인 점박이물범과 붉은발말똥게, 거머리말 등 보호대상 해양생물 그리고 다양한 수산생물의 산란지이자 서식지이며, 겨울바닷철새 도래지이지만 조력(潮力)발전소 논란으로 심한 몸살을 앓았던 곳이다.

해안선의 길이는 120㎞ 이상이지만 입구는 직선으로 2㎞에 불과한 데다 조수간만의 차가 커서 세계 최대의 조력발전소 540㎽급을 건설하고자 했다. 현존하는 세계최대의 시화 조력발전소(254㎽) 2배 이상 규모로 1978년 태안해안국립공원의 일부인 가로림만을 1980년 조력발전 후보지로 선정되어 2007년 포스코건설과 서부발전이 추진하고자 제출한 환경영향평가는 2011년에 반려, 2014년 2차 평가서는 보완요구와 함께 최종 반려되자 2016년에 해양수산부가 해양보호구역으로 지정하면서 조력발전소 설치는 취소 되었다.

가로림만은 국내 해양 관련 25개의 습지와 생태계, 생물, 경관 등의 해양보호구역중 단일면적으로는 가장 큰 국내 최초의 해양생물보호구역이다.

가로림만 조력 발전의 찬반 갈등으로 심한 몸살을 앓고 있는 주민들의 상처를 치유하기 위해 충청남도와 서산시, 태안군은 2019년부터 가로림만을 해양정원으로 조성한다는 기본계획을 수립한 후 예비타당성 대상사업으로 선정되었으나 비용편익분석(Cost-Benefit Analysis)에서 경제적 타당성이 나오지 않자 해양수산부가 기획재정부에 예비타당성조사를 철회하였고, 2024년에도 경제성 분석이 높지 않다는 결과가 나오자 충청남도와 서산시, 태안군이 국가해양생태공원으로 조성한다는 계획을 수립했다.

주요 방향은 탄소흡수원의 기능 확대와 해양보호구역의 완충 공간으로서 생태계 기능 및 자원 관리를 위해 가로림만보전소와 점박이물범관찰관을, 공원의 동적 기능과 여가 활동을 위한 서해갯벌생태공원과 생태탐방로, 생태탐방 뱃길을 통해 체험 공간으로 형성한다.

◆ 뿔소똥구리의 생태계 복원을 위한 소 방목 사업　　　　　출처 : 태안군청

장기적으로는 갯벌 생태계 복원과 푸른 탄소 실증단지, 해양보호동물연구소, 해양생태공원 탐방원과 식도락 거리, 가로림만 전문학교 등을 통해 해양생물이 찾아오고, 사람들이 건강해지는, 그래서 지역경제와 연계하는 국가해양생태공원을 조성하는데 서산시 아라메길과 태안군의 솔향기길과 연계하고, 핵심구역의 보호와 완충지역에서의 현명한 이용을 추구한다는 계획이다.

해양수산부는 4개 지역에 특성화된 해양치유관를 추진하고 있다.

태안은 가족들이 이용할 수 있는 기반시설을 구축하고, 소금과 갯벌 진흙과 모래 갯벌을 활용해 해양치유 자원화한 후 근골격 통증 치유와 대사성 질환 관리 고객을 목표로 2025년 개관을 준비하고 있다.

태안군 치유관에는 실내 및 옥상 수영장, 건식과 습식, 그리고 편백나무 찜질실, 해조류와 이탄을 통한 치료실, 객실, 옥상 및 중앙 정원 등 다양한 시설과 과정이 마련됐다. 해양치유관과 연계해서는 해변요가원, 방향제원, 대나무원, 홍가시나무원, 솔모랫길 등 산림치유와 융합하는 치유 산업으로 조성하고 있다.

2017년부터 관광객 1,000만 명 시대를 열고 있는 태안군은 국내유일의 해안국립공원(377.019㎢)을 보유한 자산을 중심으로 보전과 현명한 이용을 통한 해양 치유 산업으로 전환하고 있다.

가세로 태안군수는 "해양 치유 산업은 생태계 보존은 물론 훼손된 자연의 복원을 통해 지속 가능성을 담보할 수 있다. 태안은 기름유출 사고와 조력발전소 사업으로 많은 상처를 받았지만 130만 명의 자원봉사의 손길로 복원된 바닷가에는 연간 1,700만 명이 넘는 방문객을 맞이하고 있다. 그동안 자원봉사자의 정성으로 회복된 해양생태계를 국민과 함께 공유하고자 해양치유를 중심으로 산림 치유과 농업 치유 산업을 연계하고 있다. 시민들의 손길로 살아난 100km의 리아스(rias)식의 독특한 해안길은 걸으면서 치유받을 수 있도록 보행자 전용길로 만들어 청정한 생태계를 보존하며 지속 가능한 해양도시로 함께 하고자 준비 중" 이라고 밝혔다.

기름 유출과 가로림만 조력 발전으로 고통을 받은 태안군은 해양치유와 산림 치유, 그리고 치유 농업의 융복합을 통해 주민을 치유하고, 태안군 전체가 해양치유복합단지화로 전환하여 국민을 치유하는 해양 치유 사회로의 전환을 추진하고 있다.

4부

혁신을 통한 안전하고 정의로운 사회

01 횡단보도를 건너는 새로운 방법

보행자와 운전자가 모두 안전한 첨단지능 횡단보도 : 성동구

· · ·

인류의 과학기술이 집대성되어 개발된 수많은 도구 중 하나는 자동차이다. 프랑스인 니콜라 조제프 퀴뇨(Nicolas-Joseph Cugnot)가 1771년에 증기자동차를 개발한 이후에 거듭되는 기술로 20세기 이후 가장 보편적인 교통수단이 되었지만 전쟁이라는 집단학살 다음으로 인간에게 많은 아픔을 주는 무기가 되는 양면성을 가지고 있다. 특히, 운전 중 발생하는 부주의와 함께 운전자의 사각지대로 인한 인명사고는 모든 지표에서 우려 수준으로 나타나고 있다.

세계 경제를 이끌고 있는 경제협력개발기구(OECD)에 가입한 국가들도 예외는 아니다. 1995년 자동차 사고로 희생된 사람이 가장 많은 국가는 대한민국이다. 자동차 1만 대당 사망자 수는 대한민국이 9.6명이며, 포르투갈 6.3명, 프랑스 2.8명, 독일 1.9명, 스위스 1.6명, 일본 1.5명, 영국 1.4명 등의 순으로 나타나는데 대한민국이 압도적으로 높은 결과를 보인다.

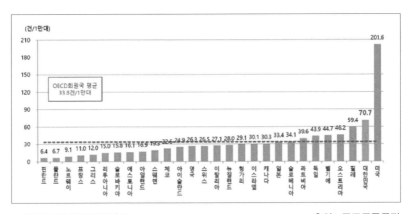

◆ OECD 회원국 교통사고　　　　　　　　　　　　출처 : 도로교통공단

　교통사고로 수많은 사망자가 발생하자 문민정부는 사고를 줄이기 위한 대책으로 교통 정온화 기법(Traffic Calming)을 연구했다. 이 기법은 영국의 교통계획가 뷰케넌(Colin Douglas Buchanan)이 1963년에 발간한 〈도시 내 교통(Traffic in Towns)〉이라는 보고서에서 제안되었는데, 자동차의 속도와 교통량을 의도적으로 줄여 보행자나 자전거 이용자가 도로에서 소음과 대기오염 등으로부터 안전하고 편리하게 이용하기 위한 방법이다.

　1972년 네덜란드 델프트(Delft)시 주민들은 외부에서 들어오는 통과차량을 막는 수단으로 도로에 철주나 화분 또는 돌을 놓아 자동차의 서행을 유도하거나 통행을 최소화하는 운동을 펼쳤고, 보행자 우선도로 보너르프(Woonerf, 생활의 터전)를 지정해 운전자가 보행자를 주의하도록 유도한 결과 1976년 네덜란드 도로교통법(RVV)에 법제화되었다.

보너르프 제도를 바로 도입한 곳은 일본으로 1982년 오사카시(大阪市)의 아베노구 나카이게쵸(阿倍野區 長池町) 주택가에 소통도로 제도를 도입하여 보도와 차도는 기존 법률 체제로 분리하되 차로 폭을 3미터로 줄이고, 도로 선형을 지그재그 행태로 차량 속도를 줄이도록 했다. 그리고 자동차가 보도에 진입 불가능하도록 단주(bollard)를 설치하고 도로 굴곡부에는 가로수를 식재하여 경관까지 고려하는 개선책을 시행한 후 1996년 소통안전구역 제도를 도입해 보행우선구역사업을 확대했다.

영국은 1998년 보너르프 제도를 생활공간 제도로 도입하여 주민과 보행자, 어린이, 자전거 이용자 등의 생활공간을 가로환경으로 분리하여 도로의 기능 자체를 바꾸는 질적 개선을 취하였고 2001년 교통법을 시행했다.

1982년 독일과 1983년 네덜란드는 속도 30킬로미터로 제한하는 Tempo 30과 Zone 30을, 1990년 영국은 20킬로미터로 제한하는 20mps Zone 등의 제도를 통해 보행자의 안전을 위해 노력했다.

도로에서 보행자와 자전거 이용자를 보호하는 방법 중 하나는 비물리적 방법인 규제를 통한 교통 억제로 속도 자체를 규제하거나 보행자용 또는 자전거용 도로를 만들고, 일방통행과 주차금지 또는 주차

허가제나 일시정지 규제 등을 통한 교통 억제 방법이 있다.

물리적으로 교통을 억제하는 방법으로는 과속방지턱이나 노면요철 포장 등을 통한 속도 조절과 원형(회전형)교차로나 차도 폭을 좁히는 등의 속도 저감시설과 이동시설인 굴절식 횡단보도 방호울타리, 보행 섬, 단주 등의 시설이 있다. 시각적으로는 횡단보도 주변에 눈에 띄는 색상 도색과 색상 유도, 지그재그 표시, 통합표지판, 진입부 표시, 노 면 표시, 야간 등화 표지판, 감시 영상장치 설치 등의 방법이 사용되 고 있다.

참여정부는 2005년 '교통약자가 안전하고 편리하게 이동할 수 있도 록 교통수단, 여객시설 및 도로에 이동편의시설을 확충하고 보행환경 을 개선하여 인간 중심의 교통체계를 구축하는 것'을 목표로 교통약 자의 이동편의 증진법(다음 교통약자법)을 제정하고, 2008년 국토해양 부에서는 '차보다 보행자가 우선인 보행우선도로가 주요시설 및 장소 를 유기적으로 연결하는 보행자 중심의 생활구역'을 의미하는 보행 우선구역 시범사업을 추진한다.

이명박 정부인 2011년에는 국가예산 지원 부담을 줄이기 위해 어린 이보호구역의 지정관리 권한을 경찰에서 지방자치단체로 변경하였 으나 교통안전시설의 설치 등에 관해서는 여전히 경찰과의 협의를 해야 하며, 보호구역 내 과속 단속 등도 경찰 소관 사항이라 업무는 지방자치단체에게 주었지만 인력과 지휘의 실질적인 권한은 중앙정부인 경찰이 가지고 있는 상황이다.

박근혜 정부인 2016년에는 국민안전처, 교육부, 경찰청 등 9개 관계부처가 합동으로 '어린이 안전 종합대책'을 발표했고, 교통약자법을 개정하여 보행우선구역 지정 제도를 도입하면서 '국가는 시장 또는 군수가 지정계획을 수립한 경우 예산의 범위에서 보행 우선 구역 정비에 필요한 비용의 전부 또는 일부를 지원'할 수 있도록 개정했다.

문재인 정부는 2017년 교통약자법을 개정하여 기초자치단체장이 보행우선구역 지정협의체를 구성하여 운영하도록 강제하고, 2020년에는 '기초지방자치단체장이 보행우선구역을 지정하려면 지방경찰청장 또는 경찰서장 등 관계기관 협의한 후에 해당 지역주민 및 관계 전문가의 의견을 들어 보행우선구역을 확정·고시 하도록' 권한을 중앙정부로 회수했다.

현행 도로교통법에는 교통약자인 어린이와 노인, 장애인들을 위한 보호구역을 지정할 수 있도록 하고 있는데 유아교육법과 영유아보호법, 초·중등교육법, 노인복지법, 자연공원법, 도시공원 및 녹지 등에 관한 법률, 장애인복지법 등의 시설과 장소 주변에 교통신호의 준수

(제5조)와 자동차의 속도 제한(제17조), 그리고 보행자의 보호(제27조), 보행자를 위한 전용도로(제28조), 불법 주정차 금지(제32조) 등 교통약자와 보행자를 위한 제도가 마련되어 이를 근거로 자동차와 노면전차 등의 통행속도를 시속 30킬로미터 이내로 제한하거나 노란색의 교통신호등과 어린이나 노인을 위한 보호 안내표지판, 과속방지턱 등을 설치하여 보호하고 있다.

도로에서 일어나는 모든 교통상의 위험과 장애를 방지하고 제거하여 안전하고 원활한 교통을 확보하는 것을 목적으로 제정된 도로교통법은 1961년 제정된 이후 총 121번의 개정을 통해 시행 중에 있으나 보행자의 안전이 보장되지 않는 시점에 지방자치단체들의 눈물겨운 노력이 진행되고 있으며 대표적인 지방자치단체가 성동구다.

성동구는 교통 불편 개선, 교통사고 예방 등의 전문 교통업무 추진을 위해 교통전문관을 임기제 공무원으로 채용하여 성동구 관내에서 발생하는 교통사고 수를 줄이기 위한 특단의 대책을 수립했다.

교통사고 발생 원인 중 하나로는 자동차 및 보행자의 신호체계를 따르지 않는 자동차와 사람들이고 두 번째는 휴대전화기에 지나친 몰입, 세 번째는 교통약자를 위한 신호체계 미흡 등이라고 진단하고 그에 맞는 방안을 우선 검토하였다.

사람들은 최신형 다기능 휴대전화기를 통해 다양한 정보를 얻거나 교육·오락 등으로 소통하고 있는데, 언제 어디서든 지나치게 휴대전화기에 몰입해 고개를 숙이고 걷는 사람을 일컫는 신조어 스몸비(smombie, smart phone+zombie) 현상이 나타났다. 이는 나이와 성별, 장소를 초월하여 발생하고 있다는 점에서 대책 마련이 시급한 사회현상이라고 할 수 있다.

성동구는 여러 지방자치단체가 추진했던 정책 사례들을 찾아 분석에 나섰다. 유의미한 분석 결과로는 서대문구청의 '횡단보도 집중조명 투광기' 설치 사례(2016)와 서초구청(2017)의 '횡단 보도 발광용(LED) 안전 표지판' 및 '조명식 투광등 표지판' 과 '방범영상장비 설치' 사례들로 현장을 확인하였다.

당시 정원오 구청장은 교통행정과의 '횡단보도 집중조명' 설치 사업에 대해서도 관심을 가지고 있었고, 이승면 교통전문관도 뻥소니, 횡단보도 사고, 신호위반 등으로부터 보행자를 보호하기 위해 최첨단 기술을 연계하는 장비를 통합 구축하여 교통사고 다발지역에 4억 원을 투입해 20개소에 발광용(LED) 투광등과 조명식 발광용 교통안전표지판, 그리고 도로와 횡단보도에 교통사고 방범용 영상장비를 설치하는 '밝힘이' 를 구상하고 있었다.

서울시 도로관리과는 2017년에 '횡단보도 보행자의 안전 및 효율적인 도로 조명시설 관리' 업무 추진을 위해 서울시 관내 신호등이 있는 횡단보도 1만 42개소와 신호등이 없는 횡단보도 2만 3,642개소 등 총 33,684개소를 대상으로 횡단보도의 수평면조도는 최소 6lx(럭스) 이상을 유지하도록 '서울시의 횡단보도 도로 조명 개선 TF'를 운영하고 있었다.

서울시가 특별조정교부금으로 횡단보도 첨단 집중조명 설치 사업을 추진한다는 정보를 접한 성동구는 '재난관리' 분야 사업으로 7억 원을 신청하여 교부 확정(10.29) 받았고, 국민권익위원회에 제안한 '보행자를 위한 횡단보도 야간조명 설치' 사업이 지방자치단체 중 최우수 정책으로 선정되면서 성동구의 구상은 탄력을 받아 속도를 낼 수 있었다.

성동구는 2019년 6월까지 첨단지능 횡단보도의 기능에 대해 경찰청과 협의를 마무리한 후 7월에 성동구청 및 무학여고 앞 횡단보도에 첨단기능을 갖춘 장비를 시범적으로 설치했다. 현재 구축된 총 8가지 기능을 더 추가하여 총 14개소에 설치했다. 2020년에는 예비비 6억 2,000만 원까지 확보하여 107개소를 설치하고 2021년 4월에는 보행 신호 시 음성 안내를 하는 보조장치를 추가하여 31개소에 설치하며 기능을 점검하고 운영이 제대로 되는지를 분석했다.

이승면 교통전문관은 당시 경찰청과 서울시 분위기를 "기술적인 영역이라 공무원들이 개념을 이해하지 못할 뿐만 아니라 관심도 높지 않아 회의가 겉돌 때가 많았지만 민상현 팀장과 함께 경찰청과 서울시 회의에 참여하여 설득하였고, 민간업체들과 기술적인 영역에 대해서도 현장에 적용 가능하도록 여러 가지 기술들을 파악하고 기능이 중복되거나 충돌되지 않도록 실무적인 회의를 통해 '성동형 스마트횡단보도'를 구축했다"고 말했다.

성동구의 첨단지능 장비를 횡단보도 인근에 설치하는 사업은 경찰청도 흔치 않은 사례인데다 신호등이 설치된 기둥에 새로운 장비 설치에 대해 부정적이고, 보행자의 이동 감지 및 음성 안내 장비와 신호감지 영상장비, 활주로형 유도등은 처음으로 설치하는 것이라 논란이 있었으나 성동구는 첨단지능 장비 설치 후의 효과를 설명하면서 설득해 나갔고 관련 절차도 명확하지 않아 경찰청 본청을 방문하는 등 한 걸음씩 내디뎌 나갔다.

성동구가 도입한 기술은 사물의 움직임을 인지하여 실시간으로 정보를 주고받는 기술(IOT, Internet of Things), 영상기기를 통해 수집한 정보를 가공 전달하는 통신기술(ICT, Information Technology와 Communication Technology), 수집된 정보를 분석하는 인공지능 기술(AI, Artificial Intelligence) 등을 최대한 활용하고, 수집된 정보는 성동구 통합운영실과 연결된다.

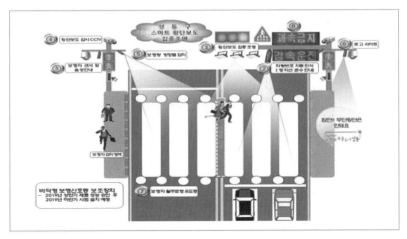

◆ 성동구가 구축한 첨단지능 횡단보도 최신 체계도　　　　　　　출처 : 성동구청

성동구가 구축한 첨단지능 횡단보도는 첫째, 밤길을 걷는 보행자를 쉽게 알아볼 수 있도록 횡단보도를 밝게 해주는 횡단보도 집중 조명기, 둘째, 횡단보도 앞에 있는 자동차 정지선을 위반할 경우 차량번호를 인식해 전광판에 차량번호를 표시해 주는 차량번호 자동인식장비, 셋째, 신호가 적색일 때 보행자가 차도를 넘어가면 위험을 알리고, 신호가 녹색일 때 횡단보도를 건너도 된다는 안내 음성을 하는 보행안내 음성장비, 넷째, 횡단보도 주변 상황을 24시간 관리하고 교통사고 발생 시 활용하는 무인영상촬영장비(CCTV), 다섯째, 횡단보도를 이용하는 보행자의 방향별, 시간대별 통행량을 자동으로 측정하여 교통통계자료를 수집하는 무인영상촬영장비, 여섯째, 다기능 휴대전화에 고

개를 숙여 주변 상황을 인지 못하는 보행자의 무단횡단을 방지하기 위해 횡단보도 대기 공간에 주의와 횡단보도 상황을 화면으로 안내하는 조명 장비, 일곱째, 횡단보도 영역 좌우측에 고해상의 불빛 발광등(LED) 표지병을 설치해 차량 및 보행자에게 횡단보도 위치를 명확히 안내해주는 보행자 활주로형 유도등 장비, 여덟째, 기존 보행 신호등의 녹색과 적색을 바닥에 연계 작동하여 보행자 보행을 돕는 바닥 신호등, 아홉째, 횡단보도 주변 지주에 여러 그림을 통해 성동구형 첨단지능 횡단보도 기능의 설명판 설치 등의 기능과 장비로 구축되었다.

성동구가 첨단장비를 조합하여 설계한 첨단지능 횡단보도는 관내 275개소 횡단보도 중 보행량과 유동인구가 많은 횡단보도, 초등학교 통학로 횡단보도, 사고위험도가 높은 횡단보도, 교통사고 다발지역 및 사망사고가 많은 횡단보도 순으로 설치되었다. 2019년 14개소를 시작으로 2024에는 4개소를 포함한 총 86개소에 설치되었으며, 2019년 12억 원, 2020년 19.7억 원, 2021년 22억 원, 2022년 2.6억 원, 2023년과 2024년 14.2억 원 등 총 70.4억 원을 투자하여 '성동형 첨단인식 횡단보도' 체계를 완성했다.

성동구의 노력은 교통사고 감소와 차량이 사람을 덮치는 사고의 감소로 이어졌다.

정원오 성동구청장은 "도시의 지속가능성을 높이기 위해서는 포용

력이 확대되어야 하는데 그중에 하나가 안전이다. 특히 보행자와 운전자 모두가 안전성이 높아질 때 삶의 질도 향상된다. 인류가 이룬 과학기술을 도시에 적용시키는 '첨단 포용 도시'는 성동구가 지난 7년을 이끌어 온 정책 방향으로 첨단지능을 갖춘 횡단보도는 보행자도 운전자도 모두 안전한 도로에서 편안하게 통행하는 포용 도시 정책사업으로 생명을 지키는 성동을 만들고 있다"고 밝혔다.

성동구가 구축한 첨단지능 횡단보도의 효과는 명확했다.

2018년 성동구 관내 1,143건의 교통사고 건수가 2019년에는 1,091건으로 2018년도에 비해 8.3% 줄었고, 2021년에는 1,057건으로, 2023년에는 919건으로 2022년 대비 13.1%가 줄었다. 사고로 인한 부상자 수도 줄어들었다. 2018년 1,561명이 부상을 당했으나 2019년에는 1,439명으로 2018년에 비해 7.9%가 줄었고, 2021년에는 1,362명, 2023년에는 1,221명으로 줄었다. 자동차가 사람을 덮친 경우도 2018년 271건에서 2019년 225건으로 16.9%가 줄었고, 2021년에는 245건, 2023년에는 215건으로 낮출 수 있었다.

◆ 성동구 관내에 설치된 첨단지능 횡단보도 위치도(2024년 말 기준)   출처 : 성동구청

성동구가 구축한 첨단인식 횡단보도를 파악하기 위해 국토교통부는 2021년에 전국 15개 지방자치단체 관계자와 50여 개 기관이 성동구가 구축한 현장을 방문하고, 세르비아 및 페루 등 해외 10여 개국이 방문하는 등 많은 관심을 받았다.

성동구의 혁신적인 첨단인식 횡단보도는 '서울시 2020 서울창의상' 혁신시책 부문에서 장려상, 2020년 행정안전부 공공 대량정보 분석 공모전에서도 우수상을 수상하였다.

성동구는 교통전문가를 임기제 공무원으로 채용하여 교통시장의 다양한 기술을 씨줄 날줄로 엮어 보행자와 운전자 모두가 안전한 도로를 통해 포용 도시를 만들고 있어 지방자치 시대 가치를 높이는 의미 있는 정책으로 여러 지방자치단체로 퍼져 나가고 있다.

02 노동정책 수립으로 노동자의 삶의 질 개선

노동기금 조성사업 : 울산광역시 동구청

・ ・ •

미국의 철학교수 알 지니(Gini A R)는 《일이란 무엇인가(My Job My Self)》에서 마르틴 루터(Martin Luther)가 한 말 "각자 개인에게는 하나님의 부름을 받은 소명이 있는데 어느 소명이든 중요하다. 그 소명은 직업으로 신(神) 앞에서 동등하다"를 인용하며 노동을 하늘의 소명으로 간주하였다.

노동정책이란 역사적으로 산업혁명 이후 성립한 공장제 노동을 매개로 파생된 실업과 임금, 노동시간과 산업재해 등 다양한 노동문제를 해결하는 수단이자, 생산과 분배과정에서 일어날 수 있는 노동문제에 대한 정부의 사전 사후적 조정 활동이지만 대한민국은 국가가 노동에 대한 지배력을 강화함으로써 기업의 생산성을 높이기 위한 정치적 · 경제적 · 사회문화적 통제가 주류를 이루어 추진되어 왔다.

1948년 7월 17일 공포된 제헌헌법은 근로자의 단결권과 단체교섭

권, 단체행동권의 보장과 사기업의 이윤을 노동자의 임금 이외에 이익의 분배에 균점할 권리를 보장하였다.

이승만 정권은 한국전쟁이 휴전되고 1953년에 노동조합법, 노동쟁의조정법, 노동위원회법, 근로기준법 등을 제정했지만, 노동쟁의조정법은 쟁의 시 폭력행위 금지와 보안시설의 경우 쟁의행위 금지와 전국적 규모의 쟁의행위 금지 등을 통제했을 뿐만 아니라 1954년에 결성된 대한노동조합총연합회는 이승만 정권과 자유당에 의해 어용단체화되었다.

제2공화국의 노동정책은 4·19 혁명에 의해 민주화와 자유화의 흐름에 힘입어 변화가 있는 듯 했으나 1961년 5·16 군사반란에 의해 혁명정부 포고령 제5호와 제6호에 의해 노동쟁의 행위가 금지되고 모든 정당 및 사회단체를 해산시킨 후 전국 단일 산별노조연맹체인 한국노동조합총연맹을 만들어 국가에 종속시키며 박정희 정권을 유지한다.

군사독재정권은 제2공화국이 준비하던 경제개발 5개년 계획을 확정한 후 경제 성장이라는 국가 목표를 달성한다는 명분으로 노동정책을 철저히 통제하고 노동자의 이익균점권 조항을 삭제하며 기업의 이윤을 노동자에게 돌려주지 않고 기업에게 몰아주면서 노동정책은 기업에게 유리하도록 국가에 의해 통제되는 정책이 지속되지만 전국노동조합 대표자회의에 이어 탄생한 민주노총의 전국적 조직은 대한민국의 노동 관련 법체계를 국제적인 노동기본권 수준으로의 개정을 요구하면서 조금씩 변화가 일기 시작한다.

김영삼 정부는 1996년에 '신노사관계 구상'을 발표하고 민주노총까지 포함한 '노사관계개혁위원회'를 발족시키자 균형적인 노동정책의 탄생을 기대하게 하였으나 기업 측 입장과 충돌하자 중재 역할은 맡은 국회는 입법과정에서 노동시장의 유연화로 선회했다. 이는 김영삼 정부의 세계화 선언으로 영국의 대처리즘(Thatcherism)과 미국의 레이거노믹스(Reaganomics)에 의한 신자유주의 바람이 대한민국에도 불었고, 이러한 흐름은 합리적인 노사관계가 아니라 노동자의 적극적 배제와 시장주의적 접근을 취하게 된다.

김대중 정부는 '생산적 복지'를 지향하면서 한국노총과 민주노총을 포함한 노사정위원회를 구성하여 사회적 합의를 이끌고자 했으나 국제통화기금의 구제금융에 대한 조건을 이행하여 경제 위기 극복이라는 명분으로 노동시장의 유연성과 구조조정이라는 인력 감축으로 인한 대량실업 등 노동정책의 후퇴가 이루어진다. 그런데다 자민련과의 연립정부에서 노동정책의 우익화는 한국전쟁 이후 최초의 전국적 총파업 투쟁으로 대립한다.

노동계의 지지를 받은 인권변호사 출신의 노무현 정부는 '보편적 복지'를 선언하고 당선자 신분으로 한국노총과 민주노총을 방문하여 노동 현안과 앞으로의 정책에 대해 논의하고, 두산중공업 노사분규 타결, 철도파업, 화물연대 파업에서 노동계와 정부 간 합의를 이끌어 내는 등 이전 정부와는 확실히 다른 친노동자적 입장을 취하였고, 노동시간 주간 44시간에서 40시간으로 단축(2003), 최저임금제도개선위원회 구성 및 최저임금법 개정(2005), 고용 및 산재보험 확대(2004), 공무원 노조 합법화(2006), 제3자 개입금지조항 및 직권중재제도 폐지(2006), 노사관계선진화방안 합의(2006), 비정규직 보호법(2007) 등을 추진하지만 기업의 요구인 노동의 유연성을 수용하며 분배 중심에서 성장 중심 정책으로 전환했다.

현대건설 사장 출신의 이명박 정부는 747공약(경제성장률 7%, 국민 소득 4만 달러, 세계 7대 경제 강국)을 대표 공약으로 경제 성장을 강조하면서 노동통제정책이 예상되었고, 진보정권 10년 만에 집권한 우익정당의 기업가 출신 대통령은 친기업적인 노동정책을 펼쳤다.

'노동 존중 사회'와 '포용적 복지'를 선언한 문재인 정권은 국제노동기구(International Labour Organization, ILO)의 핵심 협약 비준, 고용보험 적용 확대, 정규직의 저임금 비중을 낮추는 등의 노력과 성과도 있었지만 기존의 '탄력적 근로 시간제'와 '선택적 근로 시간제'의 확대는 박근혜 정부의 노동시간 유연화정책 완료로 이어져 신자유주의 노동체계의 구조적 문제점을 해결하는 데는 미치지 못했다.

윤석열 정부는 '노동 규범의 현대화' 라는 이름으로 월 단위 연장 노동시간 관리를 필두로, 근로시간저축계좌제 도입, 선택적 근로시간제 업종·기간 확대, 부분 근로자대표제 도입, 전문직·창업(START-UP) 기업 노동시간 적용 제외 등 노동시간 개편을 통해 잔업시간의 적용 단위 변경으로 노동시간을 살인적으로 연장하는 정책을 추진했다.

민주노동당 출신인 진보당 김종훈 후보는 노동자의 안정적 삶을 지원하기 위해 전국 최대 규모의 노동기금을 조성하여 '노동자의 주거, 생활, 복지 격차 해소를 위해 직접 지원을 대폭 강화하겠다' 고 약속하고 2022년 7월 취임 직후 울산 동구청의 운영 방향을 상징하는 1호 결재로 '노동기금' 조성사업에 결재했다.

동구청의 노동기금 조성사업은 조선산업 위기와 전염병(COVID-19)에 따른 대량실직과 지역 경기침체 등으로 어려움을 겪고 있는 노동자와 가족의 기본적인 삶을 보호하기 위한 구제기금과 노동자의 긴급 생활안정 및 주거, 교육 및 훈련지원 등 생활 안전과 복지 증진에 기여함으로써 노동자의 상대적 삶의 격차를 최소화하는데 목적을 두고 있다.

노동기금은 2023년부터 2026년까지 총 300억 원을 조성하는데 100억 원은 동구청이 4년간 매년 25억 원의 구비를 출자해 기금을 조성하고 200억 원은 구청장이 지역 기업체, 노동조합, 정부, 울산시 등과 함께하는 사회적 협의체를 구성해 출연금을 지원받겠다는 구상을 발표했다. 주 지원 대상은 현대중공업 협력업체에 소속된 비정규직 노동자 및 단기 노동자, 서비스산업 종사 노동자 3만여 명이다.

울산광역시 동구는 조선업의 도시다. 현대중공업과 현대미포조선 등 대한민국의 조선소가 집적되어 있으며 울산광역시의 조선업 사업체 802개 중 59.9%인 480개가 동구에 모여 있다.

2024년말 현재 동구에 사업소를 둔 기업의 고용보험을 통해 본 노동자는 5만 2,551명인데 이중 선박 및 보트 종사자의 고용보험 가입 사업장은 479개에 3만 1,182명이 있을 정도로 조선업 중심이다. 민선 9대 동구청의 구정 목표 중 '노동의 가치를 중시하는 존중도시'로 방향을 설정한 것은 이러한 울산광역시 동구의 특징인 노동의 가치를 반영한 것이다.

김종훈 동구청장은 2023년 구정 운영 방향에 대한 시정연설에서 "노동의 가치는 숭고한 것이며, 이를 실천하는 노동자의 기본권은 존중되어야 한다. 그러나 윤석열 정부 들어 중앙정부의 노동정책은 친기업으로 변화하였고, 하청 노동자와 비정규직 노동자, 외국인 노동자, 여성 노동자들은 중앙정부가 노동친화적인 정책을 추진해주기만을 기다리기에는 너무 위험한 상황까지 도래하여 기초지방자치단체라도 움직여야 하는 상황이 되었다. 노동자가 편안하면 모두가 평안해진다. 사회적 약자의 권리가 보장되어야 건강한 사회가 되는 것처럼 열악한 환경에 처해 있는 노동자들의 권리 회복을 위해 행정은 노조와 기업을 설득하며 모두 상생하는 도시를 만들기 위해 노력하고 있다"고 밝혔다.

동구청은 구민과의 약속을 실현하기 위해 2022년 10월에 노동기금 조성 조례를 동구의회에 제출하였으나 "노동기금 사용 계획과 재원 마련에 현실성이 부족하다"는 명분으로 다수당인 국민의힘 소속 의원들만의 참여 속에 부결되었다. 그럼에도 불구하고 노동계와 경제 유관 기관·단체와 지속적인 만남과 논의를 통해 조례의 필요성과 함께 조례를 수정·보완한 후 의회에 이송한 결과 2023년 6월에 통과될 수 있었다.

노동기금의 조성이 1년이나 늦어지고 동구의회와 협의 과정에서 동구청 본예산 대비 5/1,000 규모로 조성하는 것으로 확정되어 2024년에는 16억 원, 2028년까지 100억 원을, 나머지는 기업과 단체 등의 출연으로 조성하기로 협의되자 금속노조 HD현대중공업 노동조합은 임시대의원대회에서 1만 5,000명 조합원들의 땀방울인 조합비를 모아 동구청의 노동복지기금에 2억 원을 출연하기로 결의하였다.

정병천 HD현대중공업 전 지부장은 "울산 동구는 조선업 불황기에 수많은 하청 노동자들이 눈물을 머금고 일터를 떠나야 했다. 이제는 노동조합이 정부, 지자체와 함께 동구를 살려보자는 의미에서 노조의 사회적 책무를 다하고자 노동자들이 마음을 모았다"고 말했다.

노동조합을 상대하는 법무법인도 나섰다. 동구청과 노동조합, 기업 등이 상생 협력을 위해 기금을 마련했는데 행정 16억 원, HD현대중공업 노동조합 2억 원, 법무법인 바른 3억 원 등 총 21억 원이 조성되었다.

◆ HD현대중공업 출연 환영 기자회견　　　　　　　　출처 : 울산광역시 동구청

조성된 기금은 노동자의 긴급생활안정자금으로 동구에 주소를 두고 1년 이상 거주하거나 동구청 관내 사업장에 1년 이상 근무한 노동자로 실직(폐업)이나 부상, 그리고 산재 등으로 근로가 불가능한 상황

에서 소득이 없는 사람에게 연 1.5%의 이자로 500만 원의 범위 내에서 지원한다. 주택자금은 동구에 주소를 둔 청년노동자나 신혼부부의 경우 임차보증금 2억 원을 대출하는데 기금에서 1%의 이자를 200만 원 범위 내에서 2년간 지원했다. 2025년도부터는 기준을 완화하여 긴급 생활 안전자금의 경우 1,000만 원까지 확대하고, 전세자금 대출이자도 나이제한을 없애고 보증금도 3억 원으로 상향하는 등 노동자의 생활 안정화에 지원을 확대하고 있으며 농협울산본부에서 대출심사를 실행한다.

2023년에는 동구에 맞는 노동정책을 수립하기 위한 용역을 통해 설문과 면접조사를 실시하여 '동구 노동정책 기본계획'을 수립하고 노동기금 조성과 최소 생활 노동시간 보장제, 청년노동자 공유주택 조성, 생활임금제 실시, 조선업 적정임금제 도입 여건 조성, 공공부문 민간위탁 성별 임금공시제 시행, 감정노동 보호체계 구축 등 7개 중점과제를 비롯해 총 19개 과제를 수립하여 추진하고 있다.

기초지방자치단체의 노동정책에 대한 연구는 2016년 충남의 아산시를 시작으로 경기도의 안산과 고양, 수원, 대전의 대덕구, 서울의 강북과 강동구, 경남의 거제시, 충북의 충주시, 전남의 순천시 등 16개 자치단체가 연구를 추진한 바 있으나 울산광역시 5개 기초지방자치단체 중에는 동구가 처음이다.

대한민국은 법률상 남성과 여성의 차별을 금지하고 있지만 조선업의 특성이라며 남성과 여성의 임금 차별화가 만연하자 대안으로 '여성 평균임금 실태조사'를 실시(2023.07)하였고, 조사 결과 여성에 대한 저임금 차별이 심각하게 나타나 동일가치노동에 동일임금을 실현하기 위해 물가와 근로자의 상황을 고려하여 생활임금제의 도입과 공공부문 민간위탁 성별 임금공시제를 '동구 노동정책 기본계획'에 중점 과제로 반영하였고, 민간여성 저임금 영세사업장 사회보험지원은 별도로 추진하기로 했다.

동구청은 경력단절 여성과 신규 일자리를 찾는 여성을 위해 여성새로일하기상담실을 운영하고 2023년에는 하청 노동자의 실태를 조사하여 하청 노동자를 지원하기 위한 용역이 발주되어 하청노동자 지원 및 전담체계 강화, 정책조사 연구, 노동기본권 사각지대 해소, 주거권/건강권 증진 사업, 상생 협력 민관협력 구축 및 강화 등 5대 정책 과제와 16개의 세부 과제를 확정하여 시행하고 있다.

2024년에는 노동자의 권리와 복지 증진을 위해 주민 생애 설계 및 체계적인 취업 지원을 할 수 있는 노동자지원관을 개관(8월)하여 근골격계 질환을 치료하는 근골격건강지원실도 신설하였다. 은퇴를 눈앞에 두거나 퇴직자의 사회적 공헌을 통해 삶의 가치를 극대화하는 신중년 사회공헌활동 지원사업도 활성화를 찾고 있다. 퇴직자의 경우도 생애 설계와 창업지원교육과 상담, 그리고 역량 강화를 위한 사업을 2023년에 3,500여 명, 2024년에는 3,513명에 대해 추진하며 인생 2모작을 준비할 수 있도록 지원하고 있다.

외국인 노동자들이 지역에 원만하게 정착할 수 있도록 체계적이고 종합적인 정책 대응을 하고 있으며, 2024년 9월에는 외국인주민전담지원부서를 신설하여 운영하고 있다.

◆ 구청장과 외국인 주민 협의체와의 회의   출처 : 울산광역시 동구청

2023년 구청장이 주재한 회의나 간담회를 살펴보면 노동조합과 노사간담회 2회, 노동복지기금 노조순회설명회 4회, 동구 노동정책자문단회의 주재 2회, 비정규직노동자지원센터 운영위 주재 2회 등 2023년 15회, 2024년에는 30회 등으로 노동자의 권리와 기본권이 노

동환경에 우선할 수 있도록 발로 뛴 현장의 기록으로 남아 있다.

동구청은 2023년에 노동복지기금 설치 및 운용 조례와 아이 돌봄 지원 조례, 하청노동자 지원 조례(2024 개정)를, 2024년에는 노동자지원센터 설치 및 운영 조례, 이동노동자 권익 보호를 위한 지원 조례, 외국인주민 지원 조례, 신중년 지원에 관한 조례를 제정하고, 노사민정협의회 및 비정규직노동자지원센터 설치·운영에 관한 조례와 외국인주민 및 다문화가족 지원 조례, 청소년 노동인권 보호 및 증진을 위한 조례의 개정을 통해 노동친화적인 지원 행정을 펼치고 있다.

1962년 특정공업지구로 지정된 이후 울산은 미포를 포함하여 바다에 인접한 국내 최대의 국가산업단지로 만들어지며 노동자들의 피와 눈물과 땀으로 이룬 도시가 되었으나 노동자들의 삶의 질의 개선이 더디자 구청이 직접 나서서 노동자의 권익을 보호하기 위한 제도적 근거를 마련하여 노동환경을 개선하고 있다는 점에서 동구청의 노력은 지방자치 시대 중요한 모범 사례라 볼 수 있다.

03 부평구의 혁신성장 기반은 부평 청년이다

청년의 창업과 성공을 위한 정책 지원 : 부평구

. . .

우리나라는 혁신기술의 나라로, 한반도인의 찬란한 과학기술이 세상을 움직일 때가 있었다.

새로운 천년을 앞둔 1999년 미국의 경제일간지인 〈월스트리스저널〉이 지난 1000년 동안 세계 10대 발명품을 선정하였는데 금속활자와 금속활판(〈직지심체요절〉)이 선정되었다.

대한민국은 해방을 맞아 역사 정의를 위한 과거사 청산도 없이 발발한 한국전쟁과 일제강점기에서 자행된 자원 수탈과 착취로 인해 초토화되었다.

1953년 국민 1인당 국내총생산 66달러의 가난한 나라의 청년들은 생존을 위해 도시로 나가기 시작했다. 정부는 청년들을 '산업화 역군'이나 '수출 전사'라 추켜 세우며 저임금·장시간 노동을 통해 착취하였고, 대기업 중심의 수출주도형 경제체제 안에서 낙수 효과를 기대했으나 정경유착에 혜택을 받은 기업들의 도덕적 해이와 경쟁력 제고는 치욕적인 국제통화기금(IMF)의 통제로 이어지게 만든다.

국제통화기금은 국가 경제 회생이라는 명분으로 대량의 실직자를 만들고 1990년대까지 이끌던 7% 이상의 경제성장률을 멈추게 했다. 2007년 서브프라임 모기지 사태와 2008년의 리먼 브라더스 홀딩스의 파산으로 인한 지구촌 금융위기와 유럽의 재정위기 등에 따른 세계경기 침체는 국내 성장률을 3% 내외로 낮추었다. 고용 없는 성장으로 젊은이들이 일자리가 줄어들자 연예와 결혼과 출산, 내집 마련, 꿈과 희망마저 포기하는 7포 세대의 탄생과 전국에서 출생자 수가 사망자 수보다 적은 사회로 전환되면서 '국가 소멸'이라는 공포가 확산되었다.

정부는 경제활동 인구의 감소를 막아 경제 활성화를 위한 해결책으로써 창업을 대안으로 제시했다. 창업이란 파악이 가능한 주변의 모든 자원을 활용해 자신의 역량을 총동원하는 장기적인 과정이다. 그래서 창업은 단순한 경제적 활동을 넘어, 지역사회에 활력을 불어넣고 새로운 가치를 창출하는 경제적 활동이라 할 수 있다.

문민정부 말인 1997년, 대한민국의 혁신기술에 의한 개척기업을 육성하는 '벤처기업 육성에 관한 특별 조치법(다음 혁신기술육성기업법)'이 제정되었다. 정부는 2002년까지 2만 개의 혁신기술기업을 육성하여 전체 중소제조업체 20%까지 혁신기술업체를 확대한다는 구상이었다. 중소기업청에는 혁신기술 부서인 벤처기업국을 설치해 자금과 기술, 정보 등을 지원하며 대량생산 방식을 통한 저가 수출 방식에서 벗어나 중소기업 중심으로 다품종·소량생산 생산 체계으로 전환하고, 22만 명의 신규 고용과 33만 명의 직접고용 효과를 설계했다.

국민의 정부가 출범한 1998년에는 당면과제인 혁신기술기업의 육성단계별 자금조달체계를 구축하고 혁신기술기업으로 우수인력이 유입될 수 있도록 관계망의 확대와 기술력 보강, 창업·성장 공간의 확대 등 4대 과제를 선정하여 추진한 결과 혁신기술기업의 창업과 성장이 급증하였다.

2005년부터는 혁신형 중소기업의 육성 및 건전한 기술혁신 생태계 조성에 역점을 두면서 혁신기술육성기업법을 개정하여 모태투자자금를 1조 원 조성했다.

이명박 정부는 공급자적 시각에서 정부 주도로 양적인 자금지원 확대를 통한 창업을 장려하였고, 박근혜 정부는 '창조 경제'를 국정 기조로 신기술 창업 활성화를 제시하고, 임기 중 창업과 관련하여 15차례 대책을 발표하고, 창업자의 연대보증 해소로 실패하더라도 신용불량자가 되지 않도록 안전망을 구축하는 데에도 집중했다.

문재인 정부는 2017년에 중소기업벤처부를 신설하고, 2020년에는

"혁신을 응원하는 창업 국가 조성"을 목표로 '혁신기술기업 육성을 위한 특별조치법'과 '중소기업창업지원법'으로 이원화된 혁신기술 투자 제도를 통합하여 '벤처투자 촉진에 관한 법률'을 제정했다.

법률을 통해 혁신기술의 진입장벽을 낮추고, 자율성을 보장하며, 민간투자 생태계를 활성화시키고자 투자역량을 갖춘 전문·개인·투자자 등록제도를 도입하고 창업기획자에게 혁신기술투자조합의 결성을 허용하는 등 민간투자 생태계 활성화에 기여하였다.

정부의 이러한 노력은 여러 지표로 나타났는데 세계은행(World bank)의 기업환경평가(Doing Business)에서 대한민국 창업부문 순위는 2008년 126위에서 2019년에는 190개 국 중에서 5위로 평가받았으며, 지구촌 기업가정신 지수(GEI: Global Entrepreneurship Index)에서 대한민국은 2023년 8위로 발표되었다.

그러면 청년의 창업과 기업활동에도 좋은 환경인가?

문민정부의 혁신기술육성기업법 제정(1997) 이후 국민의정부와 참여정부 때 청년창업에 대해서도 여러 정책을 추진하였고, 박근혜 정부에서는 청년창업추진전략과 같은 적극적인 지원정책을 추진했지만 성과가 높지는 않았다. 경험이 부족한 청년들의 창업은 창업 생태계의 어느 한 요소가 부족하면 성공할 수 없는 '최소인자 결정의 법칙'이 적용되기 때문에 더욱 각별한 노력이 요구되기 때문이다.

《대전환의 시대》와 《2030돈의 세계지도》의 저자로 알려진 세계적인 투자자 짐 로저스(James Beeland Rogers)가 2017년 한국을 방문하고 돌아갈 때 "희망이 없는 한국에는 투자 안 한다, 젊은이에게 도전이 없는 국가는 희망이 없다"며 매우 높은 공무원 응시 비율에 빗대어 청년들의 기업가정신에 대해 부정적으로 평가했다.

중소벤처기업부의 창업 실태 조사에 의하면 창업기업 중에서 29세 이하의 창업 비중은 2016년에 3.5%에 생존률은 26.6%로서 전체 창업기업 생존률 38.8%에 비해 낮으며, 창업 업종은 도소매업과 숙박·음식업 비중이 62.0%로 한정적이며, 혁신형 기업으로 인정받은 기업은 2016년 0%로 대부분 생계형 창업으로 혁신과 거리가 먼데다 일자리 창출 효과도 낮은 상황에서 기초지방자치단체들이 나섰다.

인천 부평구는 1970년에 50개 업체가 제품 생산을 가동하기 시작한 수출산업공업단지로 조성되어 대한민국 경제 성장에 기여하였으나 노동환경이 열악하고 시대적 변화로 인해 젊은이들이 떠나기 시작하면서 새로운 대책이 필요한 상황이었다.

차준택 부평구청장은 "지금의 청년들은 최첨단 통신 환경에서 성장하여 혁신적인 사고를 가지고 있기에 이들에게 창업 여건을 조성한다면 개인의 경제적 성취를 넘어 일자리 창출과 과거 부평수출산업공단이 한국 경제를 이끌었던 것처럼 지방소멸을 넘어 부평경제를 살릴 것이다. 우수하고 창의적인 사업(안)을 가진 청년들에게 창업을 위한 재정 지원을 통해 육성하기 시작했으며 부평구의 지속가능성을 위해 사회적 가치를 극대화하는 청년 사업도 함께 육성하고자 노력 중" 이라고 말했다.

◆ 청년창업 관계자들과의 협약식   출처 : 부평구청

부평구의회 이제승 의원의 대표 발의로 2019년에 제정된 '부평구 창업지원에 관한 조례' 는 예비창업자와 창업자의 창업 지원을 할 수 있도록 규정하고 창업 지원의 범위를 ① 유망한 창업자 · 예비창업자의 발굴 · 육성 및 그에 대한 지원 사업 ② 창업 공간 및 시험제품 제작 지원 사업 ③ 제품 홍보 · 마케팅 지원 사업 ④ 창업 활동에 필요한 재정 지원사업 등의 지원을 통해 창업 환경을 조성하고 창업 활동을

촉진할 수 있도록 하였다.

부평구는 2019년 초부터 청년창업재정지원 사업을 준비하고 5월에 첫 창업 지원으로 신규창업 3개 업체를, 7월에는 4개 업체를, 11월에는 1개 업체를 선정하여 1년간의 임대료와 공공요금을 지원하고, 창업 교육과 상담을 했다.

2020년에는 조례의 시행으로 새해 아침인 1월 2일 공고를 냈다. 신청 자격으로는 부평구에 주민등록을 둔 만 19세부터 39세 이하인 청년으로, 부평구에 사업장이 있는 청년을 대상으로 총 4차례에 걸쳐 1년 미만 창업자나 예비창업자를 대상으로 총 9개 업체를, 2021년에는 2회에 8개 업체를 선정하여 창업에 따른 재정 지원을 추진했다.

청년창업 업체를 선정하는 과정도 3단계로 나눠 심사를 진행하였다. 1단계는 서류를 통한 적정성과 신청 자격 여부, 2단계는 청년창업자가 사업계획(안)을 발표하고 심사위원과의 질의응답을 통해 면접심사가 이뤄진다. 2단계를 통과한 업체는 '인천광역시 부평구 지방보조금 관리 조례' 에 따라 편성된 예산안의 적정성을 심사하여 확정하는 3단계 절차를 밟고, 1년간의 지원 기간이 종료되면 1개월 이내에 최종사업보고서를 제출하면 된다.

청년창업 재정지원 정책은 청년이 원하는 공간에서 사업을 운영할 수 있도록 임대료를 지원하는데, 타 지방자치단체나 인천창조경제혁신관에서는 지원하지 않는 항목으로, 청년들의 부평정착을 유도한다는 전략이다. 또한 2년간 사업장 이전 제한 및 유지 조항을 포함하여 지역 내 경제활동 및 소비를 촉진하여 안정적인 창업 활동을 돕고 있다.

◆ 인천콘텐츠기업 지원관에서 청년창업 관계자들의 열린 소통　　　　출처 : 부평구청

　2022년도는 청년창업에 대한 재정 지원을 시작한 지 4년 차로 3년 동안 지원한 업체의 안착화와 신규 창업과 구분하여 지원을 시작했다. 1년 미만의 초기 창업은 3회에 걸쳐 10개 업체를, 청년 1명을 고용 중인 7년 미만의 청년창업자들을 대상으로 성장업체로 규정하여 3차에 걸려 6개 업체를 지원하였고, 예비 창업과 초기 창업 지원은 연간 1,200만 원을 지원하였으나 성장업체 지원은 연간 1,500만 원으로 확대하였다.

　청년창업 업체들은 일자리 창출 외에도 사회적 가치를 실현하기 위해 생산한 제품을 지정 기탁하여 사회공헌을 시작하였고, 장애인 일자리 채용 전용공간 개발, 고령자용 지능형 보행안전체계 개발, 폐비닐 재활용 소재로 한 제품을 제작하는 등 지속 가능한 사회로의 희망을 만들기 시작했다.

4년차부터는 창업한 업체의 대외적인 활동과 청년 일자리 고용창출로 연결되는 상황도 면밀히 살폈다. 시제품 제작비와 시장성 조사비를 전체 예산의 30% 이내로 지출할 수 있도록 규정한 기준을 폐지하고 창업자가 전체 예산을 자유롭게 편성하여 집행할 수 있도록 과감히 전환하였다.

부평구는 성장 과정에서 창업기업들이 필요한 지원이 제한적이라는 평가를 해소하여 창업의 지속성과 성공 창업을 위해서 창업기업의 성장 단계별 특성을 보다 면밀하게 검토하여 창업 지원 사업의 효율성과 효과성을 동시에 확보하기 위해 고민했다.

2023년도부터는 재정 지원을 받은 창업 업체가 성장해 청년 1명 이상을 고용 중인 7년 이하 창업 2개 업체와 전년도 성장지원 대상업체 중 신규 채용이 일어난 4개 업체에게는 인건비 일부를 지원하고, 초기창업 11개 업체를 선정하여 초기자금 지원과 창업을 준비하는 업체에게는 맞춤형 전문상담을 할 수 있도록 34개 업체를 선정하는 등 총 53개 업체를 대상으로 지원을 확대했다.

2024년도에는 초기 창업 1년 미만과 창업 전문상담을 받은 예비창업자가 2차 청년창업 재정지원사업에 참여하고자 할 때 1대1 전문상담을 이끌어 사업 방향을 검토해주고, 사업계획서를 작성할 수 있도록 실무 역량을 강화하고, 보조금의 예산 편성 등에 대해서도 교육하는 사업을 추가했다.

2021년 창업한 '업모스트(UPMOST)'는 기후위기와 지속가능성을 대응하기 위해 착한 소비를 하는 사업장이다. 황보미 대표는 "가정에서 버려지는 합성수지중 깨끗한 포장재들을 수집하여 일상에 필요한 물

◆ 폐합성수지로 만든 재품　　　출처 : 업모스트트(UPMOST)

건으로 되살려 만든 제품으로, 일반 제품과 차이가 없을 뿐만 아니라 기후위기로 인한 기상이변에 대응하기 위해 원료의 수송 과정에서 탄소 배출을 줄이고, 1회성으로 사용 후 폐기되는 합성수지를 고부가가치 소재로 전환하여 지속 가능한 친환경 상품을 생산하고 있다. 폐자원의 선순환과 쓰레기 무배출(ZERO-WASTE)을 통한 지속 가능한 가치를 창출하기 위해 노력 중"이라고 말했다.

2019년 창업한 '그로잉 조경'은 '방치되는 풍경의 단면들'이라는 작품으로 2021년 전주 정원문화박람회에서 도시 공공정원 전문작가 분야에서 우수상을 받으며 검증을 받았다. 황현철 대표는 "삭막한 회색빛으로 둘러쌓인 개인용 주택들을 자연 친화적으로 설계하여 도심에서도 자연의 평안함을 통해 시민들의 심리적 안정을 형성할 수 있도록 시공하는 조경으로 창업 시 구청이 지원한 임대료와 후반에 지원한 홍보용 광고로 사업을 안정화시키는 데 큰 도움이 되었다"고 말했다.

2020년에 창업한 '바니그라운드(bunnyground)'는 어린이 위주의 만들기 놀이용품 제작업체에서 성인까지 확장된 업체다. 전염병(covid-19) 시기에 외출이 어려워 집에서도 간편하게 만들기 활동과 놀이를 즐길 수 있는 놀이 용품을 개발하는 등 '엄마표' 놀이를 통해 어린이들의 성장에 도움이 되는 제품을 생산하는 업체로 창업하였다.

서보람 대표는 "지난 5년 동안 매출액 5~6배로 성장하여 일반인과 노년층까지로 사업 외연이 확대되었고, 대상도 개인이나 모듬을 이루는 유아에서 대기업의 학습용 놀이 제품까지 주문을 받고 있는데 초기 부평구의 재정적인 지원과 창업 관계자들과의 소통이 큰 도움이 되었다"고 말했다.

바니그라운드는 2020년에 나홀로 창업하였으나 그동안의 성장으로 정규직 4명을 채용하는 소기업체로 성장하였으며, ㈜아이앤지는 1명으로 시작하여 이후 청년을 정규직으로 1명을 늘렸고, 비정규직도 2명을 채용하는 일자리 고용을 통해 성장을 추진하고 있다.

대한민국은 청년기본법(2020)과 청년의 고용을 위한 청년고용촉진특별법(2004년 제정된 청년실업해소특별법의 개정), 후계농어업인 및 청년농어업인 육성·지원에 관한 법률(2020)과 고용정책기본법(1993), 중소기업기본법(1966), 중소기업창업지원법(1986), 소상공인 보호 및 지원에 관한 법률(1997), 벤처기업육성에 관한 특별법(1997) 등을 통해 청년 고용과 창업 등을 지원하고 있지만 청년들의 접근이 쉽지 않고, 창업 준비 과정도 어려워 이를 해소하기 위해 거주하는 마을에서의 청년창업과 청년의 실업 해소를 통해 청년세대가 마을에 정착할 수 있도록 노력을 하고 있다.

부평구청이 청년과 관련하여 투입한 재원은 2019년 23억 원에서 2024년 95억 원으로 72억 원 증가하였다. 이는 부평구가 얼마나 청년정책을 위해 심혈을 기울였는지를 보여주는 지표이다. 부평구만의 혁신성장 기반은 '부평의 청년'이다. 지역과 사회적 가치가 융합한 청년기업은 다시 청년들을 돌아오게 할 정책이 되었다.

04 치료를 넘어 예방을 통한 건강지키기

경기도 초등학생 치과주치의 의료지원 조례 : 경기도의회

. . .

현대 사회에서 국가의 중요한 역할 중 하나가 인간의 기본권을 보장하고 확대하는 것이며 그중에 삶의 질을 결정하는 가장 중요한 덕목 중 하나가 건강권이다.

세계보건기구(World Health Organization, WHO)는 1948년 발족하면서 "세계 모든 국민이 가능한 최상의 건강 수준에 도달"하도록 하는 헌장을 선언했고 2023년 현재 194개 나라가 가입되어 그 정신을 지키고자 노력하고 있다.

우리나라 헌법 제34조는 '모든 국민은 인간다운 생활을 할 권리'를 위해 국가는 '사회보장 · 사회복지의 증진에 노력할 의무'를 부여하고 있으며, 헌법 제36조에는 '모든 국민은 보건에 관하여 국가의 보호를 받도록' 규정하고 있다.

우리나라의 보건의료정책은 1963년 제정된 의료보험법에 의해 임의보험으로 출발하여 1977년 500인 이상 사업장을 대상으로 '직장 의료보험제도'를 실시하다가 1987년 민주화 대투쟁을 거치며 농어촌지역의 지역의료보험(1988)과 도시 자영업자 의료보험(1989)이 실시되고 1999년 국민건강보험법 제정을 통해 공무원 및 사립학교 교직원 의료보험, 지역·직장의료보험은 국민건강보험으로 통합관리하게 되었다.

뒤이어 제정된 공공보건의료에 관한 법률(2000)은 '국민에게 양질의 공공보건의료를 효과적으로 제공함으로써 국민 보건의 향상에 이바지함'을 목적으로 공공보건의료를 '국가, 지방자치 단체 및 보건의료기관이 지역·계층·분야에 관계 없이 국민의 보편적인 의료 이용을 보장하고 건강을 보호·증진하는 모든 활동'으로 정의하면서 국가만이 아니라 지방자치단체의 책무를 명시하며 보편적 의료를 명확히 하였다.

1977년 국민건강보험 도입 당시 치과 진료를 건강보험에 포함하였으나 건강보험 급여 보장성은 매우 낮았고 치아교정과 고가의 치료재료 등의 진료 비중이 증가하고 있음에도 비급여로 환자가 실제로 부담하는 비용이 타 과목보다 훨씬 더 클 수밖에 없었다.

국민의정부 시절 구강보건법(2000)이 제정되었지만 우리나라 국민이 가지고 있는 질병 중 상위 20개 항목 중 2위가 잇몸염증인 치은염

과 치주질환이고, 7위가 충치인 치아우식증, 13위가 치수(齒髓, 치아 신
경관과 혈관이 있는 공간) 및 치근단(齒根端, 치아 뿌리의 끝) 주위 조직 질환
이 차지할 정도지만 구강보건법의 책무를 방관하였다.

참여정부는 건강보험의 급여 범위 확대 및 본인 부담 경감, 그리고
공공보건의료 체계를 통한 저소득층 건강관리 강화 등 의료의 보장성
강화를 추진했다. 2005년에 확정한 '공공보건의료 확충 종합대책'은
공공보건의료 확충 및 경쟁력 강화를 목표로, 2003년에 52%의 보험
급여율을 2008년에는 70%로 확대한다는 목표로 2009년까지 총 4조
3,474억 원을 투입하도록 계획했다. 그리고 사전 예방적 건강관리체
계 구축이라는 거시적 목표로 질병예방 및 건강증진 사업을 위해 '새
국민 건강증진 종합계획(2005)'을 확정했다.

참여정부의 예방적 건강관리 체계는 시민운동 영역에서 제안되던
'수돗물 불소화 운동'이 공적 영역으로 확대되는 계기가 되었고,
2007년 '건강사회를 위한 치과의사회' 산하 '구강보건정책연구회'가
아동·청소년 치과주치의 제도를 본격적으로 제안하면서 2010년 지
방선거에 당선된 일부 자치단체장들이 시범사업을 추진했다.

2011년은 울산광역시 북구보건소가 치과주치의 제도 시행과 관련
하여 의료법과 의료급여법 위반 여부에 대해 보건복지부에 질의하자
울산광역시 북구청에 아동 치과주치의 사업은 "해당 자치단체의 재원

으로 관할 취약계층의 건강관리를 위한 것이고 지역사회 치과 의료기관이 자율적으로 해당 사업에 참여할 수 있으므로 의료법에 저촉되지 않을 것'이며, 건강보험 비용 청구 및 지불에 관해서는 '일부 본인 부담에 대한 비용을 지원받을 경우에는 법률에 따라 요양급여 비용을 청구하여 지급받을 수 있다"고 회신하자 여러 지방자치단체들도 시범사업을 추진하게 되었다.

건강사회를 위한 치과의사회가 제안한 치과주치의 제도는 일반적으로 개인이나 가족이 특정 마을에 단골 의사를 주치의로 정해 등록한 뒤 평생 동안 진료 및 건강관리를 받는 제도를 말하며, 유럽을 중심으로 급증하는 의료비 해결과 보건의료체계 전반의 효율성과 형평성을 높이기 위해 일차 의료서비스를 강화해야 한다는 사회적 합의가 있었는데 의료진료 체계상 많은 국가에서 일반적으로 추진해온 방법이 주치의(主治醫, familyphysician) 제도라는 평가다.

학생 치과주치의 제도를 시행한 지방자치단체들은 초기에는 취약계층을 대상으로 사업을 시작하였고, 서울시는 2012년에 성동구, 광진구, 강북구, 노원구, 서대문구, 강동구 등 6개 자치구의 초등학교 4학년 2만 명과 아동복지시설(지역아동센터 등) 아동 1만 명을 대상으로 아동 치과 주치의 사업을 시행한 후 확대하기 시작했다.

문재인 정부가 들어선 2018년 보건복지부의 '공공보건의료 발전 종합대책'에 의하면 "공공보건의료는 여전히 취약지, 취약계층, 시장실패 등 잔여적 접근 형태로 운영되는 실정으로, 미충족된 분야를 보완하는 수준의 기능만으로는 현재의 의료공급 체계 문제와 급중하는 의료수요에 대응이 곤란하다고 진단하고, 전 국민의 필수의료 보장과 효과적 전달을 위해 모든 국민을 대상으로 생명·건강, 삶의 질과 직결되는 필수의료에 대해서 선제적·기본적인 역할을 수행하는 것으로 기능을 확대해야 한다"고 밝혔다.

2021년 공표된 '제2차 공공보건의료 기본계획'에 따르면, 민간의료기관이 90%에 이르는 보건의료 환경의 소유·주체·보완 중심에서 공공의 이익 실현이라는 기능·역할·보편 중심으로 공공보건의료의 개념을 전환하고, 공공보건의료 전달체계 구축 계획을 수립하였으나 논의 과정에서 공공 입안(구강) 보건의료에 대한 논의는 사실상 전무하며 입안 보건의료 전달체계가 확립되지 않아 문제가 심각했다.

대한치과의사협회 치과의료정책연구원은 2018년 지방선거를 앞두고 4월에 '2018 지방자치단체 구강건강정책 제안서'를 발간하고 지방선거에 공약으로 채택할 것을 제안하였고, 수도권에서 활동하는 건강 관련 시민단체들도 서울과 경기지역 단체장 후보들에게 건강 형평성 정책 방향에 대한 질의서를 보냈고, 자유한국당을 제외한 후보들이 응답한 결과 '학생 치과 주치의 사업'에 대해 긍정적인 답변을 받았다.

조성환의원은 2018년 경기도의원에 처음 당선된 후 경기도의회가 개원하자 47명의 여당 의원과 야당 의원 2명의 동의를 받아 '경기도 초등학생 치과 주치의 의료지원 조례(안)'을 발의했다.

경기도의회 보건복지위원회가 심사한 검토보고서에 의하면 영구치 충치의 경우 만 6세부터 20세까지 충치 경험률이 90%를 상회하고 있고, 우리나라 12세의 충치 경험 영구치 지수는 2012년 1.84에서 2015년에 1.9개로 세계보건기구(WHO) 평균 1.86개에 비해 높은데다 전국 평균이 1.90개인데 반해 경기도는 1.94개로 높고, 이웃하는 서울의 1.67개와 큰 차이를 보이고 있다. 영구치 충치 경험자율도 전국 평균이 54.6%인데 반해 경기도는 55.2%로 이웃하는 서울의 47.6%보다도 훨씬 높아 경기도 학생의 치아 예방적 개입이 필요하다고 밝혔다.

보건복지부의 아동 구강건강 실태 조사에서도 우리나라 12세 아동이 경험한 평균 충치 개수는 1.84개로 경제협력개발기구 가입국 평균의 1.2개보다 훨씬 높은 수치였다. 현행 학교보건법에 따라 초등학교 1학년과 4학년, 중학교와 고등학교 1학년 학생은 의무적으로 입안 검진을 실시하고 있으나 단순한 선별 검사로만 진행되어 사후관리 체계가 미흡한 실정으로, 지역사회 중심의 치과 검진 제공 체계 구축을 통한 포괄적 입안 건강관리가 요구되고 있다고 설명하였다.

2021년 1월 보건복지부가 발표한 제5차 국민건강증진종합계획의 핵심 성과 지표 중 하나가 12세 영구치 충치 치아 수를 1.5개로 낮춘다고 제시했으나 현실적으로 특단의 대책이 없으면 실현하기가 어려운 상황이다.

조성환 의원은 "우리나라는 여러 법률과 국민건강보험제도에 의해 의료보장체계가 구축되어 있으나 치과의 경우 예방보다는 치료 중심이고 의료보험 보장성도 높지 않다보니 치료를 소홀히 하는 경향이 있다. 유아기에 형성된 치아가 빠지고 영구치가 형성되는 시기의 치아 관리가 굉장히 중요한데 통증이 심하지 않을 경우 모르고 지나치는 경향이 많은데다 학생 및 저소득층의 경우 의료비 부담으로 적절한 치료 시기를 놓친다" 며 포괄적인 입안 건강관리의 중요성을 강조했다.

조의원이 발의한 조례에 대해 경기도의회 입법정책담당관은 자치사무로의 적절하다는 검토 결과와 함께 경기도의 재원 마련 우려 표명에 대해 행정부와의 협의를 통해 아이의 유치가 빠지고 영구치가 자라는 나이인 만 10세 초등학교 4학년을 일차적으로 시범 추진하는 방향으로 전환하는 방안을 제시하였다.

조 의원은 사업이 추진되더라도 진료기관이 부족하면 학생과 학부모 등 여러 영역에서 혼란이 발생할 수 있어 치아를 담당하는 병원과 의원과도 협조체계가 필요하기에 45개 치과병원과 3,986개의 치과의원도 파악하였다.

◆ 학생 치과 주치의 사업 업무 협약식 　　　　　　　　　　　출처 : 경기도청

조례가 경기도의회에서 제정(2018.09)되자 경기도는 '초등학생 치과주치의 운영단'을 구성하여 4학년 학생 치과주치의 사업의 종합계획 수립과 관계기관 및 단체와의 협력체계 구축 등의 역할을 맡았고, 경기도의료원은 전산 운영 체계를 마련하기 위해 치위생사를 시간선택 임기제로 채용하여 관리체계를 구축해 교육자료 제작과 사업 홍보, 31개 특수학교와 장애인 초등학생 400여 명의 이동 검진 수행 등의 역할을 맡았다. 보건소는 사업의 기본계획을 수립하고, 협력기관의 방문 지도와 치과의사회와 교육청, 전문가의 협의체를 운영하였다.

경기도교육청은 검진대상 학생 파악 및 통계관리, 각 학교와 학부모에게 사업을 안내하고 학생이 검진을 받을 수 있도록 독려하고 검진 병원 이동과 함께 사후관리 업무를 수행하고, 경기도치과의사회는 참여 의료기관을 선정하기 위한 정보 제공과 참여기관 관리 등의 업무를, 치과 병원과 의원은 진료 및 치료를 맡았다.

학생과 학부모는 경기도의료원이 제공하는 아이치아건강(Denti-i)을 통해 휴대전화로 치과 예약은 물론 문진표 작성과 결과통지서를 수령할 수 있고, 입안 보건과 관련한 다양한 교육 자료를 통해 언제 어디서나 예방 교육을 받을 수 있도록 했다.

치과주치의 사업에서 제공되는 진료는 입안 검진(문진, 입안 위생검사)과 입안 보건교육(치아 건강의 중요성, 바른 양치질 방법, 바른 식습관, 불소 이용법)이다. 예방진료로는 필수사항으로 전문가의 입안 위생 관리, 불소 도포가 제공되며 선택 사항으로 치과주치의의 소견에 따라 치아 홈 메우기(국민건강보험공단 청구 가능), 단순 치석 제거, 파노라마 촬영(병적 소견일 경우 국민건강보험공단에 청구 가능)을 제공하도록 했다.

2019년 첫 해 추진한 사업은 2020년 전염병(covid-19)으로 전 세계가 비상이 걸리면서 중지되었고, 2021년도에는 전염병으로 중지되어 진료를 받지 못한 만 11세 학생과 만 10세 학생 모두를 진행하게 되면서 대상자가 2배로 늘어나는 것을 대비해 의료기관의 감염관리 및 의료의 질이 하락하지 않도록 지침을 보완하는 작업도 진행하였다.

경기도의 초등학교 치과주치의 사업은 초등학교 4학년부터 먼저 사업을 시행하였으나 조성환 의원은 동일 연령의 장애 학생이나 학교 밖 청소년들도 혜택을 받을 수 있도록 제도 보완을 요청하여 각 시군 보건소에서 대상자 주소를 등록하면 치과주치의 사업 혜택을 받을 수 있도록 했으며 비인가 대안학교는 교사의 업무 부담을 고려하여 학교를 통해 대상자 명단을 취합하지 않고 개인별로 보건소를 통해 등록하도록 유도했다.

경기도는 2019년에 56억 원을 비롯해 2024년까지 총 360억 원의 예산을 편성하였고, 도비 70%에 시·군이 30%를 부담하여 현재까지 총 331억 원이 집행되었다. 2019년과 2020년에 경기도의료원이 개발한 아이치아건강(Denti-i)에 접속하여 치아 예방 교육을 이수한 학생은 2020년에 1만 815명(검진 미실시로 비대면 교육서비스 제공)에서 2021년에는 22만 9,638명, 2022년에는 12만 5,672명이, 2023년은 11만 4,017명, 2024년은 11만 5,039명으로 꾸준히 많은 인원이 교육을 받고 있어 그 효과를 확인하고 있다.

학생 치과 주치의 사업은 경기도 내 31개 시·군 전체 학생이 대상이지만 의료기관이 많지 않은 군 단위에서 소외되는 학생이 발생하지 않도록 경기도와 교육청 간의 긴밀한 협의를 통해 대안이 필요하다는 의견도 있다.

보건복지부는 초등학생을 대상으로 하는 치과주치의 제도 시행으로 초등학생의 치아 예방에 성과가 있다고 판단되자 광주광역시와 세종특별자치시에서 시범사업을 진행했고, 2024년부터는 서울특별시와 광주광역시, 대전광역시, 세종특별자치시와 강원도 원주시, 경상남도 김해시, 경상북도 경주시와 의성군, 전라남도 장성군 지역의 초등학교 학생을 대상으로 확대하여 3년간 추가 시범 실시를 추진하고 있다.

치과 진료에 대한 보편적 의료가 체계를 갖추지 못할 경우 아이의 입안 건강 수준은 살고 있는 지역의 보건의료 기반시설이나 부모의 사회경제적 수준에 영향을 많이 받는다. 이는 불평등을 방치하는 것이며 만 10세의 입안공공예방사업은 유치가 빠지고 영구치가 나오는 시기로 생애주기에서 치아 건강 관리가 가장 중요한 시기이기에 공공예방진료를 이끄는 학생 치과주치의 조례는 보편적 의료를 위한 중요한 법적 기반이 되고 있다.

조성환 의원이 발의한 '경기도 초등학생 치과 주치의 의료지원 조례'는 보건소 및 지역거점 공공의료기관의 입안 보건의료 인력이 부족한 상황이고, 입안(보건)의료 영역의 상당수가 비급여 의료라 모든 국민이 보편적으로 제공받기 위해 민간의료 체계와 공공의료 체계가 협업하여 공공성을 강화하는 정책사업이다. 특히, 국가가 법률의 역할을 제대로 수행하지 않을 경우 지방자치단체가 나서야 하는 책무성이 더 중요시 되는 민선 지방자치 시대에 조성환 의원의 조례는 시기적절한 조례로 평가되고 있다.

05 민족의 독립을 향한 의열 투쟁의 본향

항일 의열 정신을 계승하는 도시 : 밀양시

• • •

2024년 한국 사회에서 뜨거운 쟁점 중 하나가 항일 독립투쟁가와 친일 부역자에 대한 평가였다.

한쪽에서는 조선의 독립을 위해 처자식의 생존을 뒤로하고 풍찬노숙(風餐露宿)하며 싸운 사람들을 잡거나 죽인 반민족 행위자들도 한국전쟁(6·25)에서 공적을 세웠다면 반민족 행위를 눈감아 줘야 한다. 19세기 조선 말과 대한제국에서 한반도를 팔아 은사금을 받거나 징병과 징용하도록 선전·선동하거나, 일본의 전쟁을 응원하는 거액을 기부하는 등의 친일 반민족 행위도 눈감아줘야 한다는 주장이다.

또한, "나라를 빼앗겼으니 당연히 우리 선조의 국적은 일본이고, 일본의 식민 지배는 오히려 천만다행이며 축복이다. 일본군 위안부 피해자는 매춘부와 비슷하다. 쌀을 수탈당한 게 아니라 수출했다"라고 주장하며 독립 만세 투쟁으로 독립의 의지를 보인 3·1절에 일본 국기를 다는 사람까지 등장하였고, 1948년 8월 15일을 건국일로 해야한다는 주장도 20여 년째 제기되고 있다.

하지만 이러한 주장들은 우익들이 '건국의 아버지' 라 숭배하는 이승만 대통령의 입장과는 판이하게 부딪친다. 4·19 혁명으로 쫓겨나 하와이로 도망갔던 이승만도 대한민국 제헌국회 의장으로서 헌법전문에 "우리들 대한민국은 기미 3·1운동으로 대한민국을 건립하여 세계에 선포한 위대한 독립 정신을 계승하여 이제 민주독립국가를 재건함에 있어서 정의·인도와 동포애로써 민족의 단결을 공고히 하며 모든 사회적 폐습을 타파하고 민주주의제 제도를 수립"한다는 내용을 명확히 하여 국회 본회의를 통과(1948.07.12.)시킨 후 공포(1948.07.17.)하면서 민주독립국가를 "재건"한다는 점도 명확히 했다. 헌법전문 작성 당시 이승만 국회의장이 헌법 전문 초안에 '3·1 혁명' 으로 되어 있던 것을 '3·1 운동' 으로 수정을 요구할 정도로 문구 하나에도 의견을 개진하며 헌법 전문에 대해 관여한 바 있다.

1987년 민주화 대투쟁을 통해 개정된 6공화국 헌법전문도 "유구한 역사와 전통에 빛나는 우리 대한국민은 3·1 운동으로 건립된 대한민국임시정부의 법통과 불의에 항거한 4·19 민주이념을 계승" 한다 (1987.10.29. 개정)고 되어 있다.

이종찬 광복회장은 "1948년 대한민국 정부 수립 후 처음 발행한 관보에 '대한민국 30년'이라고 돼 있다. 바로 이승만 대통령이 대한민국 연호를 사용한 것"이라며 대한민국의 원년이 1919년임을 역설했다. 대한민국 대법원도 '신일본제철 주식회사'를 상대로 한 일제 강제징용에 대한 판결문(2012.05)에서 "일본의 불법적인 지배로 인한 법률 관계 중 대한민국의 헌법 정신과 양립할 수 없는 것은 그 효력이 배제된다고 보아야 한다"고 판결했다.

1905년 을사늑약(乙巳勒約, 11.17)으로 인한 외교권 박탈, 제2차 을사늑약인 1907년 정미늑약(丁未勒約, 07.24.)으로 대한제국 군대 해산, 1910년 경술국치(庚戌國恥, 08.29.)로 대한제국이 일본에 병탄(倂呑)되어 한반도에서 국가는 사라졌다. 조선과 대한제국을 팔아먹은 관료들을 '을사오적, 정미칠적, 경술국적'으로 부른다. 나라를 팔아먹은 매국노(賣國奴)로 대표적인 사람이 리노이에 칸요(李家完用)로 성과 이름을 개명한 이완용이 된 것은 세 번이나 나라를 팔아먹는 데 앞장섰기 때문이다.

1918년 제1차 세계대전이 끝나고 미국 제28대 대통령 우드로 윌슨 (Thomas Woodrow Wilson)은 제1차 세계대전 패전국(독일, 오스트리아, 헝가리, 터키 등)의 식민지 국가들에게 타 국가의 간섭을 받지 않을 권리로 자결권(조선은 민족자결주의로 해석)을 강조하며 민족 스스로의 의지에 따라 운명을 결정하라고 주장한다.

세계의 식민지 국가들이 흥분하였으나 일본은 승전국(연합국인 미국과 프랑스, 영국, 일본, 러시아 등)이었고, 승전국의 식민지 국가들은 윌슨의 자결권을 선택하는 데 해당되지 않았음에도 조선민중은 3·1만세 투쟁을 통해 조선의 독립을 외쳤다.

국사편찬위원회는 국내에서의 만세 투쟁만 1,798건으로 집계하고 있으며, 박은식은〈한국독립운동지혈사(1920)〉에서 203만 명이 참여하였고, 검거된 사람이 4만 6,948명, 사망 7,509명, 그리고 1만 5,961명이 부상당한 것으로 정리하였다. 당시 만세 투쟁에 참여한 연령대에서 20대 미만 13%, 20대 38%로 51%가 청년들이었다.

조선총독부는 〈조선의 독립사상 및 운동(1924)〉에서 3·1만세 투쟁에 조선인 약 100만 명이 참여한 것으로 추정할 정도로 조선의 민중들은 미국 대통령이 주창한 자결권을 요구하며 시위를 벌였고, 길거리에서 총을 맞거나 잡혀 고문으로 죽어갔지만 국제적인 연대나 지원은 없었다. 그런데 레닌(Vladimir Ilyich Lenin)의 러시아는 직접적으로 반제국주의 투쟁을 지지할 뿐만 아니라 무기와 군비 등을 지원하겠다고 하자 여러 나라의 민족주의 세력을 포함해 조선인 대표들이 러시아로 모여들었다.

이후 소련(소비에트 사회주의 공화국 연방)의 탄생과 레닌의 사망 이후 스탈린(Joseph Vissarionovich Stalin)의 1인 독재의 길로 접어든다.

1919년 3·1만세 투쟁과 제1차 세계대전 승전국의 대표인 미국의 자결권에 대해 한계를 느낀 젊은이들은 세계 최강의 군대를 거느린 일본과의 직접적 군사적 정면 대결이 불가능하다는 것을 온몸으로 체감하자 대규모 민중 항쟁을 유발할 수 있는 시설물 파괴 투쟁과 매국 세력의 암살이 효과적이라고 판단하고 의열단(義烈團)을 창립했다.

의열(義烈) 투쟁은 독립을 위한 여러 투쟁의 전략과 방향 중 하나로 정규전이 불가능한 상황에서 전개되는 것이 일반적이며, 특정 인물과 기관을 명확히 공격함으로써 적을 공포로 몰아넣고 적의 사기를 저하시키는 군사 전략 중 하나이다. 그러나 의열 투쟁은 많은 의사(義士)와 열사(烈士)의 자기 희생이 전제되었다. 특히 의열에 참여한 당사자는 물론 당사자 가족들이 엄청난 고통을 당할 것임을 알고 있음에도 나라의 독립을 위해 살신성인(殺身成仁)으로 장렬하게 희생한 것이다.

한반도의 민중들은 한반도가 공격당하는 7년 전쟁(임진왜란~정유재란)시에는 불교의 승병과 민중들이 의병전쟁(義兵戰爭)을, 1894년에는 "보국안민(保國安民), 척왜척양(斥倭斥洋)"의 깃발을 든 동학혁명군이, 1909년에는 하얼빈역에서 동의단지회의 안중근 의사가 이토 히로부미(伊藤博文, 조선 통감, 일본 내각 총리대신)를 항일 독립 의병장으로써 침략자를 처단한 것이다.

밀양시 이상조 시장(무소속, 한나라당)은 임기 시 현직 역사교사와 함께 역사공부를 할 정도로 밀양의 독립 투쟁사에 깊은 관심을 가진 기초자치단체장이었다.

김대중 대통령의 국민의정부에서 밀양시립박물관 이관 증축 기본계획을 수립하고, 참여정부 때 국비가 확정 · 편성되자, 밀양시는 실시설계를 통해 밀양시립박물관(1974년 밀양군립박물관 건립)을 건립하고, 밀양시립박물관 내에 밀양독립운동기념관 구역을 별도로 특화하여 2004년에 실시 설계를 완료한다.

독립운동기념관 전시실의 주 내용은 조선민주주의인민공화국 국가검열상과 노동상 역임으로 우익 세력들의 공격을 받고 있는 약산 김

◆ 밀양독립운동기념관　　　　　　　　출처 : 밀양시청

원봉(若山 金元鳳)이 단장을 맡아 활동한 의열단과 조선의용대 등 항일 독립 투쟁사다. 이곳을 민족

혼을 바로 세우기 위한 공간으로 조성하는 계획을 수립하여 밀양을 의열의 본향으로 만들기 위한 구상을 확정하였다.

밀양독입운동기념관이 들어설 부지 후보지를 신중하게 검토하여 친일 부역자로 악명이 높은 박춘금 후손의 땅을 매입하여 독립운동기념관의 의미를 더했던 것으로 알려졌다. 2006년 취임한 엄용수 시장은 열린우리당으로 당선되었지만 한나라당 이상조 시장의 정책을 승계하여 2008년에 밀양시립박물관을 개관했다.

의열단의 모든 활동은 비밀로 이루어져 의열단 활동에 대한 기록은 거의 존재하지 않는다. 그럼에도 이상조 밀양시장은 의열단 전문가들의 협조를 통해 중국 현지 기록까지 수집하여 밀양시립박물관 내에 밀양독립운동기념관을 조성하였다. 의열을 중심으로 한 우리나라 최초의 독립운동기념관은 한나라당 기초자치단체장이 기획하여 삽을 뜨고, 열린우리당 기초자치단체장이 개관식을 하며 탄생한 것이다.

밀양독립운동기념관 전시실 입구에서 분향 및 묵념을 하고 1919년 영남지방에서 비교적 큰 규모의 만세 투쟁인 3·13 밀양 장날 만세 투쟁을 조형물로 만들고, 밀양의 독립투쟁 연표를 통해 항일투쟁의 역사 속으로 안내한다.

일제의 간담을 서늘하게 했던 의열단의 밀양경찰서 폭탄 투척 의거의 재현과 무장항일투쟁단체인 의열단 활동, 조선혁명군사정치간부학교(일명 의열단간부학교), 중국 내에서 중국 정부가 인정한 최초의 한인 무장 부대로서 한국광복군 인적자원의 토대였던 조선의용대 등 우리나라 독립 투쟁사의 빛나는 업적을 남긴 밀양인들의 항일 투쟁사를 볼 수 있다.

건물 밖으로 나오면 홍익대 변건호 교수의 '선열의 불꽃'을 구심으로 밀양 독립투사 36명의 흉상이 원형을 이루며 "뜨거운 선열의 피 천지간에 타오르며 절망과 어둠의 벽을 녹여내고 마침내 밝은 빛을 뿜어… (중략) 동방의 붉은 햇살 인류 평화 선봉이 되어 무궁한 번영의 터전"을 이룰 것임을 다짐하는 글귀가 새겨져 있어 방문객들의 가슴을 울린다.

엄용수 시장은 참여정부 시 추진한 '참 살기 좋은 마을 가꾸기' 사업과 2012년에 '해천 생태하천 복원사업'을 통해 (구)밀양읍성의 해천을 복구하면서 해천 변에 김원봉 장군과 윤세주 열사의 생가지를 중심으로 밀양의 독립 투쟁사를 한 눈에 볼 수 있는 공간으로 조성하였다.

2015년에는 영화〈암살〉로 의열단과 약산 김원봉에 대한 국민적 관심이 높아지면서 생태하천으로 복원한 해천 주변을 '항일운동 주제거리'로 조성하였고, 현재는 14년간의 결혼생활 동안 독립투사로서의 동지적 결합만 추구했던 약산의 부인 박차정 의사의 벽화와 의열기념탑 및 3·13 밀양 만세 투쟁 관련 청동군상 등의 조형물이 조성되어 항일 정신을 드높이는 의열의 거리로 불리고 있다.

◆ 밀양읍성 해천의 의열 거리　　　출처 : 밀양시청

2016년에 영화 〈밀정〉이 국민의 사랑을 받자 밀양 시민들이 약산 김원봉 생가터 건물을 매입하여 '의열기념관만들기' 시민운동이 시작되었다. ㈜화영 이홍원 회장이 7,000만 원을 기부하자 새누리당 박일호 시장도 이에 호응하여 김원봉 장군의 생가 터 건물을 매입한 후 항일 독립 투쟁의 기억 공간인 현 의열기념관(2018년 개관)으로 조성하여 내이동의 해천 주변은 의열을 중심으로 한 항일독립투사의 거리로 자리매김하게 되었다.

　2019년에는 대한민국 임시정부 수립 100주년과 의열단 창단 100주년을 맞는 해로 독립 투쟁사 중에 큰 발자취를 남긴 의열단을 선양하고 항일 애국 역사의 교육자원으로 활용하기 위하여 해천 일대를 '의열기념공원'으로 지정한 후 2022년에 63억 원을 투입하여 '의열체험관'을 개관(2022)했다. 의열체험관은 유아와 청소년, 일반인 등 관람객의 눈높이에 맞게 모둠을 이뤄 공통의 과제를 풀고 누구나 항일 독립투쟁을 체험하도록 교육시설로 운영되고 있다.

♦ 의열체험관   출처 : 밀양시청

제주도에서 청소년들과 11년째 8·15 광복절 행사를 하는 민족문제연구소 제주지부 박주영 활동가는 "의열체험관에서의 체험은 항일 투쟁기 시기로 들어가 독립을 위한 청소년들의 삶을 체험할 수 있는 소중한 공간이었다. 경험을 응용해 제주 청소년들과 함께 제주에 맞도록 변형하여 매년 8·15 광복절 행사에 의열과 항일 독립 체험을 진행하고 있다"며 의열체험관이 항일 독립 교육 공간으로써의 위상과 역할에 큰 의미를 부여하였다.

밀양시가 의열을 통해 항일 독립 정신을 기리는 데에는 납득할 만한 이유가 있다.

독립을 위한 항일 투쟁 중 밀양은 기미년 3월 13일 밀양면 장날 만세 투쟁을 비롯해 3월 14일 밀양공립보통학교, 3월 15일 유림들, 3월 20일 안희원(유학자) 장례, 4월 2일 밀양소년단, 4월 4일 단장면 용회리 장터, 4월 6일 부북면 춘화리, 4월 10일 청도면 인산리 등 8차례나 독립 만세 투쟁을 전개하며 영남 지역의 만세투쟁을 이끌었고, 의열단 창단과 활동의 핵심지역이기 때문이다.

　안병구 밀양시장은 "밀양은 조카인 단종을 몰아내고 임금 자리를 빼앗은 세조를 꾸짖는 '조의제문(弔義帝文)'을 지었다가 부관참시당한 강직한 선비 김종직(金宗直)과 조선 7년 전쟁시 승군을 일으켜 나라를 지키고, 일본으로 끌려 간 조선인들을 귀환시킨 사명당(泗溟堂) 유정(惟政)대사, 그리고 일제 강점기 온몸으로 싸운 의열단장 약산 김원봉 등은 밀양 정신을 대변하는 대표적인 시대적 인물로 밀양시민들의 자긍심이 굉장히 높다. 특히 항일 독립 투쟁과 관련하여 서훈받은 독립 투사가 밀양 인구의 0.1%인 93명을 배출한 지역인데다 구축왜노(驅逐倭奴)와 광복조국(光復祖國)을 이루기 위해 의열단 첫 창단시 10인 중 4인이 밀양 출신인데다 의열투쟁은 민족독립투쟁사의 중심 궤적을 관통하는 항일 투쟁 정신이라 시민들과 함께 지속적으로 추진하고 있다"고 밝혔다.

　밀양의 독립 투쟁사를 연구하는 전직 역사 교사인 최필숙 선생은

"의열단은 기미년 만세투쟁으로 인해 많은 항일 독립투사들이 잡혀가 수많은 고문으로 죽거나 몸이 망가지면서 투쟁하였고, 항일 독립투쟁이 침체기에 접어들자 어려운 난국을 타개하기 위해 의열에 의한 무장 독립 투쟁을 통해 항일 독립 투쟁사에 가장 큰 발자취를 남겼지만, 지도부의 독립 투쟁 방법론 중에 하나인 사회주의를 통한 독립 투쟁을 선택했다는 이유로 합당한 평가가 이루어지지 않은 상황에서 의열투쟁의 중심인 밀양이 사상을 떠나 독립에 대한 정신을 기리기 위해 앞장서고 있다"며 의열의 본향 사업은 밀양시민들의 정신이라고 설명했다.

1919년 11월 결성된 의열단은 밀양 출신인 약산 김원봉이 단장을 맡아 밀양 3·1만세 투쟁에 참여한 윤세주, 김상윤, 신흥무관학교(대한민국 육군사관학교의 전신) 출신인 이종암, 신철휴, 서상락, 한봉근, 이성우, 강세우를 비롯해 상하이(上海) 출신의 곽재기 등 10명으로 구성되었다. 그리고 의열단 창립에 직간접으로 관여한 황상규, 윤치형, 이수택, 이낙준도 단원으로 활동하였다. 창립 단원 중 절반이 밀양 출신이었고, 그것도 밀양의 동화학교(同和學校) 동창 또는 선후배 사이인 20대 초·중반의 청년들이었다. 의열단원들은 대표자를 맏형 격인 '의백(義伯)'으로 밀양 출신 김원봉을 추대하고 조선 독립을 위해 맹렬히 싸울 것을 맹세했다.

의열단은 7가살(조선 총독 이하 고관, 군부 수뇌, 대만(일본 식민지) 총독, 매국노, 친일파 거두, 적의 밀정, 반민족 토호)과 5파괴(조선의 독립과 조선 민중을 탄압하는 세력의 통치기관인 조선총독부, 조선 농민의 수탈 기관인 동양척식주식회사, 일본의 앵무새 역할을 하는 선전기관인 매일신문사, 조선의 독립을 위해 싸우는 전사들을 폭압하는 각 경찰서, 기타 일제 주요 기관)를 선정하였다.

1920년 밀양 · 진영 폭탄반입(제1차 암살파괴계획), 박재혁 의사의 부산경찰서, 최수봉 의사의 밀양경찰서, 김익상 의사의 조선총독부 등의 폭탄 투척, 김상옥 의사의 종로경찰서 폭파, 김지섭 의사의 일본 황궁 폭탄 투척, 나석주 의사의 식산은행과 한봉근 의사의 동양척식주식회사 폭탄 투척 등 총 23차례의 의열 투쟁을 이끌며, 조선의 독립을 위해 육탄 혈전으로 독립을 위해 목숨을 초개처럼 산화하였다.

밀양시청 이준설 학예사는 "의열 투쟁은 테러(terror)와 다르게 조국 해방이라는 숭고한 사명을 위하여 제국주의 요인 암살이나 시설 파괴를 목적으로 한 순교로써, 밀양에서의 항일 독립정신 계승사업은 자치단체장이 속한 정당에 관계없이 오랫동안 꾸준하게 추진해 온 사업으로 독립 정신을 계승하기 위한 밀양 시민들의 의지가 반영된 것"이라고 설명했다.

◆ 의열기념관 및 의열광장　　　　출처 : 박진우

의열단의 본향인 밀양에는 기미년 만세 투쟁의 중심지인 밀양 관아, 7년 전쟁(임진왜란~정유재란)시 승군을 이끈 사명당 유정대사 생가 터와 충을 드러낸 표충사, 의열단의 표적이 되었던 밀양경찰서 터, 항일 독립 정신을 고취한 동화학교 터, 의열단원 및 독립 투사들의 생가터 등 항일 독립 정신을 고취할 수 있는 교육 공간이 조성되어 있다. 약산 김원봉의 독립 동지였던 박차정 의사의 묘와 전홍표·황상규의 묘도 관리되고 있다.

　이와 반대로 나라를 팔아먹은 반민족 행위자들 관련 시설도 있다. 정치 깡패이자 일본 제국의회 중의원까지 지낸 친일 반민족 행위자 박춘금이 묻혀 있었던 묘(묘는 사라지고 없음)와 송덕비와 땅, 1942년부터 일본 군국주의를 찬양하며 일본군으로의 참전을 장려하는 〈아들의 혈서〉, 〈아세아의 합창〉, 〈결사대의 아내〉, 〈혈서지원〉 등 군국가요를 작곡하여 친일인명사전에 오른 반민족 행위자 박시춘(본명 박순동)의 복원된 생가 등 항일 독립과 반민족 행위의 역사도 공존하는 이 현실과 역사를 우리는 잊지 않아야 한다.

　밀양시는 밀양시 전체를 독립을 위한 항일 역사정신 계승공간으로 조성하여 도보로 이동하는 해천 역사 흐름 공간과 애국 역사길 탐방 공간으로 나눠 운영하고 있다. 약산과 석정 생가 주변 중심으로는 의열체험 재생공간과 기억 재생공간으로 나눠 역사와의 소통을 추진하고 있다.

　의열기념관에는 밀양시의 항일 정신 계승 정책을 응원하기 위하여 예술인들이 기증한 작품도 전시되어 있다. 청화백자 명인 윤상길 씨의 '염원', 보리아트 명인 이수진 씨의 '조선의용대', 화가 권순왕의 '가려진 지속-약산' 도 전시되어 항일 정신 계승에 마음을 모았다.

　밀양은 자치단체장이 속한 정당에 관계없이 항일 독립 정신에 입각하여 항일 의열 정신을 계승할 수 있도록 기록화 사업을 시민들과 함께하며 진정한 보수의 고향으로 자리를 지키고 있다.

　자신을 민족의 제단 앞에 희생시켜 민족을 지키고 나라를 되찾고자 했던 의열 정신을 기리는 사업은 우리에게도 자랑할 만한 역사가 있음을, 독립은 다른 나라들에 의해 어느 날 느닷없이 찾아온 것이 아님을 기억하도록 한다. 의열 정신의 고향 밀양은 진정 위대하다.

5부

마을의 가치를 넘어 세계의 가치로

01 아리랑의 시원

정선아리랑

정선아리랑의 전국화와 세계화 노력 : 정선군

• • •

전 세계에 이산(離散, diaspora)이 되어 살아가는 한반도 사람을 하나로 모으는 소리는 단연 '아리랑' 이다.

1991년 남북단일팀으로 출전해 세계탁구선수권대회에서 우승할 때 대한민국과 조선민주주의인민공화국 국가(國歌) 대신 울린 음악이 '아리랑' 이었고, 2018년 평창 동계올림픽 때 남과 북 선수단이 공동으로 입장할 때도 '아리랑' 이 울렸다. 세계 각국에 흩어졌지만 한반도를 조국(祖國)으로 생각하고 살아가는 모든 이들의 가슴 깊은 곳에는 아리랑이 울리고 있다.

1860년 영국·프랑스 연합군과 청나라의 제2차 아편전쟁이 끝난 후 한반도의 대기근과 가난, 그리고 무능한 정부의 수탈을 피해 걸어서 간도와 만주 연해주의 국경을 넘은 기민(饑民) 조선인이 있었다.

부패하고 무능한 '조선' 에서 '대한제국' 으로 국명이 바뀌었지만 나라를 잃어가는 모습에 분노하며 인재를 양성하여 국가를 구하기 위해 가족을 이끌고 걸어서 길림성 용정시 부걸라재(鳧鴶磴子,비둘기 바위)에 명동촌(한반도를 밝히는 곳)을 만든 망명 유학자들이 있었다.

일본 제국주의의 쌀 반출이 심각한 데다 1899년과 1901년의 홍수와 기근으로 춥고 배고픔을 해결하고자 평등한 세상을 꿈꾸던 사람들은 바다를 건넜다.

제물포 웨슬리메모리얼교회(현 인천내리감리교회) 존스(G. H. Jones) 목사의 거짓 홍보로 기독교인 50명을 포함하여 121명은 1902년 12월 제물포항에서 현해환을 타고 나가사키(長崎県)항을 거쳐 포와(布蛙 ,1960년대까지 하와이의 한자 표기) 호놀룰루에 도착하여 노예처럼 사탕수수농장에서 고통스런 노동(1905년 8월까지 64회에 걸쳐 7,415명이 하와이주로 이민)을 한, 전대금 제도의 불법 계약을 통한 관리 이민(impelled migration) 조선인도 있었다.

일본 '대륙식민합자회사' 부사장 테루마케(白向輝武)는 영국인 존 마이너스(John G. Mayers)의 제안에 한국지사를 설치하여 오바간이치 지사장이 사기 모집한 1,089명을 1905년 4월 화물선 일포드(San Ilford)호로 멕시코 유카탄(Yucatan) 반도에 도착하여 용설란(사이잘삼 sisal hemp 으로 에네켄 Henequen이라 불림)을 수확해야 했던 국가로부터 버림받은 (기민棄民)한 조선인(Coreano)도 있었다.

1937년 중일전쟁이 일어나자 소련 스탈린은 일본과의 전쟁을 준비하며 일본인과 외모가 비슷하다는 이유를 들어 연해주에 거주하는 한반도인 17만 2,000여 명을 엄동설한에 블라디보스토크역과 라즈돌리노에역을 출발하여 우즈베키스탄 타슈켄트와 사마르칸트, 카자흐스탄 알마티와 크질오르다 등 6,000㎞나 떨어진 중앙아시아 지역으로 죽음의 열차를 타고 강제 이주를 당한 카레이스키(Kareiski)라 불리는 고려인(Korean)도 있었다.

1941년 태평양 전쟁 시 징용과 징병 등 사할린으로 끌려간 37만 명의 전쟁이민(war migration) 조선인도 있었다.

1962년 해외이주법 제정으로 브라질과 아르헨티나 등으로 농업 이민을 떠나거나 1963년 정부에 의해 독일 광산의 탄광 노동자와 1965년 독일 간호사로 취업한 노동자와 한국전쟁 이후 해외로 입양된 수많은 대한민국 국민에게도 무능하고 부패한 국가, 무책임한 국가로부터 버림받은 한반도인 708여 만 명이 전 세계 193개국에 흩어져 살아가는 그들의 가슴속에는 고난과 고통 등 수많은 한(恨)이 서려 있는데 그들의 가슴속에는 한을 풀어주는 소리인 '아리랑'이 울려 퍼지고 있다.

한반도인의 영혼이자 애환인 아리랑은 수만 곡이 존재한다. 대한민국 최초의 혁명법을 가진 동학농민군에게는 혁명가로, 항일 의병과 항일 독립군에게는 독립군가로, 관료의 부정·부패시에는 시위가로서의 역할을 하였을 것이다. 한국전쟁과 분단을 극복하고자 하는 이들에게는 통일기원가로, 조국을 그리워하는 이산(離散)에게는 애국가일 것이다.

'아리랑'의 뜻이 무엇인지, 시원은 언제부터인지에 대한 구체적인 기록은 명확하지 않다.

고려속요의 '얄리 얄리 얄라셩 얄라리 얄라'에서부터 이어졌다는 설과 경복궁 중건 때 부역꾼으로 끌려가는 낭군을 향해 아리랑(我離郎, 나는 낭군과 이별하네)이라고 호소한 것에서 유래했다는 주장도 있고, 경복궁을 중건하며 원납전을 가혹하게 거둬들이자 백성들이 원망하며 단원아이롱 불원원납성(但願我耳聾 不願願納聲, 원하노니 내 귀나 어두워져라, 원납 소리 듣기도 싫구나)이라고 노래한 '아이롱'에서 비롯됐다는 이야기도 있다. 또 옛 밀양 관아의 심부름꾼이 밀양부사의 딸 아랑(阿娘)을 욕보이려고 하자 저항하다 원통하게 죽었다는 전설에서 나온 것이라거나 신라 시조 박혁거세의 왕비 알영(閼英)을 찬미하며 부른 것이라는 설 등 다양하다 보니 어원백설(語源百說)이라 표현할 정도다.

◆ 아리랑의 기원이 경복궁 중건임을 설명하는 정선아리랑 공연　　　　출처 : 정선군청

　아리랑과 관련하여 국내 문헌에 등장한 것은 천주교 신자인 이승훈이 집필한 「만천유고(蔓川遺稿, 1790)」의 3부중 「만천잡고(蔓川雜藁)」에는 「농부사(農夫詞)」에 '아로롱(啞魯聾)'과 경술국치에 자결한 순국지사 황현의 매천야록(梅泉野錄)에 '아리랑타령' (阿里娘打令)으로 '고종과 명성황후가 광대패의 아리랑을 즐겼다' 고 기록되어 있다.

　외국에 소개된 최초의 음반은 1896년 7월 미국의 인류학자 엘리스 플레처(Alise Cunningham Fletcher)가 워싱턴 하워드대학(Howard University)에 국비 유학 중인 안정식, 이희철 등이 부른 '유학생 아리랑' 원통형 음반이며, 연해주의 아리랑은 독일 홈볼트 대학교 (Humboldt-Universität zu Berlin) 부속 베를린 라우트 기록관이 소장한 기록으로 베를린 정치사회연구소에서 제1차 세계대전 당시 러시아 백군 용병으로 참전했다가 프로이센 수용소에 갇혀있던 안 슈테판, 김 그레고리(김홍준) 등이 1917년 부른 고려인 아리랑으로 동양문화 언어학자인 프리드리히 밀러(Friedrich W. K. Muller)가 작업하였다.

외국에 소개된 종이 기록은 1896년 미국인 선교사 헐버트(Homer B Hulbert:1863~1949)가 〈조선류기(Korea Repository)〉라는 잡지에 '한국의 소리 음악(Korea Vocal music)'이란 제목으로 아리랑을 영문 가사와 서양 음계로 채보(採譜)하여 수록하였고 '조선인에게 아리랑은 쌀과 같은 것'이며 '언제 어디서든 누구나' 즉흥으로 부른다고 하였다. 1898년에는 영국인 아사벨라 비숍(Isabella Bird Bishop)이 1894년 조선 방문을 통해 저술한 《조선과 그 이웃나라들(Korea and Her Neighbours)》이라는 책에 소개되고 있다.

중국에서는 1938년 3·1만세 투쟁 20주년을 기념하는 연극 '조선의 딸' 공연에서 아리랑이 공연되고 구망일보(救亡日報)에는 아리랑의 선율을 "조선 민족의 고통을 담은 듯한 아리랑의 선율은 망국민의 한을 노래한 것"처럼 들린다고 감상평을 기사화했고, 10월에는 충칭에서 조직된 한국청년전지공작대가 3·1절 기념으로 가극 아리랑을 공연하였다. 중국에서 항일가요로써 〈신아리랑〉, 〈장백산아리랑〉, 〈송화강아리랑〉, 〈기쁨의 아리랑〉, 〈밀양아리랑〉 등을 통해 독립에 대한 의지를 다졌다.

춘사 나운규가 제작하여 1926년 10월 1일 단성사에서 상영된 〈아리랑〉에 삽입된 곡 '아리랑' 은 김영환이 작곡하였는데, 일본 제국주의에 신음하던 민중들의 가슴에 독립에 대한 정신을 일으켰다. 우리 귀에 익숙한 아리랑 선율은 여기에서 비롯되었다.

1926년에는 대중성이 강한 신민요로 김금화의 〈밀양아리랑〉이 음반에 소개되면서 유행가인 통속 아리랑이 되어 널리 알려지게 되었고, 누구나 쉽게 개사되어 불리게 되는데 대표적인 소리가 〈독립군아리랑〉과 〈광복군아리랑〉, 〈파르티잔 유격대아리랑〉 등이다.

이외에도 극단 토월회의 연극 '아리랑 고개' (박승희 원작, 1929), 조선인 무용가 최승희의 춤 '아리랑 환타지' (1937) 등이 공연되면서 아리랑은 민중의 가슴속으로 들어갔다.

아리랑은 각 지역에 따라 불리는 유형적 특징이 있다. 한(恨)을 풀어내는 소리를 민요라고 한다면 전문가인 소리꾼이나 가수가 부르는 통속민요(通俗民謠, 유행가)도 있지만 민중들의 삶 속에서 불리는 토속(土俗) 또는 향토민요(鄕土民謠)도 있다. 민중의 삶을 해방시키는 항쟁의 소리인 참요(讖謠), 여인들의 삶의 소리인 부녀요(婦女謠), 결혼이나 장례의 상엿소리인 의식요(儀式謠), 경제 활동을 위한 노동의 소리인 노동요(勞動謠), 아이들의 소리인 동요(童謠) 등으로도 분류하는데 아리랑은 통속과 토속을 넘어 한반도인이 전 세계에서 가장 많이 부르는 소리이다.

해방 후 국내에서 유행가로써의 아리랑은 1950년대 아세아레코드와 1960년대 신세기축음기의 장시간 음반으로(Long Playing Record, LP) '아시아 도돔바(춤을 추며 흥겹게 논다)' 와 '한국민요집 제1집' 을 통해 아리랑을 알렸다. 유행가로써 아리랑 가사집은 한국전쟁 직후 국민음악연구회에서 아리랑 등 한국의 음악을 국한문으로 제작하여 보급하였다. 토속 민요로써 책자로 발간된 것은 1970년 세광출판사가《우리민요》라는 노래책에 '아리랑' 과 '정선아리랑' 등 우리 소리를 악보와 함께 제작하였고, 1974년 정선군에서 제작 보급한 〈정선아리랑 악보무보〉를, 1986년에는 정선아리랑제위원회에서 정선아리랑 53수를 아세아레코드에 의뢰해 자기테이프 저장매체인 카세트테이프(Cassette Tape)로 제작하여 보급하였다.

우리나라에서 소리와 관련한 대회는 대한민국 정부 수립 40주년 (재건 10주년)을 축하하기 위해 마련된 제1회 전국민속예술경연대회 (장충동육군체육관, 1958.08.13~18)인데 정선아리랑은 이때부터 소리 부문에 출품하였고, 제11회 전국민속예술경연대회(1970)에서 민요 부문(최봉출, 나창주, 박사옥 등 9명) 최우수상을 받으며 한반도 최고의 소리로 등장했다.

아리랑의 전국화를 위해 가장 앞장선 기관은 정선군이다. 1969년 서울에서 진행된 제50회 전국체육대회에서 강원도 선수단 입장 시 정선아리랑을 송출하였고, 1971년 12월에는 '정선아리랑'을 강원도 무형문화재 제1호로 지정하여 그 가치를 알려 왔다.

우리나라 3대 아리랑인 진도아리랑은 2022년 7월에 전라남도 무형문화재 제64호로 지정되었고, 밀양아리랑은 2024년 9월에 경상남도 무형문화재로 등록되었음을 보면 정선군의 노력이 얼마나 컸는지를 알 수 있다.

현재 '아리랑'은 남쪽과 북쪽 모두 세계교육과학문화기구(UNESCO)의 무형문화유산에 등록되어 있다. '정선아리랑'의 세계무형유산 등록의 출발은 중앙정부인 문화유산청(구 문화재청)이 아닌 강원도 두메산골인 정선군청이다. 정선군에는 함백리 출신 시인이자 영어학원 선생인 진용선 씨가 대학원을 졸업하고 정선아리랑을 연구하고자 1991년에 정선아라리연구소(1999, 정선아리랑연구소로 변경)를 창립하여 첩첩산중 고향 사람들의 삶의 소리에 대해 사비를 털어가며 기초 작업을 해놓고 있었다.

자연스럽게 정선아리랑의 기초는 진용선 소장이, 무형유산위원회의 서류작성은 김대순 학예사(현 용인시청 근무)가, 그리고 관계 전문가

자문 섭외는 도상희 씨가 맡아 문화재청을 통해 2008년에 8월 무형유산위원회에 접수했지만 정부는 '정선아리랑' 외에도 가곡 · 대목장 · 매사냥 등도 함께 신청되어 세계교육과학문화기구는 연간 국가별 할당 건수 제한 방침에 따라 정선아리랑은 심사 대상에서 제외됐다.

'정선아리랑'이 대한민국 무형문화제로 등록되지 않은 상황에서 정선군의 노력으로 추진되자 여러 지방자치단체가 놀랐고, 다른 지역에서도 아리랑을 등록하려는 움직임이 나타났다. 이 때 중국에서 판소리와 아리랑, 가야금, 씨름 등 중국의 소수 민족인 조선족(재중동포)의 풍습과 민요를 국가무형유산으로 등재하였다. 그런데다 중국 최대 검색 누리집인 바이두(百度)는 "아리랑은 조선족의 문화다. 조선족이 중국의 일원이기 때문에 그 문화는 전부 중국 문화의 일부"라며 "한국의 민요 역시 중국의 문화에 해당한다"라고 주장했다. 이에 국내 정치권의 문제제기에 문화체육관광부 장관 후보자는 통일부와 협의하여 남과 북이 공동 등재를 검토한다고 밝혔다. 하지만 이명박 정부에서는 남북 관계가 단절된 상황이라 소통이 이루어지지 못하자 문화재청(현 국가유산청)은 정선아리랑이 아니라 각 지역에 분포한 여러 아리랑을 모두 포함한 '아리랑'으로 추진해 2012년에 등재되었다.

정부는 세계교육과학문화기구에 '정선아리랑' 대신 후렴구가 "아리랑, 아리랑, 아라리요"로 끝나는 일련의 노래군인 '아리랑'으로 등재하여 무형유산으로 관리하고 있으나 '아리랑'을 전 세계에 알리는 사업을 하는 기관은 중앙정부인 국가유산청이 아니라 첩첩산중에 있는 정선군이다. 2013년은 인류무형유산으로 등재된 후 첫해로 '2013 대한민국 아리랑 대축제, 정선아리랑제(제38회)'로 개최하면서 '제1회 세계 대한민국 아리랑축전(강원도 정선군 공동주최)'을 병행하였다. 이후 축제 규모는 더욱 확대되고 있으며, '2024 정선아리랑제&제12회 세계 대한민국 아리랑축전'은 계속 진행되고 있다.

◆ 제1회 세계 대한민국 아리랑 축제   출처 : 정선군청

최승준 정선군수는 "세계에 흩어져 있는 한민족을 하나로 연결하는 고향 소리인 아리랑의 고향 정선아리랑은 인류무형문화유산인 아리

랑의 고향이다. 정선아리랑의 세계화를 통해 아라리센터와 아리랑박물관을 통해 알리고 있고, 세계한민족예술축제를 통해 한민족을 하나로 연결하고 있다. 그리고 지역 경제화를 위해 정선5일장과 연계하며 아리랑의 세계화에 정선아리랑과 정선 주민이 구심점을 잡을 수 있도록 노력하는 중" 이라고 말했다.

'정선아리랑 특구' 를 2012년 한국관광의 별로 선정된 '정선 5일장 (2일과 7일장)' 까지 확대하고, 국악 진흥 및 정선아리랑 전승 보급을 위해 정선군과 국립국악원과의 업무협약을, 2013년 9월에는 우리나라 최초로 600석 규모의 아리랑 전문 공연장(정선아리랑센터)을 착공하였다. 2015년에는 우리나라 최고의 아리랑 연구가인 진용선 소장을 아리랑박물관 초대 관장으로 임명하여 아리랑의 체계화와 세계화를 위해 노력하였다. 2018년에는 정선아리랑센터에서 창작 가극 〈아리 아라리〉상설 공연 시작, 2월에 진행된 평창동계올림픽에서는 정선아리랑 기능보유자 김남기 옹이 '정선아리랑' 을 불러 전 세계에 알렸다. 2019년에는 '아리랑박물관 중장기 발전계획' 을, 2022년에는 '정선아리랑의 미래 발전 전략' 을 수립하여 추진하고 있다.

우리나라 최초의 아리랑 전문 공연장을 추진했던 최승준 정선군수는 "정선아리랑의 미래 발전 전략은 다른 지방자치단체들과의 협력을 바탕으로 정선아리랑의 전승과 보존에서 한발 더 나아가 정선아리랑의 가치 확산과 함께 중앙정부가 국가 차원에서의 인력 양성, 축제, 그리고 문화유산관광 등을 정선아리랑과 연계하여 정선 경제 성장을 위한 중장기 계획이 되어야 한다. 아리랑이라는 한반도의 보편적 소리가 세계문화유산으로 지정되었기 때문에 다른 지방자치단체와의 협력을 확대하고 있고, 정선군만의 특별한 '정선아리랑'을 알리기 위한 큰 그림으로 세계 최초로 '아리랑의 날'을 조례로 제정(2021)하는 등 아리랑의 고향 정선을 알리고 있다"고 말했다.

2020년에는 문화체육관광부의 '계획공모형 지역관광개발' 사업으로 선정, 2021년에는 정선아리랑과 아우라지 뗏목을 주제로 디자인한 교육체험관인 '아리나루관'을 개관했다. 2023년 12월에는 (재)정효문화재단과 (사)공연전통예술미래연구원이 진행하던 세계한민족공연예술축제 '한인화락(韓人和樂)'을 정선군과 정선아리랑문화재단도 공동으로 주최하여 정선아리랑을 비롯해 세계 각국에 흩어져 있는 한민족 전통예술인들과의 교류를 통해 하나되는 시간을 마련하였다.

정선아리랑 세계한민족공연예술축제에 참가한 재일동포 3세 이미향은 "아리랑은 어릴 적부터 제 할아버지 할머니만이 아니라 동포사회에서 자연스럽게 접하면서 연주하게 되었다. 민요는 지역별로 조금씩 다르나 아리랑은 조선 반도가 하나임을 보여주는 소리로 의미가 남다르다. 정선아리랑 전수관에서 정선아리랑 가사를 곡으로 만들어 부르는 체험과 아우라지 풍경을 통해 아리랑 소리의 절절함을 직접 느낄 수 있었다"고 말했다.

제5회 세계한민족공연예술축제에는 중앙아시아의 고려인 어린이 합창단, 중국 아인어린이 가야금 병창단, 최미선 연변대학예술학원 교수, 평양예술대학 이지안 등 전 세계에 흩어져 있는 한민족 후손들을 초청하여 정선아리랑을 알렸다. 인류 무형유산으로 지정된 후 국가무형문화재가 된 아리랑은 안정적이고 체계적인 전승 활동을 위해 보유자 · 보유단체 · 전승 교육사 · 이수자 · 전수자로 이어지는 전승 체계를 갖추어 기능보유자 4명(김길자, 김남기, 김형조, 유영란)과 전승 교육사 5명, 이수자 22명, 전수 장학생 9명이 공연 및 전승 활동에 참여하고 있다.

정선군 관내 학생들도 1992년부터 전승 교육에 참여하고 있다. 2011년에는 정선군 관내 20개 초중학교 정선아리랑 체험 학습을 실시, 2020년에는 정선아리랑문화재단에서 어린이용 교육자료집《아리랑 아리랑 아라리요》를 발행했다. 2019과 2020년에는 아리랑박물관과 강원도교육청(정선교육지원청)이 '지역과 함께하는 자유학년제 공동

교육과정'에 정선아리랑을 접목해 '아리랑 정선, 세계인의 노래가 되다' 등의 교육과정을 운영, 2021년에는 정선군 관내 중등학교 5개, 2022에는 6개 중등학교가 '정선아리랑 지역 특성화 교육'을 추진했다.

정선군 토박이인 전영기 정선군의회 의장은 "인간의 의사소통 도구가 언어인 것처럼, 백두대간 속 정선 사람들의 삶의 소리를 소통하는 도구는 정선아리랑이다. 정선아리랑 소리는 인류가 공감할 수 있는 도구로 오늘 우리가 어떻게 전승하느냐에 따라 가치가 부여될 것이기에 청소년을 통해 전국화를 넘어 세계화가 되도록 의회 차원에서 노력 중"이라고 밝혔다.

정선아리랑은 정선군민의 삶의 애환이자 그 애환을 풀어내는 과정이다. 정선아리랑은 세계문화유산에 포함된 모든 아리랑의 시원임을 내세운다. 모두가 즐기는 공감각적 소리로, 첩첩산중의 생활문화관광으로 연계하여 지속가능한 정선아리랑을 만들어가고 있다. 정선아리랑을 통해 세대를 계승하고, 민간 연구소인 정선아리랑연구소(1991), 정선아리랑 보존단체인 정선아리랑보존회(1994년부터 활동한 정선아리랑 전수회와 2012년 통합), 정선의 아리랑 축제를 이끌어온 (사)정선아리랑제위원회(1976~2019), 그리고 정선군이 출연한 정선아리랑문화재단(2008) 등의 지속적인 노력의 결과물이자, 지방자치시대 정선군청과 정선군의회가 손발을 맞추며 이뤄낸 소중한 성과로 평가되고 있다.

02 익크, 에크, 호야 소리

전통 무예 택견의 전승과 확산 : 충주시

• • •

 대한민국의 국가무형유산 중 유일하게 무술 분야로 국제연합교육
과학문화기구(UNESCO) 인류무형문화유산으로 등재된 것이 택견이다.
택견의 본고장으로 불리는 충주시는 택견의 원형 보존 및 계승과 활
용을 위해 정성을 쏟고 있다.

 대한민국은 '문화유산의 보존 및 활용에 관한 법률(전 문화재 보호법)'
을 토대로 무형문화재로 관리하다 무형유산의 보전과 진흥을 통하여
전통문화를 창조적으로 계승하고, 이를 활용할 수 있도록 함으로써
국민의 문화적 향상을 도모하고 인류 문화의 발전에 이바지하는 것을
목적으로 문화재와 무형문화재를 분리하여 '무형문화재 보전 및 진흥
에 관한 법률(다음 무형문화재법, 2015)를 제정하여 관리하고 있다.

 1962년에 제정된 문화재 보호법(2023년 문화유산의 보존 및 활용에 관한
법률로 개정)은 원형을 중요시하는 법률로 시대의 변화에 호응하지 못
한다는 평가와 2015년에 무형문화재법의 시행으로 원형(原型)을 넘어

'무형문화재의 보전 및 진흥은 전형(典型) 유지를 기본 원칙으로 하며, 민족 정체성 함양과 전통문화의 계승 및 발전, 그리고 무형문화재의 가치 구현과 향상'을 원칙(제3조)으로 하고 있다.

택견은 무형문화재를 넘어 대한민국 전통무예로의 문화적 가치가 있어 전통무예진흥법(2008)의 적용도 받는다. 전통무예진흥법에서는 전통무예를 "(문화재보호법에 따라 중요무형문화재로 지정된 무예 종목을 포함) 국내에서 자생되어 체계화되었거나 외부에서 유입되어 국내에서 독창적으로 정형화되고 체계화된 무(武)적 공법 · 기법 · 격투체계로서 국가적 차원에서 진흥할 전통적 · 문화적 가치가 있다고 인정"되는 무예(제2조)라고 규정하고 있다.

학계에서는 전통무예의 입법 취지를 "호국정신과 더불어 민족정기가 면면히 배어 있는 우리의 전통문화"라고 규정하며 근대 서양에서 유입된 체육 문화에 가려져 어떠한 국가적 관심과 지원 없이 방치된 상태로 우리의 전통무예를 '민족의 뿌리찾기' 차원에서 보호 및 계승이 필요했기 때문이라고 해석한다.

택견이 인류무형문화유산으로 등재된 것으로 보면 전통문화예술 부문으로 구분되는 것이 합당하지만, 동시에 택견은 대한체육회에 가입되어 있기 때문에 문화예술과 경기체육의 범주로 나뉘어져 있는 상황에서 통합적인 접근이 필요한 상황이다.

세계무술지도
Learning about World Martial Arts

◆ 세계의 무술 현황도 　　　　　　　　　　　　　　　출처 : 충주시청

　대한민국은 국제연합교육과학문화기구에 23개의 인류 무형유산이 등재되어 세계에서 세 번째로 많은 인류무형문화유산을 보유한 나라다. 2008년 제6차 무형문화재공예분과위원회에서 택견을 포함해 22종목을 선정하고 2009년에 문화재청이 인류무형유산 등재 신청서를 제출했으나 제4차 무형유산정부간위원회에서 신청목록의 과다와 지역 편중에 따른 신청 유산 수 3개로 제안하자는 논의로 유보되었다가 2011년에 택견과 한산 모시 짜기, 줄타기 등 49건 중에 19건이 등재되었다.

　택견이 대한민국의 무형문화재로 지정된 것은 1968년 세계태권도연맹이 태권도를 무형문화재로 지정하기 위해 문화공보부(현 문화체육관광부)에 건의하자 문화재관리국(현 국가유산청)이 전통무예를 조사한 결과 태권도가 아니라 택견을 무형문화재로 지정해야 한다는 문화재위원(예용해)의 〈택견 조사 보고서(1973)〉를 제출하면서 공론화되었고, 태권도와의 관계 등을 이유로 미루다가 1982년 문화재위원(임동권)에 의해 〈택견 조사보고서〉가 두 번째로 제출되고 1983년에 중요무형문화재 제76호로 지정되었다. 초대 중요무형문화재 보유자로는 송덕기, 신한승 두 사람이 인정되었으며 두 보유자의 타계 후 현재 정경화로 계승되고 있다.

택견의 정확한 기원은 기록이 명확하지 않지만 한국 민족의 태동과 함께 시작된 것으로 보는 설과 고대국가 형성 시기로 보는 견해도 있다. 기록상으로는 〈고려사〉와 〈고려사절요〉에서 1170년 택견과 유사한 '수박'이란 명칭이 등장하고, 조선 개국 초기 〈태종실록〉과 〈세종실록〉 등에서 수박이, 〈선조실록〉에는 '타권(打拳)'이란 명칭이 등장한 이후 탁견(托肩, 卓見)이나 택기연(擇其緣), 택견 등이 수박과 혼용되고 등장한다.

택견이 추구하는 철학은 '참' 정신이다. 순수하고 거짓되지 않아 자연의 순리에 어긋남이 없으며, 단아하고 정직하여 상호 존중하며 더불어 살아가는 삶을 지향한다. 이러한 정신은 고대 한국의 단군신화에서부터 보이는 홍익인간(弘益人間)과 재세이화(在世理化)에 담겨 있는 인간존중 의식과 고구려의 선배정신(先輩情神), 그리고 신라 화랑도(花郎道)와 같은 무사들의 인간상을 담고 있다. 택견 철학의 근저엔 멸

사봉공(滅私奉公)과 진리(眞理) 추구와 같은 이상적 선비정신이 의병과
승병의 호국정신(護國精神)으로 이어지는 한국의 얼이 있다고 한다.

택견은 흥얼거리는 전통무예로, 마을 잔칫날 주민들이 흥에 겨워
가락에 맞춰 춤을 추듯 굼실거리며 능청거리기도 하고, 우쭐거리기도
하며 발로 차고 또는 걸어 넘어뜨린다.

택견은 우리 민족의 고유성을 담고 있으며, 우리 민족의 체형에 맞
게 수행기술을 발전시킨 독창성은 예술적 가치가 있다. 그리고 일상생활과 밀착한 생활성과 서민들의 유희와 함께 어우러지는 유희성과 응집성은 공공성을 획득해 지속성을 담보하며 역사성과 기술성, 학술성까지 그 가치를 인정받고 있다.

◆ 유숙의 대쾌도, 1846, 서울대학교박물관 소장
출처 : 충주시청

택견만의 독특한 품밟기(발걸음)와 활갯짓(손놀림), 발질(발차기) 등은 일반적인 무예와 투기들에서는 찾아보기 어

려운 몸놀림으로, 매우 질박하고 섬세하며 부드러운 곡선미를 갖추고 있어 아름다운 움직임 속에서의 방어와 교란 및 공격 등은 자연스럽고도 여유롭다. 또한 기합소리도 특이한데 "이크", "에크", "호야" 소리는 상대와 맞서는 긴장상태에서 원활하고 적당한 호흡을 유지하도록 하는 원리를 담고 있다. 택견에서 사용되는 용어인 견주기, 본때되보기, 붙뵈기, 막뵈기, 얼름새, 얼러메기기 등 순우리말과 한자를 중심으로 갖춰진 특징도 있다.

택견의 독특한 몸놀림은 상대로 하여금 타격점(시점)을 흩뜨려 공격의 기세를 둔화시키고, 몸을 굼실댐으로써 순발력과 탄력 있는 공격을 가능케 하며, 동시에 방어에서 충격을 완화시키는 효율적인 무예 원리를 지니고 있다.

택견 보유자인 정경화는 "택견은 다른 무예와 달리 마을 간의 화합과 단합을 위한 심신단련의 생활무예로 발전해왔으며, 상대를 다치지 않게 겨룰 수 있는 상생의 무예이다. 품밟기라는 보법과 활갯짓이라는 손동작을 조화롭게 병행해서 움직이므로 상대와의 공방을 자연스럽게 이루어지게 하는 복합무술이다. 유도나 씨름처럼 유술 중심의 무술은 상대를 메치거나 걸어 넘기는 형태가 중심이고, 태권도와 같은 타격 위주의 무술들은 발차기 중심으로 공격하는데 택견은 단편적이지 않고, 상대와 거리가 벌어지면 발차기로 공격하고, 가까워지면

걸어 넘기는 기술을 모두 구사한다는 점에서 다른 무술과 다르다" 며 택견의 특징을 설명하였다.

충주가 택견의 본고향이 된 이유는 택견 계보를 잇는 신한승이 충주에 터를 잡고 전수하기 시작했기 때문이다. 초대 예능 보유자인 송덕기와 신한승은 사제지간으로, 신한승은 증조부 신재영의 사랑방을 출입하는 한량들로부터 택견을 배웠고, 공무원인 아버지의 충주 전출로 충주시 한림여중 체육 교사를 하다가 1961년에 사직하고 택견인들을 찾아다니며 택견의 체계화를 위해 헌신한다. (사)한국택견협회(1973년 이후 여러 단체들과 통합하여 2009에 현 명칭)는 전국 최초로 1973년에 택견전수관을 개설(신한승)하고 전통무예인 택견의 전승과 함께 보급 활동을 하고 있다.

1983년 택견이 중요무형문화재(현 국가무형유산)로 지정되면서 충주는 택견의 본고장으로 자리매김을 하기 시작하나 중앙정부의 행재정적 지원은 인색했다. 2011년에 인류 무형유산이 되어도 큰 변화가 없었다.

국가유산청이 전재수 국회의원에게 제출한 인류무형문화유산에 등재된 종목별 국비지원 현황에 의하면 택견은 2011년 등재된 해부터 지원하고 있으나 2011년 300만 원, 2012년부터 2017년까지 매년 500만 원 등 소액이 지원되다 2018년과 2024년에 2,700만 원과 4,500만

원을 제외하고는 2018년부터 2,000만 원 미만으로 지원하고 있다. 이렇게 소액 지원인 인류무형유산은 2009년에 등재된 제주칠머리당영등굿과 2011년에 등재된 택견뿐이다.

결국 지방자치단체가 직접 나서야 했다.

민선 지방자치 시대가 열리자 충주시는 충주세계무술축제(1998)을 개최하여 매년 10월에 30여 개 국가의 무술 시연단을 초청하여 충주를 세계적인 무술의 장으로 자리매김하고, 2002년에는 26개국 28개 전통무술단체를 초청하여 세계무술연맹(World Martial Arts Union, WoMAU)을 창립하면서 무술 종주국으로써의 위상을 확보했다.

2006년에는 택견전수관 설치 및 운영 조례를 제정하고, 2009년에는 시립택견단 설치 및 운영 조례를 통해 시에서 택견의 전승 및 보급, 2011년에는 충주세계무술박물관을 개관하면서 전통무예인 택견을 중심으로 관광자원화 사업을 위한 토대를 마련한다.

2014년 당선된 조길형 시장은 "한반도의 중원인 충주가 전통무예인 택견의 본고향으로 택견이 가지고 있는 미학적 가치와 어울림의 가치, 그리고 사회의 수평성을 중심으로 상생과 공영의 가치를 확산하는 작업이 필요하다. 택견은 신체적 수련뿐만 아니라 정신적·정서적·교육적으로도 많은 효과가 있다. 사람들과 함께하는 택견 수련을 통해 상대방에 대한 배려와 존중, 협동심과 책임감을 형성하는 택견을 시대에 맞게 보급하는 노력이 필요하다. 그리고 전통무예의 종주국 위상을 확보하기 위해서도 대중의 사랑을 받도록 국제적인 인지도 확산과 함께 세계화를 위한 중장기 계획을 수립하여 호시우행의 자세로 추진하고 있다" 고 밝혔다.

조시장은 2006년에 제정된 '택견전수관 설치 및 운영 조례' 를 '택견원 설치 및 운영 조례(2016)' 로 개정하고 '택견연구원 설치와 운영 조례(2016)' 와 '택견진흥을 위한 지원 조례(2017)' 를 제정하여 법률적 장치를 마련한다.

택견 관련 사업비는 2014년에 1억 4,700만원에서 2024년에는 3억 1,500만원으로, 전승 관련예산도 2014년에 9억 원에서 2024년에는 13억 원으로, (사)한국택견협회 운영 예산도 2014년에 2,700만 원에서 2024년에는 2억 6,400만원으로 꾸준히 증액하며 활동을 장려하고 있다.

국제무예센터도 2016년에 출범시켜 세계 무예에 대한 조사와 연구, 무예 교육상, 청소년의 발달과 참여를 위한 전통무예 교류·발전 연구사업, 국제스포츠 외교 활성화와 무예를 통한 선진국과 개도국 간의 청소년 교육프로그램 보급사업 등을 추진하도록 한다.

전통무예 종주국으로써 미국, 캐나다, 덴마크, 노르웨이, 중국, 우즈베키스탄, 카자흐스탄, 러시아, 남아프리카공화국, 호주, 영국, 네덜란드 등에 있는 택견 활동가들을 하나로 묶는 세계택견연맹 교류와 10개의 해외지부 설립에도 박차를 가하고 있고, 2024년에는 폴란드 그단시크시에 택견전수관을 설치하였다.

조길형 시장은 "국제무예센터는 무예센터가 택견 세계화를 위한 창구가 되어야 하고, 전 세계 어린이들이 무예, 특히 택견을 통해 희망과 유대감을 가질 수 있도록 중심 역할을 수행하는 곳이어야 한다. 무예 센터를 통해 택견을 알리고, 보급하고, 무예센터를 통해 전 세계인을 불러 모아 택견을 접하게 하는 기회를 줘야 한다"며 관계 공무원들에게 협조를 구하기도 했다.

◆ 충주시립 택견단 택견 공연   출처 : 충주시청

국가무형유산을 알리고 국내 택견인들의 기량을 겨루는 택견대회

인 '택견 한마당'은 1996년부터 매년 진행(2011년 구제역으로 취소)하여 2024년까지 총 22회를 개최하며 국내 최고의 연례행사로 자리 잡았다.

세계택견대회는 택견을 세계에 알리고 보급하기 위해 매년 개최하는 국제체육경기로 2008년부터 매년 진행(2009년와 2020년에는 전염병으로 취소)되어 매년 20여 개 나라의 무술인들이 참여하여 15회가 진행되었으며, 2022년 제13회 세계택견대회부터는 문화체육관광부 장관상을 수여하고 있다. 국제경기대회지원법에 의해 유일하게 국제대회로 승인을 받아 '2019 충주 세계무예마스터쉽'을 개최하였다.

전통무예 택견(1983, 국가무형문화재 제76호)은 송덕기, 신한승을 거쳐 현재는 정경화(1954)가 2대 예능보유자로 지정, 박만엽(1959, 자진 해제), 박효순(1968), 신종근(1974) 등의 전승교육사(전수교육조교)를 비롯해 80여 명의 이수자, 200여 명의 전수자들이 택견의 전승을 위해 활동하고 있다.

국가무형문화재(1983)이자 인류무형유산(2011)인 택견의 세계화를 위해서는 여러 과제가 있다.

전승 교육사이며 택견으로 박사 학위를 받은 신종근은 "대한체육회 정식 가맹단체(2007)이자 전국체육대회 정식 종목(2020, 채택)을 이끌고 있는 대한택견회(2016년 이전에는 대한택견연맹)와, 송덕기를 계보로 해외에 처음 알린 서울시 무형유산인 결련택견협회, 신한승을 계보로 하여 무형문화재의 보전과 전승을 위해 유일하게 국가유산청에서 인정한 보유단체로 해외 첫 원정단(1996)을 이끈 택견보존회, 전통무예로써 한국의 택견을 종합적으로 이끌고 있는 한국택견협회 등 4개 단체의 논의 기구를 통해 문화유산로서의 체육과 초대 인간문화재 두 분의 계보를 잇는 협의를 통해 무예의 전통적 요소와 체육으로써의 근대적 문화요소가 함께 성장해 나가도록 협력해야 한다"고 밝혔다.

지방자치 시대가 부활하고 1998년부터 충주시의 노력으로 진행된 전통무예 택견의 전국화와 세계화의 시대가 열렸다. 그동안 충주시가 꾸준히 예산을 확대 지원하고, 택견을 중심으로 청소년의 정신적 · 정서적 성장을 비롯해 충주시민의 문화적 자산으로 확산하고 있으며, 관광산업으로의 연계를 추진하고 있다.

전통무예 택견은 몸과 마음의 수련을 통해 상생(相生)과 공영(公營)의 가치를 실현하는 정신이다. 기예(技藝)보다는 인성의 발로로 전승 가치가 충분하며 인구소멸과 지방소멸 시대라는 위기 속에서 지방자치단체의 세계화를 위한 정책으로서 중요한 의미를 담고 있다.

03 연대의 성공 열쇠는 현지 주민들

캄보디아 수원마을을 통한 지속가능성 실현 : 수원시

· · ·

일본 제국주의는 제2차 세계대전을 치르며 한반도의 자원을 강탈했고, 이후 우리나라는 해방을 맞이했지만 미국과 소련을 중심으로 냉전체제 구축 과정의 한반도는 최전방이 되어 전쟁의 한복판에 놓여 폐허가 되었다. 강대국들의 무기는 생활기반시설을 비롯해 산업시설과 농지, 숲 등을 파괴하고서는 미국을 비롯한 국제사회가 긴급구조라는 이름으로 원조를 제공하였다.

1945년 해방부터 1961년 5·16 군사반란까지 미국을 중심으로 국제사회의 공적개발원조(ODA, Official Development Assistance, 다음 공적 원조)는 식량과 의약품 등의 인도적 물자 중심의 긴급구호와 산업설비투자 형태로 약 30억 달러, 무상원조인 비양허성 차관과 유상원조 차관을 포함하여 1990년 말까지 약 127억 달러를 지원받았다.

이후 우리나라는 1995년 세계은행으로부터 차관(借款) 졸업국이 되고, 2000년에는 '경제협력개발기구 개발원조위원회(다음 원조위원회)'

의 수혜국(受惠國)에서 제외된 후 2010년에 원조위원회에 공식 회원국이 되면서 50여 년의 수원국을 졸업하고 공여국(供與國)으로 전환하였다.

　대한민국은 국제연합에 내야 할 분담금 체납 2위 국가라는 오명과 '최소한 국민총소득(GNI)의 0.7%를 가난한 나라에 지원' 해야 한다는 국제사회의 불문율을 무시하고 2004년 기준 0.06%만 제공하면서 당시 30개 회원국 중 공적원조 자금을 가장 적게 낸 국가로 국제 외교계에서 따가운 눈총을 받았다. 참여정부 시 노무현 대통령은 반기문 외교부장관을 국제연합사무총장으로 출마시키고 외교망을 통해 지원과정에서 체납액 완납과 함께 원조재원을 대폭 늘렸다. 공적원조 선진국들은 개발도상국의 빈곤 퇴치와 경제 성장을 원조 목표로 삼는다.

　우리나라의 공적원조 이념은 우리나라가 도움을 받았던 이념과는 다르게 경제적 이익에 초점을 맞추고 있다. 세계 각국 정상들은 인류 공동의 목표인 지속가능성을 실현하기 위해 1992년 환경과 개발에 관한 리우선언 시 인도주의적이고 상호의존적 가치에 기반한 원조 협력을 지속적으로 요구하면서 협력의 주요 주체이자 동반자로서 시민사회단체(CSOs : Civil Society Organizations)의 역할을 강조했다.

　2000년 189개국 정상들이 '밀레니엄 선언(Millennium Declaration)' 과 8

개의 '새천년개발목표(MDGs : Millennium Development Goals)'를 발표할 때도, 2015년 193개 회원국이 지속 가능한 발전을 위한 지침이 될 '세계의 변혁: 지속가능발전을 위한 2030 의제(Transforming Our World: The 2030 Agenda for Sustainable Development)'를 채택하고 17개의 '지속가능발전목표(SDGs : Sustainable Development Goals)'를 결의할 때도 지방정부(지방자치단체)와 시민사회단체의 중요성을 강조했다.

공적원조는 정부를 비롯한 공공기관이 개발도상국의 경제 발전과 사회복지 증진을 목표로 제공하는데 스웨덴이나 독일, 영국처럼 인도주의나 상호의존적 관점에서 접근하는 국가들도 있지만, 정치 외교적 관점이나 경제적 관점으로 협의의 접근을 하는 국가들도 있어 국제연합은 정부의 영향력이 크게 미치지 않는 시민사회단체의 역할을 중요시하고 있다.

우리나라는 지방정부의 위상을 가지지 못한 지방자치단체지만 인간의 보편적 가치의 실현과 환경파괴 및 기후위기, 질병 확산 등의 문제에 대해서는 인도주의와 상호의존적 관점에서 초국가적으로 풀어나가고자 시민사회와 함께 나서고 있는데 수원특례시가 대표적인 기초지방자치단체 중 하나다.

2010년 국제협력법이 제정되자 '지방의제21' 활동가 출신인 염태영 수원시장은 2011년에 '국제교류센터 설립 및 운영 조례'를 제정하여

(재)국제교류센터를 설치한 후 국제 민간 교류와 활동에 대한 지원사업을 추진한다. 당시만 해도 우리나라의 국제교류센터 설치 조례는 대전광역시가 유일할 정도로 제도적 장치가 발아되는 시점이었다. 이후 국제교류센터는 평택, 군산, 안산으로 이어졌고 수원시는 2012년에 제도적 장치를 구축했다.

우리나라 광역 및 기초지방자치단체가 국제협력을 위해 사용한 예산은 2013년에 136억 원인데 이 중에 수원시가 2.7억 원, 성남시가 1.5억 원, 광명시 1.1억 원이다. 2014년에 사용한 예산은 150억 원으로 수원시가 3.5억 원, 광명시 1억 원 등이다. 대부분 연수생 초청 예산인데 반해 수원시는 현지 시설과 교육사업에 원조를 추진했다. 2021년도 우리나라 지방자치단체의 공적 원조 62억 원인데 수원특례시는 1억 4,100만 원으로 2.27%를 차지했다.

수원시(시장 김용서, 한나라당)는 2004년 캄보디아 시엠립주(Siem Reap Province in Cambodia)와 자매도시로 결연한 후 공적원조에 대한 검토를 시작했다.

수원시가 공적 원조를 위해 선정한 마을은 시엠립주 앙코르왓(Angkor Wat) 북쪽에 있는 프놈끄라옴 마을로 동양 최대의 호수인 톤레삽(Tonle Sap)으로 가는 길목에 위치하고, 마을 한가운데에는 9세기 초부터 600년 간 캄보디아를 통치했던 앙코르 왕조의 힌두사원이 있다. 유네스코 세계문화유산으로 지정된 앙코르 유적지 중 하나인 프놈끄라옴 사원(Prasat Phnom Krom)이다.

프놈끄라옴 마을 가옥은 목재를 중심으로 한 3~4평 정도의 원시적인 원두막 형태로 원거리마다 군데군데 조성되어 406가구에 2,713명이 거주하는 농촌형 마을로 시엠립주에서 가장 가난한 마을이다. 정수된 깨끗한 물이 절대적으로 부족하고, 기초생활시설도 열악하여 쾌적하고 지속 가능한 마을로 변화 할 경우 방문객들이 증가가 예상되어 성장 가능성이 높아 수원시도 성과를 낼 수 있는 곳이라 선정했다.

수원시의 공적원조는 총 5단계 사업 중 4단계까지 진행했으며 5단계 사업을 준비하고 있다.

1단계(2007~2010, 시장 김용서, 한나라당) 사업은 마을에서의 삶을 유지하기 위한 기반시설 구축사업에 초점을 맞추었다. 먼저 가장 기본이 되는 맑고 깨끗한 물을 마실 수 있도록 우물을 파고, 36개(이후 4개는 수질 안전성으로 철거)의 공동우물을 설치했으며 도시로의 접근을 위해 비포장 도로(834미터)를 포장해 비가와도 안전한 통행권을 확보하였다. 아이들을 위해서는 '프놈끄라움 수원초·중학교'를 세우며 학교와 마을을 연계하는 마을회관도 신축했다. 1단계 사업의 사회기반시설자금은 수원시민과 74개 단체들이 참여하여 6억 4,600만 원과 후원 물품을 마련하였고, 공적 원조 방문단시 의료 및 미용, 청소년 등 봉사단도 함께 다양한 활동을 통해 수원마을(A KOREAN SUWON VILLAGE)로 태어날 수 있었다.

2단계(2012~2015, 시장 염태영, 더불어민주당) 사업은 1단계 사업 종료 후 2년 동안 프놈끄라움 주민의 생활을 지켜보며 평가했다. 1단계 사업이 시민사회단체가 중심이 되어 기반시설을 투자했다면 2단계 사업은 시민사회단체와 지방자치단체가 함께 진행하는 사업으로 전환하는데 수원의 마을혁신사업을 공적원조 사업에 접목 시키고자 도시계획 전문가인 이재준 제2부시장을 중심으로 '캄보디아 수원형 마을르네상스'가 시작되었다.

수원형 마을혁신사업은 수원마을의 자활 능력을 향상시켜 환경 · 사

◆ 캄보디아 수원마을 지원 추진 체계도

출처 : 수원특례시

회 · 경제적 위상을 높인다는 목표를 세우고 지역 지도자에 대한 교육을 우선 실시해 주민 참여형 교육과 전략을 수립하는 장기적인 교육 사업을 지원하는 실행 방향을 설정했다. 먼저, 마을 공동체의 구심점으로 마을개발운영위원회를 구성하고 언어, 위생, 양성 평등, 특용작물 작농법 등 주정부(농림부)에서 전문강사를 파견해 농업기술교육과 마을 소득 증대를 위한 공동작업장을 건축했다. 특성화 교육 확대를 위해 컴퓨터 제공, 교직원 역량 강화, 학교 행정관리, 학생 교수법, 컴퓨터 활용법 등의 사업은 교사와 학생 모두에게 인기를 얻었다. 특성화 교육은 인기가 많아 2024년까지 총 6,633명이 참여했다.

3단계(2016~2018)는 주민들이 주인의식과 주체적인 변화, 청소년들의 꿈을 위한 사업이었다. 2008년 신축된 수원초 · 중학교에서 졸업한 학생과 타 지역에서 이주한 인구로 학생들이 증가하여 중학교 중

◆ 캄보디아 수원중 · 고등학교 개교   출처 : 수원특례시

그런데 프놈끄라움 마을 한가운데 세계유산인 사원으로 인해 마을 대부분이 문화재 보호구역으로 지정되어 있거나 군부대 소유여서 학교 부지를 구하는 것이 난제였다. 결국, 여러 환경 조건을 검토하는 데 1년이 소요되었고, 전통 양식의 경관을 보존하고, 빗물을 이용한 집수장치를 설치한 친환경 미래형학교가 2,000여 평에 12개 학습 교실과 컴퓨터실, 도서실, 다목적실 등을 갖추고 완공되었다.

2017년 이후 주택 개량사업도 진행해 2024년까지 행복캄에서 33채를, 수원시가 18채를 제공했다. 주민들은 수혜 가구를 정하는 과정에서 토지로 인한 건축물 소유 분쟁을 해소하기 위해 분쟁 예방대책을 마련한 후 주민투표와 함께 진행했다. 인력은 주민들의 노력 봉사로 이루어져 마을공동체 강화와 함께 풀뿌리 민주주의의 장이 되었다.

◆ 주택 개량 사업에 참여하고 있는 이재준 수원특례시장　　　출처 : 수원특례시

4단계(2019~2021) 사업은 주민 주도의 자립기반 조성에 초점을 두었다. 우기를 고려하여 2020년에는 양봉 3가구, 21년도에는 버섯 재배 2가구와 민물가재 양식 10가구, 22년도에는 민물가재 양식 20가구 등을 운영하며 소득을 증대시키고 있다.

프놈끄라옴-수원마을에는 중심도로 3,070미터가 있는데 중심도로는 수원의 지난 14년간 공적 원조의 정신으로 태어났다. 지속가능성을 위하여 주민참여와 주민주도형으로 전환하기 위해 노력한 산출물로 프놈끄라옴의 지속가능성을 상징하는 도로가 되었고, 도로명도 합쳐어 프놈끄라옴-수원 우정의 길(Preah Dechkun Hab Joy Phnom Krom Suwon road)로 태어나 주정부에 등록되었다.

2019년에는 수원고등학교에서 12명의 졸업생을 배출되었으며, 3명이 대학에 진학하여 마을에 큰 잔치가 열렸다. 2023년까지 고등학교 졸업생은 총 140명이고 45명이 대학에 진학했다.

수원시는 초등학교 증축을 통해 미래인재 육성사업과 졸업생들의 취직을 위한 직업교육을 병행하고, 마을 주민들의 삶의 질 향상을 위한 사업을 구상하면서 국제연합의 '지속 가능한 개발 목표(SDGs)' 에 부합하는 '민관협력 중심 수원형 공적 원조' 사례를 전파하고 있다.

행복캄(행복한 캄보디아 만들기 후원회) 홍순목 이사장은 "2008년 방문 때 밥상봉사를 하는데 어린아이가 식판에 밥을 떠 주자 어린 동생을 위해 한 번 더 배식을 받은 모습을 보고 울었다. 수원마을 초기 방문

때는 피난민이나 이주민처럼 잠시 머무는 동네인 것 같던 주민들이 이제는 '우리'라는 공동체와 높아진 주인의식으로 뭉쳐 마을을 변화시키고 있으며 내게는 제2의 고향이 되었다"고 말했다.

행복캄의 김미선 총괄이사(행복캄 여성회장)는 "우리나라 1960년대 시골처럼 2008년 프놈끄라움을 방문할 때 많이 놀랐다. 특히 방문객들에게 '1달러'라고 외치며 손을 내미는 어린아이들을 보며 아이들의 미래가 걱정되었고 수원에 돌아와 내가 할 일을 찾았다. 학생들이 성인이 되면 꼭 봉사를 하겠다는 학생들을 볼 때 보람을 느낀다"고 전했다.

지난 17년 동안 행복캄을 비롯한 수원시민은 12억 6,900만 원을, 수원시는 23억 5,100만 원을 지원하였다. 수원마을에서 주민투표로 선출된 반 프렉(Van Prek) 이장(里長)은 프놈끄라움 토박이로 세 아이를 둔 가장이다. 수원마을의 가장 큰 변화를 묻는 서면질문에 "사람들이 새로운 일에 대해 현재보다 나아질 수 있다는 가능성과 함께 희망을 가슴에 품어 나로부터 움직이고자 하는 의지가 형성되었다"는 점이라 말했다.

2013년에 발족한 마을개발운영위원회의 성격과 의미에 대해서는 "주민 회의를 통해 마을환경정화를 비롯해 주민 역량 강화 교육과 마을수익사업 사례 발굴 등을 연구하며 권장하는 일을 하고 있다. 수원시에서 제공한 선진지 견학과 이론 교육은 우리 마을을 변화시키는 데 큰 도움이 되었으며, 마을의 다양한 변화에 대해 민주적으로 결정하는 의사결정체"라고 밝혔다.

수원시 제2부시장 재직 시 2단계 사업인 '수원형 마을혁신사업'을 진행했던 이재준 수원특례시장은 "프놈끄라옴 수원마을 성공 열쇠는 현지 주민들이 쥐고 있었다. 주민들 스스로 변화하고자 했기 때문에 기적이 일어날 수 있었으며, 행복캄을 비롯한 많은 단체의 지속적인 후원과 시엠립주의 적극적인 지원으로 수원마을이 성공적 사례로 자리 잡을 수 있었다. 대한민국이 50년 만에 원조를 받는 국가에서 도움을 주는 국가로 전환한 것처럼 시엠립 수원마을 주민들은 과거의 일상에서 안주하지 않고 주민공동체를 기반으로 더 나은 삶의 희망을 미래세대인 아이들도 함께 꿈을 키우고 있어 희망적이다. 프놈끄라옴을 수원의 45번째 마을이라 생각하고 수원시민과 함께 지속적으로 정성어린 지원을 추진할 계획"이라고 소회를 밝혔다.

수원시는 원조위원회가 각 국가별로 제공되는 원조의 효과성을 통합적으로 평가하기 위해 적절성·효율성·효과성·영향력·지속가능성의 5대 기준에 충족할 뿐만 아니라 2015년 제70차 국제연합 총회에서 결의한 지속가능발전목표 중 소득증대 사업을 통한 빈곤퇴치(1), 기초진료소를 통한 보건의료체계 강화(3), 유치원에서 고등학교까지 양질의 교육 보장(4), 깨끗한 물과 위생 보장(6), 지속 가능한 도시와 주거지 마련(11), 평화 정의 포용적인 제도(16) 등을 국제연대를 통해 지속가능성을 실현하는 기초지방자치단체가 되었다.

캄보디아의 시엠립주 프놈끄라움-수원마을은 '행복캄' 이라는 수원의 시민사회단체와 한나라당과 민주당을 초월한 수원(특례)시장, 그리고 시엠립주와 프놈끄라움 주민들의 동행으로 인류가 추구하는 지속가능성을 향한 기초지방자치단체의 유례없는 성공 사례로 기록될 것이다.

04 관광객보다 여행객이 가고 싶은 곳

섬마다 정원과 전시관을 통한 축제의 장 : 신안군

• • •

역사적으로 인류의 문명이 시작되고 번영을 이끌었던 로마나 영국은 섬이나 반도의 해양 국가이다. 한반도도 대륙 확장의 시기인 광개토대왕을 제외하면 바다를 통해 교류하며 변화해왔다. 그러나 조선 시대처럼 섬을 비우는 공도 정책(空島政策)을 추진할 경우 쇄국의 길을 가기도 한다. 섬은 열려 있을 때 그 가치가 살아나고 변화를 통해 성장할 수 있다.

대한민국 정부가 섬을 정책적으로 접근한 것은 1986년 행정안전부의 도서 개발촉진법(2020, 섬 발전 특별법으로 개정)이며, 이 법률에 근거하여 1998년부터 '도서 종합개발 10개년 계획'이 1차년도를 시작해 2027년까지 제4차 계획이 수립되어 추진 중이다.

이후 환경부의 '독도 등 도서지역의 생태계 보전에 관한 특별법(1997)'과, 일본이 독도를 일본 국토라며 매년 2월 22일을 '다케시마(竹島)의 날'로 지정하며 영토분쟁지역으로 몰아가자 해양수산부 장관 출신 대통령이 '독도의 지속가능한 이용에 관한 법률(2005)과 '무인도서의 보전 및 관리에 관한 법률(2007)'을, 그리고 행정안전부의 '서해5도 지원 특별법(2010)' 등이 제정하면서 섬에 대한 관심과 개발이 이루어지기 시작했다.

일반적으로 섬에는 여러 가지 공익적 기능이 있다.

1995년 개정된 영해 및 접속 수역법(1977 제정된 영해법의 개정)에 의해 해상영토를 결정하는 영해 기점 23개 지점을 확정하여 국가의 국방·안보 기능을 비롯해 1차 산업의 생산과 관광산업 기능, 그리고 자원의 생산이 이루어지는 경제적 기능, 독특한 해양 문화와 정서적인 사회적 기능, 생물다양성 및 생태계를 조절하는 환경적 기능 등 다양하다.

특히, 도시 생활에 지친 시민과 전염병(COVID-19)으로 대중밀집지역을 피해야 하는 상황에 섬은 휴양성과 환경 친화성, 문화성, 환해성, 협소성, 기후성, 문화적 특수성 등을 통해 새롭게 부각되기 시작했다.

한반도에서 섬이 가장 많은 곳은 서남해안 지역이다. 그 중심에는 1969년에 태어난 신안군(新安郡)으로, 섬으로만 이루어진 기초지방자치단체다.

대한민국 섬이 3,300여 개 이상인데 이중 신안군의 섬만 1,025개로 대한민국 섬의 3분의 1을 차지할 정도로 섬 공화국이다. 이중 사람이 거주하는 섬이 76개로 14개 읍·면의 섬에서 행정지원을 하고 있다. 무안군에서 분리된 이유는 내륙의 행정과 섬의 행정이 매우 달라 섬살이 특징에 집중하는 행정이 필요했기 때문이다.

한반도의 섬들 중 작은 섬들은 교육과 보건, 복지, 교통 등의 행정에 불편을 느끼며 섬은 떠나야 하는 곳이 되었다. 섬을 떠나 도시로 공부하러 나간 자식들은 다시 돌아오지 않았으며, 공공시설은 개·보수가 제대로 이루어지지 않아 사용이 불편하고, 점점 아이들 웃음소리가 사라져 섬은 적적함과 외로움만이 맴도는 공간이 되었다.

박우량 군수는 관광객(tourist)을 고려하지 않고 여행객(traveller)을 고민하기 시작했고, 중앙정부처럼 사람 지향(Human-oriented)의 관점이 아닌 섬 지향(Island-oriented) 관점에서 바라보기 시작했다.

4선째 신안군수를 하고 있는 박우량 군수는 "섬에 사는 사람들이 떠나고 싶은 섬이 아니라 살고 싶은 섬을 만들고 싶었다. 섬에 사는 사람들도 육지와 도시에 사는 사람들처럼 헌법의 기본적인 혜택을 받으며 사는 섬을 만들고 싶었고, 도시에 사는 사람들보다 더 많은 자연혜택을 누릴 수 있는 섬을 만들기 위해 상상력의 나래를 펴서 섬마다 색깔을 입히는 꽃을 심고, 나무를 심어 정원을 만들었다. 큰 섬마다 향기가 나는 숲을 만들고, 섬마다 미술관이나 박물관을 만들기 시작했다. 주민들의 얼굴에 미소가 돌자 자식들이 찾아왔다. 관광객이 아닌 사색하기 위해, 자유를 즐기기 위해, 여유를 찾기 위해 여행객의 발길이 이어지기 시작했다"고 밝혔다.

신안의 첫 번째 사업은 '꽃으로 만드는 이상사회'라는 의미인 플로피아(Flopia) 사업이다. 신안에는 '계절'마다가 아니라 '매달' 꽃과 관련한 축제가 열리도록 섬을 꽃으로 가꾸었다. 섬 주민들은 서로의 마음을 모아 울력으로 호응했다.

병풍도에서 문화관광해설사로 활동하는 정숙애 씨는 맨드라미가 붉게 피어 있는 동산을 안내하며 "황무지로 방치되어 있던 야산을 추운 겨울인데도 마을 주민들이 개간해서 옥토를 만들어 꽃을 심고 가꾸었다"며 주민들이 하나가 되어 함께한 날들을 생각하며 미소를 지었다.

신안의 꽃 축제는 동짓달인 12월부터 시작하는데 음력으로 1년 중 밤 시간이 가장 길었다가 짧아져 작은 새해라 불리는 시기에 신안을 방문하는 이들이 처음 만나는 압해도의 1004 분재정원에서부터 시작된다. 신안의 섬을 가꾸는 36개 사업 중 첫 번째로 시행된 분재정원에서 겨울꽃인 애기동백 축제가 1월까지 열린다.

1996년 산불이 나서 다 타버린 송공산을 가꾸는데 키 큰 나무와 함께 키 작은 나무중 꽃 피는 관목을 중심으로 조성하면서 시작됐다. 동백꽃 축제장에는 일본산 애기동백 외에도 1,500살, 1,800살, 2,000살 된 120억 원짜리 주목 세 그루와 75살이 된 5단짜리 동백나무, 200년

된 배롱나무 세 그루도 있어 또 다른 감동을 준다.

　분재정원 안에는 다도해 저녁노을의 아름다움을 느낄 수 있는 저녁노을 미술관이 있는데 남종화(南宗畵)의 창시자인 소치(小痴) 허련(許鍊), 남종화를 중흥시킨 남농(南農) 허건(許楗)의 외손자인 우암 복용규 화백의 작품이 상설 전시되어 있다.

　2월부터는 추사 김정희의 제자이자 조선 시대 매화의 대가인 우봉 조희룡(又峰 趙熙龍)이 유배했던 임자도에서 홍매화 축제가 열린다. 3월에는 항일 독립투쟁 시기에 소작쟁의 투쟁으로 유명한 암태도에서 춘란 전시회가 열리고, 옆 선도에서는 추사의 고향인 예산보다 더 분위기 있는 수선화 축제와 흑산도의 동백 축제가 열린다.

◆ 선도 수선화 축제　　　　　　　　　　　　　　　출처 : 신안군청

4월에는 임자도의 대광백사장에서 튤립 축제와 자은도의 목련꽃, 팔금도의 유채꽃, 하의도의 작약 등의 축제가 섬마다 열린다. 5월에는 안좌면의 반월·박지도에서 보라색 꽃인 라벤더 축제와 장산도에서는 계란꽃 축제가 열린다. 6월에는 섬 전체가 천연기념물(제170호)인 홍도에서 영문명도 홍도 원추리(Hongdo daylily)인 축제가 열리고, 팽나무 10리 길로 유명한 도초도에서는 수국 축제가, 반월·박지도에서는 귀화식물인 버들마편초 22만 본의 보라색 꽃축제가 열린다. 7월에는 압해도에서 애기범부채 축제가 열리고, 8월에는 양산해변이 있는 자은도 여름 새우란 전시회가 열린다.

가을이 들어서기 시작하는 9월에는 반월·박지도에서 산 구름 국화라고도 불리는 과꽃 4만 5천 본이, 지도에서는 여름서양수수꽃다리와 도초도에서는 목수국 축제가 열린다.

가을이 들어서기 시작하는 10월에는 병풍도에서 주민 300여 명이 2년 동안 일군 붉은 맨드라미 축제가 열리고, 압해읍에서는 자생란과 분재 전시가 열린다. 11월에는 압해도 갯국정원에서 서양억새축제 등 총 28개의 축제가 섬마다 열리며 1년 내내 섬에서 꽃의 향연을 즐길 수 있다.

신안은 섬마다 정원을 만들고 있다. 법률상 공원은 '자연경관을 보

호하고 시민의 건강, 휴양 및 정서 생활을 향상 시키기 위한 시설' 이

지만 정원은 '식물을 중심으로 자연물과 인공물을 배치, 전시 및 재

배, 가꾸기 등이 이루어지는 공간' 이라고 정의되고 있다.

공원의 방점이 사람이라면 정원은 자연이다. 신안은 떠나는 섬이

되어 방치된 자연을 살리고 가꾸기 위해 섬마다 16개소에 정원을 만

들었고, 4개소는 추진 중이며, 향후 2개소를 더 만든다는 계획이다.

대표적인 정원은 도초도의 1004섬 수국정원이다. 팽나무 등 키큰나

무 3천 본 밑에서부터 수국이 반기기 시작하여 수국정원에 도착하면

10년 동안 136억 원을 투입하여 조성한 8만 여 평의 산과 대지에 90

종의 수국 50만 본이 방문객을 맞이한다. 그리고 덴마크 출신의 세계

적인 설치미술가 올라퍼 엘리아슨(Olafur Eliasson)이 작업한 '숨결의 지

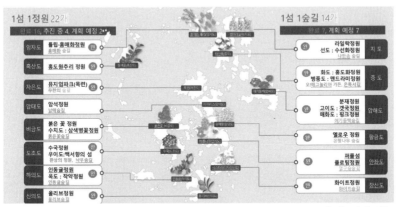

◆ 1섬 1정원 1숲길 조성도   출처: 신안군청

구(Breathig earth sphere)'를 만난다. 화산 활동으로 형성된 도초도의 지형에 착안하여 붉은색과 녹색, 청록색의 용암석 도기(tile) 1,200개로 만든 직경 8m 크기의 구형 구조물로 6년 동안 도초도를 방문하여 만들었다고 전해진다.

지도면의 선도에는 수선화 정원이 있다. 관광객이 한 명도 없었다는 작은 섬 언덕에 4만여 평에 200만 구의 수선화가 노랗게 물들이며 바다와 어우러지는 모습에 황홀감에 빠진다.

중도면 병풍도의 맨드라미 정원도 바다와 하늘이 함께 만나는 푸른 색상에 대비되는 붉은 맨드라미가 병풍도의 언덕 5만 여 평에 1억 4천만 송이가 펼쳐지고 세계의 모든 맨드라미를 볼 수 있는 교육장으로 변하기도 한다.

김대중 대통령의 고향인 하의면 옥도리에는 6만 8,000평의 부지에 8개 품종 25만 본의 작약 공원이 있다. 흰색과 노란색, 빨간색 등으로 조성되었고, 하의도에는 인동귤(제주의 하귤) 정원과 함께 천사야외 조각미술관과 조선시대부터 330년간 토지 탈환 운동을 펼친 하의3도(하의도, 상태도, 하태도) 농민운동기념관이 하의면을 대표하는 정원과 전시관이다.

이 외에도 섬마다 다양한 정원들이 다양한 식물과 꽃을 만날 수 있도록 조성되어 있다.

신안은 바다에 갇혀 있는 섬이다. 해풍으로 인해 나무가 자라기 좋은 환경이 아닌데다 섬에 사는 사람들은 바닷바람에서 오는 소금기와 모래로부터 벗어나 농사를 짓기 위해 돌로 담장을 쌓거나 나무를 심어 방사와 방풍용으로 우실을 만들어 활용하였으나 이제는 그곳을 보전하며 향기가 나는 걷고 싶은 숲을 조성하고 있다.

증도에 있는 은목서의 숲과 '오! 매그놀리아' 정원과 연결되는 숲길은 '기후 대응 도시 숲'으로 너비 3미터에 8.5㎞를 조성하였다. 30~40년생 금목서와 은목서 2,000본, 15년생 1,000본, 꽃이 산처럼 크다고 불리는 태산목 25년생 3,000여 본, 3년생 1만 6,000여 본 등 7종 약 9만 9,000본으로 조성되어 봄과 가을에 숲길을 걸으며 꽃 향기에 취할 수 있도록 조성되었다.

도초도의 팽나무 10길은 신안에서 제일 먼저 조성된 숲길로 '환상의 정원'으로 불린다. 군사 작전을 방불케 하며 공사가 진행된 숲길이다.

전국의 팽나무들이 대형 화물차에 실렸으나 운송 과정에서 안전사고를 대비하여 차량 통행이 적은 야간에 경찰차의 경호를 받으며 신안의 연륙교와 연도교인 대형다리를 건넜고 나무가 실려 있는 1,000여 대의 화물차를 배에 실어 운송이 이루어졌다. 50년에서 100년 되는 큰 나무를 옮겨 심다 보니 활착(活着)이 제대로 안되자 나무 꼭대기에 관(hose)을 올려 이파리에 물을 주는 진풍경을 연출하며 조성된 숲길로 키 큰 교목 6종 3,000여 주와 초화 및 수국 등 70만 본이 어우러진 숲길이다. 숲길 바로 옆에는 농업용수로가 정비가 잘 되어있어 수로에 비친 팽나무 10리길도 분위기를 더하고 있다.

팔금도 원산리에는 견우와 직녀의 만남처럼 은행나무 숲길이 3.4㎞가 조성되어 있다. 은행나무 1,500주와 금계국 80만 본이 어우러져 황금물결을 이룬다. 이외에도 지도의 나한송 숲길이 너비 20m에 13㎞, 자은도에 무한의 숲길이 너비 10m에 3.5㎞ 등 7개의 숲 길이 완성되었고, 향후 임자도의 홍매화 숲길과 안좌도의 멀구술 숲길, 암태도의 납매화 숲길 등 7개를 더 조성한다는 계획이다.

섬마다 전시(미술 또는 박물)관도 설치하고 있다.

국내 최대 규모의 갯벌 교육장인 증도의 신안갯벌박물관은 2006년에 개관하여 갯발 교육장으로 활용되고 있다. 대기점도와 소기점도, 소악도와 진섬, 딴섬 등 5개 섬에 마련된 미술관은 사유의 순례길로 1㎞마다 작은 건축물이 놓여 있다. 건축물의 크기가 3평 내외인 건축물은 유럽 출신 작가 4명과 국내 건축가 6명 등 총 10명이 2년 동안 섬에 거주하면서 설치된 미술품이다.

건축이 진행되는 동안 일상에서 사용하고 있는 생활 도구를 활용해 섬과 바다, 그 속에서 살아온 섬 주민들의 삶의 애환을 표현하였고, 12개의 설치미술품들은 전 세계 다양한 국가별 건축 양식기법이 적용되어 현대성과 시대성을 반영했다.

설치된 위치도 들물과 날물 사이에 바닷물로 막히는 노둣돌 중간에 설치된 미술품, 주민들이 일하는 밭과 섬사람들의 뭍 나들이를 위해 출입하는 선착장, 숲속 등 다양하게 위치를 선정하였고, 방문객이 사색할 수 있도록 조화롭게 위치를 선정하였으며, 순례 중간에 미술품 안에 들어가 잠시 휴식을 할 수 있도록 만들어졌다.

자은도에는 백합조개를 형상화한 건축물에 땅끝해양자연사박물관 임양수 관장이 평생 모은 3,000여 종 1만 1,000여 점의 패조류가 전시되어 있는 세계조개박물관이 있다. 제1관에는 멸종위기종인 나팔 고둥과 세계에서 가장 큰 오스트리안 트럼펫 고둥, 기원전부터 화폐로 쓰였던 개오지 고둥 등은 조개박물관이 아니면 보기 힘든 패조류로 자연의 위대함을 느낄 수 있다.

제2관에는 인류와 함께 한 패류의 역사를 소개하는 전시장으로 군대의 신호용이나 불교 등 의례 때 사용한 나각류 악기, 아프리카나 인도차이나 반도에서 최근까지도 화폐로 쓰인 조개 화폐, 어릴 적 집안에서 흔히 보아 친숙한 전통 조개 공예인 나전공예 등도 전시되어 있는데 2020년에 개관한 신안군 제1호 공립박물관이다.

이 외에도 임자도의 조희룡미술관, 자은도의 1004섬 수석 미술관, 자은도의 신안자생식물전시관과 둔장마을미술관, 비금도의 이세돌

바둑박물관, 흑산도에는 철새박물관과 새공예박물관, 사립미술관인 박득순미술관과 천주교 광주대교구와 함께 조성된 흑산도의 성모미술관 등 19개 전시관이 조성되었다. 8개소는 건축 중이고 3개소는 계획을 수립 중에 있다.

떠나는 섬이 되어 아이들마저 없는 폐교는 미술관과 박물관으로 재탄생하고, 바닷바람과 모래를 막아주는 우실에는 향기가 나는 숲이 조성되었다. 삭막해져 버린 언덕에는 형형색색의 꽃이 피어 생태계를 회복시키고 있다.

낙도(落島)라 떠나고 싶었던 섬에서 낙도(樂島)로 살고 싶은 섬, 가고 싶은 섬, 사색을 할 수 있는 섬이 되어 생태계를 살리고 주민의 삶의 질을 높이는 대혁명이 이루어지는 신안의 섬은 지방자치 시대 상상력을 가진 단체장과 이를 지지하며 참여하는 시민들에 의해 새로운 역사를 창조하고 있다.

05 지방 교육의 미래를 위하여

제주특별자치도 교육자치 활성화에 관한 조례 : 제주도의회

. . ●

교육의 본질은 공화주의에 입각해 민주적 시민성을 함양시켜 민주주의를 제대로 작동시키기 위함이며 학교 및 마을교육은 민주주의의 훈련 과정이다. 현대 교육을 통해 국민들의 지적 수준을 높이고 국민 개개인의 개성을 개발·발전시켜 생활능력을 증진케 함으로써 그들로 하여금 인간다운 생활을 누릴 수 있도록 하는 것 또한 교육의 역할이다.

대한민국 헌법은 교육의 자주성과 전문성, 그리고 정치적 중립성 및 대학의 자율성을 법률로 보장(제31조 제4항)하고 있다.

헌법재판소는 '공권력이라도 교육에 대한 감독과 개입은 피교육자인 학생들의 권익과 복리증진, 국가와 사회공동체의 이념과 윤리를 위하여 필요한 합리적 범위 내에서만 이루어져야 한다'고 밝히고 있지만 대한민국 교육은 헌법정신을 무시해왔다.

1949년에 제정된 교육법에 국가와 지방공공단체는 교육의 자주성을 확보하는 정신을 규정했으나 무시되었고, 1972년 유신 헌법 이후 제3차 교육과정에 역사 교과서를 국정 또는 단일본으로 편찬하도록 했다. 1974년 보급된 국정 역사 교과서는 독재를 미화하고 정권을 홍보하는 수단으로 전락했다.

이승만 정부는 과거 전체주의(Fascism)가 성행하였던 독일과 일본의 국가 통제교육 방식인 국정교과서를 채택하여 교육의 자주성과 전문성을 인정하지 않았고, 박정희 군사 독재 정권 시절에도 국가가 교육을 통제하는 국정교과서를 유지하면서 정권 유지에 활용했다. 특히, 1948년 대한민국 정부 수립 전후로 수많은 국민을 죽인 제주 4·3 항쟁과 여순10·19 항쟁을 폭동과 반란으로 규정하여 진실을 왜곡했을 뿐만 아니라 1960년대 초반부터 1980년대 후반까지 학교 교육 과정은 획일적인 국가주의적 정치 교육이 강화되어 제4차 교육과정에 이르기까지 반공교육이 주를 이루었다.

그러나 1987년 민주화 대투쟁을 거치며 참교육 운동과 민주시민 양성이라는 교육 정신에 입각하는 교육이 되기 위해서는 획일적 사고를 강요하는 국정교과서가 바람직하지 않다는 강한 문제 제기가 일었고, 참여정부는 2007년 제7차 교과과정에서 국어, 도덕, 역사 교과서를 검·인정 교과서로 지정하면서부터 국가 통제의 국정제 교과서는 역사 속으로 사라지고 교육의 자주성과 전문성, 지방자치 교육에 대한 활발한 논의가 시작됐다.

세계 각국의 교과서 제도를 보면 국가가 저작권을 가지거나 내용을 독점하여 편찬하는 국정제를 채택한 국가는 베트남과 필리핀, 조선민주주의인민공화국 등 5개국이다. 대부분의 나라들은 국가가 정한 기준에서 민간이 교과서를 집필하여 국가의 검정을 받는 검정제나, 민간이 저작한 도서를 교과용 도서로 인정하는 인정제 등의 제도를 채택하고 있다.

박근혜 정부 들어 역사 교과서를 교육 당사자인 교육자와 학생, 학부모 등의 다양한 교육 주체들의 뜻을 역행하며 국가 통제로 가려 하자 학계와 시민사회의 강력한 반발을 받다가 대통령 탄핵으로 국정제는 폐지되었다.

권력자의 독재와 중앙집권에 의한 폐해를 막기 위해 1987년에 개정된 제6공화국 헌법은 지방자치제도의 부활을 명시하면서 교육의 자주성과 전문성, 그리고 지방자치교육의 필요성을 명확히 하였다.

1991년에 제정된 지방교육자치에 관한 법률(다음 교육자치법)은 "교육의 자주성 및 전문성과 지방 교육의 특수성을 살리기 위하여 지방자치단체의 교육 · 과학 · 기술 · 체육 그 밖의 학예에 관한 사무를 관장하는 기관의 설치(제1조)"를 규정했고, 1997년에 제정된 교육기본법에도 지방자치단체는 기회 균등한 교육(제4조)과 교육의 자주성과 전문성, 그리고 지방자치단체의 자율성(제5조)을 규정하고 있지만 더디게 추진되었고 참여정부에 들어서면서 급물살을 타고 추진되었다.

참여정부는 제주특별자치도 설치 및 국제자유도시 조성을 위한 특별법(다음 제주특별법) 제정 사유를 "종전의 제주도를 폐지하고, 제주특별자치도를 설치하여 자치조직·인사권 및 자치재정권 등 자치권을 강화하며, 교육자치제도의 개선과 자치경찰제의 도입을 통하여 실질적인 지방자치를 보장함으로써 선진적인 지방분권사례를 구축"하기 위함이라고 밝혔고, 제주도를 지방분권의 시범지역으로 선택하여 중앙정부의 권한을 이양했다.

2006년에 제정된 제주특별법에는 교육자치법과 교육기본법의 입법 취지를 존중하고, 제주만의 고도의 교육권을 위한 지방 교육자치제도를 도입할 수 있도록 법률적 장치들을 마련했다.

제주특별법에는 교육의원 5명(타 광역의회는 2010년 1회 실시 후 폐지)과 비교육의원 4명으로 교육위원회를 구성할 수 있도록 통합형 교육위원회 및 교육의원 제도를 통해 대한민국 역사상 처음으로 주민 직선으로 교육의원을 선출하였고, 현재도 통합교육위원회 제도를 운영(2026년 교육 의원제 폐지 예정)하고 있다.

교육자치권을 위해 제주특별법으로 초·중등학교 운영의 독자성을 부여(제186~187조)받은 제주도교육청은 제주형 자율학교와 국제학교 4

개교를 유치하여 영어교육도시를 운영하고 있다. 그리고 법적인 기초 지방자치단체가 아닌 행정시 단위의 교육청을 신설(제98조)할 수 있도록 하고 외국 대학의 설립승인권 등도 제주특별법으로 이관했다.

제주만의 특수성을 반영한 조례는 제주특별자치도(다음 제주도)의 경우 4·3평화인권교육 활성화 조례(2013)와 교육행정 참여를 통한 숙의 민주주의 실현 조례(2019)가 제정되었으며, 제주특별자치도교육청(다음 제주도교육청)으로는 제주 이해 교육 활성화 조례(2015)와 제주어 교육 활성화 조례(2015), 평화와 상생 정신 구현을 위한 국제화 교육활동 지원 조례(2019) 등이 제정되었다.

그럼에도 불구하고 제주에 맞는 자치교육과 전문성, 자주성을 살리는 교육을 위한 노력은 정권 교체에 따른 교육감의 교체로 실현 의지가 천차 만별이었다.

고의숙 교육의원은 "전임교육감 시기에는 제주특별법에 대한 분석을 통해 법률의 제도를 개선할 과제를 발굴하고 제주형 교육자치를 실현하기 위해 '교육자치 추진단(2019~2021)'을 구성하고 운영하며 283건의 특례를 분석해 23건의 제도개선과 교육부 분야 143건의 우선정비 과제를 건의하는 노력을 펼쳤으나 현 교육감이 취임 후 교육자치 전담부서가 없어 서로 떠넘기기를 하고, 제주특별법 제도 개선

필요시에 잠깐 의견을 제출하는 정도에 그쳐 제주형 교육자치가 제주
도지사의 통제를 받게 되는 구조적인 문제가 발생하여 이를 해결하기
위한 법적 장치가 필요했다"고 말했다.

◆ 제주교육발전연구회 창립총회   출처 : 제주도의회

그래서 제주 교육 발전에 대한 연구를 위해 제주도의회내 의원 모
임인 '제주교육발전연구회(대표 정의운 의원, 부대표 고희숙 의원)'를 교육
의원과 비교육의원 등 총 11명의 의원을 중심으로 창립했다.

정의운 대표 의원은 "제주교육발전연구회가 목표로 하는 전문적이
고 확고한 교육 철학을 토대로 교육현장에 대한 실질적인 문제 해결
과 구체적인 대안을 모색하는 연구회로 운영할 것"을 밝혔고, 첫 사
업으로 2022년 11월 '제주형자율학교 발전 방향 토론회'를 개최하며

제주특별법이 제정된 2007년 이후 16년 동안 진행된 제주교육자치 정책을 진단하였다.

양수현 제주미래교육연구원 연구원은 양성언 교육감부터 이석문 교육감까지 추진된 제주형자율학교를 "학교가 교육청 지침에 예속되지 않고 자율성을 갖고 의사결정을 하며 교육과정을 운영할 수 있도록 예산 사용의 자율권, 인사의 자율성, 교육과정의 자율성을 가지며 학교자치를 실현할 수 있도록 보장해주는 것이 자율학교의 취지에 맞게" 운영되었으며, "소수의 학생을 위한 특수한 학교 사례가 아닌 제주지역 전체 학생을 위한 교육 환경의 개선과 학교 교육 신뢰도 제고, 제주도민을 위한 공교육의 선도 사례"로 평가했다.

제주교육청 정책기획과장은 "제1차 교육과정이 만들어진 1954년 이후 지금까지 우리나라의 교육과정은 국가가 정한 공통 교육과정에 따라 지나치게 획일적으로 운영돼 학교의 다양화·자율화·특성화가 어려웠다는 지적"이 있다며 "제주형자율학교는 2006년 제정된 제주특별법에 따라 운영되는 제주도에만 있는 그야말로 제주만의 차별화된 특별한 자율학교이다. 특별법을 적용하면 더 다양하고 차별화되는 교육과정 운영의 폭이 그만큼 넓어지는 것"이라며 제주특별법을 통해 제주형 자치교육의 희망을 이야기했으나 현실은 그렇지 않았다.

고의숙 교육위원은 2022년 9월 제주특별자치도의회(다음 제주도의회) 제1차 정례회와 2022년 행정감사에서 제주특별법 제도개선 법률안 의견 제출권과 교육의원 제도 폐지에 대한 후속 조치 방안에 대해 질의하였으나 제주도지사와 부교육감은 도민 공감대 확대와 조직 개편 시기라는 형식적이고 무책임한 답변으로 일괄했다.

국제학교 운영과 관련해서도 "내국인 교사와 외국인 교사의 보수 차별"과 "학교 폭력, 수업료, 학칙 개정 등의 민원"들이 발생하고 있어 제주교육청의 지도·감독이 필요하며, 이는 학교 운영의 자율성 보장과는 다른 영역이라고 지적했지만 부교육감을 비롯해 관계 부서에서는 방관자적 자세로 일관하자 고의숙 의원은 교육감을 상대로 직

◆ 김광수 교육감을 상대로 교육행정 질의하는 본회의장　　　　출처 : 제주도의회

접 질의했다.

2022년 11월 김광수 교육감을 상대로 한 교육 행정질문에서 교육청은 제주도 내에 있는 국제학교의 지도·감독 권한이 있음을 상기시키며 "국제학교는 제주 교육의 한 부분이고 공교육과의 상생 협력을 만들어가야 되는 과제를 가지고 있음"을 밝힌 후 내국인 교원에 대한 역차별과 학교 폭력 등의 민원에 대해 도교육청이 지도·감독 권한을 행사하지 못하고 있다고 지적하고 제도 개선을 주문하자 교육감은 "제도개선을 해야 되는데 이게 특별법 문제가 돼서……. 지금은 검토하겠다"라고 마지못한 답변으로 논란이 일었으며, 이어진 제주교육자치 관련한 제도개선 업무에 대해서는 교육감이 '정책기획과' 소관임을 공개적으로 밝혔다.

고의숙 교육의원은 제주도교육청의 무책임한 발언과 행태, 그리고 제주교육발전토론회가 주최한 토론회에서 제기된 많은 과제들을 해결하기 위한 보다 근본적인 대안을 고민했다. 16년 동안 추진된 제주교육자치에 대한 제도 개선 업무를 추진했던 담당자로써 제주 교육자치의 특수성을 살리고 전문성과 자주성을 실현하기 위해서는 제주 교육자치 활성화를 위한 기본계획을 수립하고, 제주 교육자치의 개선에 대한 지표 개발을 통해 체계적인 관리를 할 수 있도록 하는 법률적 장치가 필요하다는 결론을 도출하여 교육의원 4명, 더불어민주당 5명과 국민의힘 4명과 함께 '제주특별자치도 교육자치 활성화에 관한 조례(다음 제주 교육자치 활성화 조례)'를 발의하였다.

제주 교육자치 활성화 조례는 제주도교육청 정책기획실(국제교육협력과)과 제주도의회 사무처의 정책 입법담당관의 검토를 받았고, 대표적으로 제주특별법에서 고도의 자치권이 보장되는 제주도 설치 및 환경친화적인 국제자유도시 조성을 위하여 '교육자치(제2편 제6장)' 및 '교육환경의 조성(제3편 제3장)'에 관한 사항을 규정하고 있는 바, 제주도의 교육자치 활성화에 필요한 사항을 조례로 규정하는 것은 상위법령의 취지에 부합하고 자치사무에 해당하여 조례 제정은 가능"하다는 의견이었다.

고의숙 의원의 체계적인 분석과 추진으로 2023년 1월에 '제주특별자치도 교육자치 활성화에 관한 조례'가 제정 즉시 시행되었다. 이를 근거로 4월에는 제주 교육자치 활성화 추진 TF팀이 구성되었고, 8월에는 제주 교육자치 추진에 대한 도민 인식 조사가 실시되었으며 10월에는 제주 교육자치 활성화 기본계획(안)이 마련되었다.

◆ 제주교육발전연구회 주최 제주 교육자치 현황과 발전 과제 토론

출처 : 제주특별자치도의회

제주특별법 교육 특례에 관련하여서는 지속적으로 대안을 촉구했다. 2024년 9월에는 제주특별법 282건의 특례 중 미이행 교육 특례 62건에 대해 세부이행계획을 제주도의회에 제출하지 않자 고의숙 교육의원은 "제주특별법 교육특례 조항에는 '지방 교육자치법에도 불구하고', '초·중등 교육법에도 불구하고' 이런 말이 늘 앞에 붙는다. 그럼에도 불구하고 제주특별법을 적용해서 제주 교육에 조금 더 자치권을 부여해 잘 발전시켜보라는 의도"임에도 교육청 내에서 조차 부서 간 협의나 토론회 등도 없고 세부계획도 마련하지 않고 있음에 강하게 제기하였고, 다른 의원들도 동조하며 지적하자 교육위원장은

"교육자치에 대한 다양한 특례 활용에 대한 이행계획을 구체적으로 작성해 다시 보고하라"고 제주도교육청에 주문했다.

그동안 고의숙 의원이 대표 발의한 조례는 2022년도에 제주특별자치도교육청 동물사랑교육에 관한 조례, 2023년도에는 제주특별자치도 국악 진흥과 지원에 관한 조례, 제주특별자치도교육청 기초학력 향상 지원 조례 전부 개정 조례, 제주특별자치도교육청 직장 내 괴롭힘 방지 및 피해자 지원에 관한 조례, 2024년에는 제주특별자치도교육청 안전한 급식실 환경 조성 및 지원 조례 등 10여 개로서 교육행정과 일반행정을 통합적으로 바라보며 추진했다.

중앙정부의 논리에 휘둘려 온 제주 교육은 노무현 대통령의 제주특별자치도 추진으로 대한민국 역사상 첫 교육의원 제도를 추진했고, 제주의 정체성을 살리는 교육특례를 통해 제주형자율학교를 비롯해 교육자치를 추진하면서 실험하고 있다.

대한민국의 마지막 교육의원 5명과 비교육의원 4명으로 운영되는 제주도의회 교육위원회 제도는 2026년 6월로 끝나지만 20여 년의 추진과정에서 섬 제주의 특수성을 살리며 제주의 정체성을 통해 중앙정부의 논리에서 벗어나 자주적으로, 그리고 교육의 전문성을 살리는 제주형 자치교육을 위해 뛰고 있는 고의숙 교육의원의 활동은 지방자치시대 모범사례로 기록될 것이다.

───────────── 도 움 주 신 분 ─────────────

○ 정책을 추진하거나 자료 도움을 주신 공무원

- **고성군청(강원특별자치도)** 함명준 군수, 송태헌 팀장, 강기석 팀장, 김석중 팀장
- **부여군청** 박정현 군수, 유정임 팀장, 최승민 주무관
- **수원특례시** 이재준 시장, 장성임 국제협력팀장, 장지연 주무관,
  (재)수원시국제교류센터 이성주 센터장, 김수해 팀장, 남연정 대리
- **남구청(광주광역시)** 김병내 구청장, 김기한 팀장, 양미숙 팀장, 김진 팀장
- **동구청(울산광역시)** 김종훈 구청장, 정익수 팀장
- **노원구청** 오승록 구청장
- **보성군청** 김철우 군수, 송명순 주무관
- **성동구청** 정원오 구청장, 정재용 교통전문관
- **부평구청** 차준택 구청장, 청년정책팀 최윤희 팀장, 김지연 팀장, 이주연 주무관
- **정선군청** 최승준 군수, 이용산 면장, 도상희 팀장, 장재덕 팀장
- **신안군청** 박우량 군수, 박성욱 팀장, 박희성 팀장, 문선주 주무관, 송지연 주무관
- **부안군청** 권익현 군수, 최용석 팀장, 이채희 주무관, 김종열 주무관
- **밀양시청** 안병구 시장, 이준설 학예연구사, 주민생활지원과 박연옥, 이수빈 주무관
- **옥천군청** 황규철 군수, 유정미 팀장, 김영걸 기획팀장
- **충주시청** 조길형 시장, 지연희 주무관, 이혜진 주무관
- **청양군청** 김돈곤 군수, 정환열 상임이사
- **시흥시청** 임병택 시장, 이혜진 주무관
- **태안군청** 가세로 군수, 조용현 해양치유센터장, 전진봉 기획팀장, 이진구 주무관

○ 지방의회의 조례 제정 및 정책을 추진한 선출직 공무원

- **제주특별자치도의회** 고의숙 의원, 강철남 의원, 장정언 전 의장, 박희수 전 의장,
  이영길 전 의원
- **경기도의회** 조성환 의원
- **정성군의회** 전영기 의장

- **충청남도의회** 김기서 의원
- **시흥시의회** 김수연 의원

○ **정책 추진에 함께하며 취재에 응해 주신 주권자**

- **고성군(강원도)** 정일모 대표
- **부여군** 천복희 님
- **수원특례시** 홍순목 행복캄 이사장, 김미선 행복캄 상임이사, 프놈끄라움 반 프렉(Van Prek) 이장
- **남구(광주광역시)** 윤일원(미용사), 이성훈 대표
- **동구(울산광역시)** 정병천 HD현대중공업 전 노조지부장
- **노원구** 곽은경 학부모
- **보성군** 임정원 님, 김점미 님
- **성동구** 이승면 전 교통전문관
- **부평구** 서보람 대표, 황현철 대표, 황보미 대표
- **정선군** 이미향(일본)
- **부안군** 이재학 대표, 유재흠 대표
- **밀양시** 최필숙 작가, 박주영 민족문제연구소 제주지부 활동가
- **옥천군** 주서택 수생식물학습원장
- **충주시** 정경화 택견 기능 보유자, 신종근 택견 교육사
- **청양군** 박두호 박사
- **시흥시** 안소정 우리동네연구소 운영위원
- **태안군** 박우정 님

□ 밀을 통한 식량 주권 살리기

2024세계식량위기보고서(2024 Global Report on Food Crises)

구정민, 한국농어민신문, 부안군, 식량산업 발전방향 종합계획 수립, 2024.09.26.

김대원, 광주드림, 서삼석 "식량안보법 제정 서둘러야", 2024.10.26.

김용택, 충청메시지, 식량자급률 19.3% 믿어지세요, 2024.06.18.

김정민, 부안독립신문, 부안군, 국산밀 산업 허브로 육성한다, 2021.04.02.

농림축산식품부, 고시 2023-32호, 2023.04.24.

농림식품축산부, 보도자료, 2013~2017

농업·농촌 및 식품산업 발전계획, 2013.10.21.

농림식품축산부, 보도자료, 2018~2022

농업·농촌 및 식품산업 발전계획, 2018.03.02.

농림식품축산부, 보도자료, 자급 품목인 쌀 외에도 주요 곡물은 사료용을 포함하여 6개월 치 원료곡 확보, 2023.07.31.

농림식품축산부, 보도자료, 「농업·농촌기본법」을 「농업·농촌 및 식품산업기본법」으로 전면 개정, 2007.10.23.

농림수산식품부, 보도자료, [곡물난 시대! 쌀을 먹자] 정운천 농림수산식품부 장관에 듣는다/파이낸셜 인터뷰, 2008.04.14.

농림축산식품부, 사전정보공개개 기초자료, 양곡자급률 현황(2021.8),2021.08.31.

농림축산식품부, 정책분야별자료, 양곡 자급률 현황, 2014.11.27.

농촌진흥청, 2022년 밀 고품질 안정생산 재배 안내서(3권역-전북), 2022. 10.

농촌진흥청 국립식량과학원, (사)한국맥류산업연구회, 한국맥류산업 연구회지, 제19권, 2020.12. 205

대한민국 정책브리핑, 정책뉴스, 노 대통령 "FTA는 이념의 문제 아닌 먹고사는 문제", 2007.04.02.

박제철, 뉴스1, 부안군, '교육발전특구 시범지역' 선정…' 우리밀' 연계교육 진행, 2024.02.29.

심상준, 우리밀 산업 발전을 위한 제언, 밀산업 육성법 시행 3년 성과와 과제 토론회, 더불어민주당 소병훈, 이원택, 신정훈, 김승남, 어기구 의원, (사)우리밀살리기운동본부, (사)우리밀생산자회, (사)국산밀산업협회, 한국우리밀농업협동조합, 농업회사법인(주) 우리농촌살리기공동네트워크 대표, 2023.11.23.

승준호 이동소 임혜진 김현정, 식량안보 강화를 위한 식량정책 개선 방안 연구, 한국농촌경제연구원, 2024.

양민철, 한국농어민신문, 부안군, 국산밀 소비 확대 우수사례 최우수상 수상, 2021.11.12.

유럽환경청, 유럽기후위험평가(https://www.eea.europa.eu)

유신재, 한겨레, 시원한 여름 국수에 왜 '우리 밀' 맛이 안 날까, 2015.06.21.

이병로, 한국영농신문, 기상이변 대응 '식량안보법' 제정 서둘러야, 2024.10.30.

정세영, 유럽환경청 "유럽 온난화, 즉각적인 조치 없으면 재앙적 결과", 2024.03.14.

최성호, 농업의 위기에 대응하는 국산밀 자급 방안, (사)우리밀생산자회 회장, '밀산업육성법' 시행 3녀 성과와 과제 토론회, 더불어민주당 소병훈, 이원택, 신정훈, 김승남, 어기구 의원, (사)우리밀살리기운동본부, (사)우리밀생산자회, (사)국산밀산업협회, 한국우리밀농업협동조합. 2023.11.23.

최우정, 대통령 직속 탄소중립녹색성장위원회, 탄소 중립과 식량안보: "기후변화"라 쓰고 "식량위기"라 읽는다, 2024.09.22.

홍석현, 전북일보, 부안군, 농촌융복합산업 지역특화품목 '밀' 선정 쾌거, 2021.07.26.

□ 지역 먹거리 소비가 복지이다

구준희, 먹거리 위기 시대 인류의 생존 전략, 한국주민자치학회, 월간 공공정책, 제207호, 2023. 78~83.

국립민속박물관, 한국민속대백과사전

김영란, 로컬푸드 활성화 방안 연구, 동국대학교 대학원 식품산업관리학과 박사논문, 2014.

김태연, 영국의 로컬푸드시스템 동향과 사례, 농정연구센터, 농정연구, 통권 15호(2005 가을), 195~211

남기포, 지역농협 로컬푸드직매장 사업현황과 발전방향에 관한 연구, 농협대학교 협동조합경영연구소 협동조합경영연구, 제49집(2018.12), 75-101.

박두호, 대담, 2025.02.08.

윤병선, 세계 농식품체계하에서 지역 먹거리 운동의 의의, 한국환경사회학회, 한국사회학연구ECO, 제12권, 2호, 2008. 89~115

이순종, 백제뉴스, 청양군, 미래전략과·농촌공동체과 신설, 2019.01.04.

이재덕, 경향신문, 유엔이 '농민권리선언'을 채택한 이유는, 2021.08.31.

청양군청, 보도자료, 청양군 먹거리 종합계획 민관 협력 추진위원회 출범. 2018.08.13.

청양군청, 보도자료, 청양균 먹거리 종합계획 향해 순조롭게 '착착', 2028.10.16.

청양군청, 보도자료, 청양군 우리동네 먹거리 직매장, 대전 유성에 2호점 연다, 2018.06.08.

□ 산불 방지는 지구를 지키는 일

곽경근, 쿠키뉴스, '소나무 중심 숲 구조' 가 대형 산불 주요 원인. 2024.04.22.

나무위키, 2019-2020 호주산불, 검색일 2024.07.17.

나무위키, 소방 비상 대응 단계, 검색일 2024.09.06.

조국현, 문화방송, 문 대통령 "2050년까지 30억 그루 심어 탄소 흡수…어린이들 역할해줘야", 2021.04.05.

윤성호, 오마이뉴스, 대형산불, 산림청 정책 책임 피할 수 없다… 전면 중단해야. 2023.04.17.

이상호, 비즈니스 포스트, [산불이 기후위기 앞당긴다] (2) 산불도 대책도 도돌이표에 피해는 더 커져, 2023.04.04.

이정호, 경향신문, "2100년엔 전 세계 산불 건수 지금보다 50% 증가", 2022.3.06.

천금성, 천광일, 박병배, Sentinel-2B 위성 영상을 활용한 산불 피해지역 식생 회복률에 관한 연구, 한국환경영향평가학회, 환경영향평가 제32권 제6호, 2023.

최병성, 오마이뉴스, 국민 속이고 위험에 빠뜨린 산림청, 여기 증거 있다. 2023.03.23.

홍석환, 안미연, 황정석, 산림 내 도로의 확대는 대형산불을 막을 수 있는가?, 한국환경생태학회지 제37권 제6호, 2023

고성군, 2019 고성 산불백서, 2020.

고성군 산림과(산림보호팀) 보도자료, 고성군, 가을철 산불방지대책본부 운영. 2023.11.01.

기상청, 우리나라 109년(1912~2020) 기후변화 분석보고서, 2021.04.30.

산림청, 공고 제2024-45호, 2024년 봄철 「산불조심기간」설정 · 운영, 2024.01.29.

산림청, 공고 제2024-387호, 2024년 가을철 「산불조심기간」설정 · 운영, 2024.10.28.

산림청, 보도자료, 산불재난 최소화를 위해 산불진화임도 확충 시급, 2023.03.15.

Senande-Rivera, M., Insua-Costa, D. & Miguez-Macho, G. "Spatial and temporal expansion of global wildland fire activity in response to climate change". Nature Communications, 13, 1208. 2022. https://doi.org/10.1038/s41467-022-28835-2

미국 농무부 산림청 https://www.fs.usda.gov/science-technology/travel-management, 검색일 2024.09.12.

세계탄소지도, https://globalcarbonatlas.org/emissions/carbon-emissions/, 검색일 2024.09.07.

□ 백색농업 시설 재배의 땅 살리기

고관달, 권준국, 이용호, 우리나라 시설원예산업의 태동과 발전, 한국원예학회, 한국원예발달사, 2013. 485~497

공명석, 강성수, 채미진, 정하일, 손연규, 김유학, 우리나라 주요 시설재배지 토양의 화학적 특성, 한국토양비료학회, 2016 한국토양비료학회 추계학술발표회, 2016. 97

김은희, 시설재배지의 염류집적과 과잉 시비의 상관분석을 통한 영향성 조사, 국립경상대학교대학원 농화학과 석사논문, 2024

김태완, ICT 기반 스마트팜 온실 현황과 전망. 한국통신학회, 한국통신학회지(정보와통신), 제36권 제3호, 2019, 3~8.

농림축산식품부, 농림축산식품 주요 통계, 시설채소재배현황, 2024.12.30.

농림축산식품부, 농림축산식품 주요 통계, 채소류 1인당 연간 소비량, 2024.12.30.

농림축산식품부 · 농촌진흥청 · 과학기술정보통신부 보도자료(21.2.8.)

대한민국시도지사협의회, 국제기구회의DB,

대한민국 정책 브리핑, 2027년까지 시설원예 · 축사 30% 스마트화…로봇 · AI로 농업혁신, 2022.10.05.

박중춘, 한국시설원예 산업의 발전 과정과 문제점, (사)한국생물환경조절학회, 한국생물환경조절학회 심포지움 학술대회자료, 2000. 1~42

부여군청, 2023년 염류집적 시설하우스 담수 시범사업 추진계획, 2024.

오상은, 손정수, 옥용식, 주진호, 시설재배지에서 토양 담수 및 배수에 의한 염류집적 경감 방안, 한국토양비료학회, 한국토양비료학회지 제43권 제5호, 2010. 443~449

조윤희, 시설원예 스마트팜의 경영성과와 성과 결정 요인에 관한 연구, 순천향대학교 대학원, 농산업경제교육과, 박사논문, 2023.

조정호, 대전일보, 여군, 시설하우스 고질병 연작장해 해결 나서, 2022.06.08.

최경주, 우리나라 친환경 시설원예 현황, (사)한국생물환경조절학회, 세계의 친환경 시설원예 기술동향 및 추계 국제학술대회 발표논문집 제14권 제2호, 2005. 65~84

최영찬, 장익훈, 4차 산업혁명시대의 스마트팜, 한국통신학회, 한국통신학회지(정보와통신) 제36권 제3호, 2019. 9~16

최창열, 국내 농업경쟁력 강화를 위한 스마트 팜 3.0 전략에 대한 연구, 국제e-비즈니스학회, e-비즈니스연구 제23권 제4호, 2022. 43~59

□ **이웃이 손을 내밀 때 바로 잡아주는 시간**

김동하, 조선일보, 尹정부 '약자복지' ⋯ "현금복지는 일 할 수 없는 사람과 저소득층 위주로", 2022.09.15.

김문관, 조선일보, 尹대통령 "자립준비청년들에 '기회의 평등' 보장하는 게 국가의 책임". 2022.09.13.

명순영, 박수호, 매일경제, 박근혜 대 문재인 누가 당선될까, 2012.12.10.

박진우, 정책이 만든 가치, 모아북스, 2022.

보건복지부, 보건복지백서. 2021.

서병수, 한국의 사회복지 정책과 복지체제 성격의 변화, 한국사회법학회, 사회법연구, 통권 제16호. 2011. 63~92

양기근, 위험사회의 재난안전관리 정책 방향, 한국법제연구원 법연 통권 제44호, 2014. 14~21. 재인용

울리히 벡(ULRICH BEAK) 지음, 홍성태 옮김, 위험사회-새로운 근대(성)을 향하여, 새물결출판사

이성훈, 취재, 2024.12.05.

윤일원, 취재, 2025.2.17.

정유진, 경향신문, '위험사회' 경고한 독일 사회학자 울리히 벡 타계, 2015.01.04.

중앙선거관리위원회,2018.06.13. 제7회 광주광역시 남구청장 기호1번 더불어민주당 김병내 후보 책자형 선거공보

황정임, 정재훈, 김보영, 이호택, 공공복지전달체계 개편과 여성가족복지전달체계의 협력적 운영방안 연구, 한국여성정책연구원, 2014

□ **씨줄날줄로 엮은 통합돌봄체계**

강숙, 이승호, 초등돌봄정책 변동에 영향을 미친 옹호연합의 신념체계 분석, 한국초등교육학회, 초등교육연구, 제36권 제4호, 2023, 29~55

고상민, 연합뉴스, 교육부 "초등1년 83% 늘봄학교 이용⋯유보통합 기준 연말 확정", 2024.11.19.

곽은경, 취재, 2024.12.31.

관계부처 합동, 온종일돌봄체계 구축·운영계획, 2018.04.04.

교육부, 카드뉴스(홍보이미지), 정부 출범 2년 교육개혁 주요 성과, 2024.05.29.

김고은, 아이돌봄지원사업의 현황 및 개선방안 연구, 한국보육학회, 제23권 제2호, 2023.

29~39

노원구, 노원형 돌봄 백서, 2021.

노원구, 생활건강과 보도자료, 이웃과 함께 치매환자 돌본다. 2017.07.28

노원구, 틈새 없는 초등 돌봄 전면확대 아이휴센터 조성, 2022

복지로, 대한민국 누리집, 초동돌봄교실 지원대상, 검색일 2024. 11. 26.

신현석, 이주영, 윤혜원, 양윤정(2022). 초등돌봄교실정책의 패러독스 현상 분석: Stone의 복지 패러독스 관점을 중심으로. 인하대학교 교육연구소, 교육문화연구, 제28권 제2호, 2022. 419~445.

이수정, 변영임(2021). '온종일 돌봄 정책'의 의제설정과정 분석. 한국교육정치학회, 교육정치학연구, 제28권 제1호, 2021, 295~316.

이희현, 김효정, 최형주, 김은경, 소호성, 온종일 돌봄 체계 구축의 성과 및 과제, 한국교육개발원, 2021

이희현, 장명림, 황준성, 유경훈, 김성기, 김위정, 이덕난, 온종일 돌봄체계 구축 실태 및 개선과제-우수사례 분석을 중심으로, 한국교육개발원, 2019청와대, 문재인정부 청와대 공식 블러그, 포용국가 사회정책 대국민보고, 2019.02.19.

□ 네가 태어난 순간 빛은 이미 켜졌어

국가인권위원회, 보도자료, 인권위, 장기체류 미등록 이주아동 체류자격 부여제도 마련해야, 2020.05.07.

김수연, 취재, 2025.02.11.

김희진, 아동권리협약 비준 30주년 기념, 아동권리 실현을 위한 한국 시민사회의 옹호, 어린이재단, 동광 제116권 98~116

법제처, 자치법제지원과-1520, 2021.12.23.

보건복지부, 보도자료, 출생통보제와 위기임신 지원 제도로 어려운 상황의 임산부와 아동 보호, 2024.07.18.

시흥시, 보도자료, 시흥시, 2024년 다문화 · 외국인 가구 통계 공표, 2025.10.03.

시흥타임즈, 각하 된 시흥시 출생확인증 조례, 재 제정 노력, 2022.05.14.

안소정, 취재, 2025.02.12.

안혜성, 법률저널, 대법원, 아동의 '출생등록 될 권리' 최초 인정, 2020.06.11.

이대웅, 크리스천투데이, '출생 미신고 아동' 사망 예방과 출생 등록 권리 보장 촉구, 2023.08.21.

이혜인, 경향신문, 입원율 5배, 응급실 이용률은 3배… '있지만 없는 아이들'은 아프다, 2024.12.18.

조준영, 머니투데이, 세종시 인구보다 많은 불법체류자…단속인력 1인당 1000명, 2024.10.04.

□ 역사 정의의 물꼬를 트다

강철남, 제주특별자치도의원 대담, 2024.10.23.
박희수 전 제주특별자치도의회 의장 대담, 2024.08.07.
이영길 전 의원 대담, 2022.11.16.
장정언 전 의장 대담, 2022.11.16.
제민일보, "4·3특위예산 삭감 '평지풍파'", 1993.06.10.
제주4·3특별자치도의회 속기록, 제69회 제주도의회 정기회 제3차 본회의, 1991.12.11
제주도4·3피해조사 제1차 보고서, 제주도의회, 1995. 15-16
주철희, 대한민국현대사1, 더읽다. 2024.

□ 과정이 곧 결과다

김달현, 사회운동으로서 마을만들기: 다중 네트워크의 정치적 실험, 안동대학교 박사논문, 2023.
김세용, 최봉문, 김현수, 이재준, 조영태, 김은희, 최석환, 우리나라 마을만들기의 현재와 앞으로의 방향, 대한국토·도시계획학회, 도시정보 2013년 2월호(371호)2013. 3~20
김점미, 취재, 2025.03.15.
김태희, 오마이뉴스, 독립운동가들이 왜 아나키즘을 받아들였나 했더니, 2019.03.12.
문주현, 전남일보, 보성, 우리동네 우리가 가꾸는 보성600사업 선포식 개최, 2019.11.20.
박진우, 오마이뉴스, 보편적 가치를 추구한 인본주의자의 고통, 2021.08.06.
박종록, 일등방송, 46일간의 대장정… '클린보성600' 시작, 2021.10.19.
서해숙, 마을만들기에서 민속문화의 활용과 활로-광주광역시 북구를 대상으로, 국립순천대학교 남도문화연구소, 남도문화연구 제27권, 2014, 237~265
신주혜, 마을만들기 형성 과정에 관한 연구, 부경대학교 인문사회과학연구소, 인문사회과학연구, 제15권 제3호, 2014. 57~81
조재준, 마을만들기 과정에서 나타나는 공동체 활동과 역량에 관한 연구, 단국대학교 대학원, 행정학과 박사논문, 2019.
여관현, 계기석, 지방자치단체 마을만들기 조례의 제정 방향 연구, 한국도시행정학회, 도시행정학보 제26집 제4호, 2013, 241~270
임정원, 취재, 2025.02.04.

장흥문화원, 육전의 난중일기 남긴 반곡 정경달선생, 2019.08.28.

전재문, 마을 만들기 사업을 위한 자치단체의 주민참여 활성화 노력과 삶의 질의 관계,
비찬과 대안을 위한 사회복지학회, 비판사회정책 제45호, 2014, 340~372.

조재준, 마을만들기 과정에서 나타나는 공동체 활동과 역량에 관한 연구, 단국대학교 대학원
행정학과, 박사논문, 2019.

천성현, 천지일보, 주민이 만들어가는 변화… '보성600' 자치의 새 길 열다, 2024.10.23.

행정안전부 누리집, 지방소멸대응 인구감소지역 지정. 검색일 2024.07.01.

환경부, 지방의제21편람, 2021

□ 정주인구에서 생활인구로

경기도청, 경기도 인구통계, 검색일 2025.01.02.

국가지표체계, 주요국의 합계출산율, 세계인구전망, United Nations, 「World Population
Prospects」검색일 2025.01.02.

기상청, 기상자료개방, 기후 통계분석 기간현상일수(안개일수) 검색일 2025.01.03.

대한민국 정책 브리핑, 정책뉴스, 균형발전, 국토 재편 대역사 시작됐다, 2007.09.12.

민보경, 최지선, 생활인구 개념을 반영한 지역 유형화 분석: 전국 기초자치단체를 중심으로,
「도시행정학보」제36집 제4호(2023. 12): 41-60

박누리, 시사인, 대청댐 '호반 도시' 뒤에 숨겨진 이야기, 제895호, 2024.11.16.

박동완, 경인일보, 농촌사랑운동에 적극 참여하자, 2005.04.12.

박동하, 경기도 인구 구조 변화 특성연구, 경기연구원 . 2022.11.01.

손효숙, 한국일보, 인구 감소, 14세기 흑사병과 달라...진짜 두려운 건 따로 있다. 2024.06.15.

오인석, YTN, 수도권 인구, 비수도권 인구 사상 첫 추월..."젊은 층 대거 서울 이동,
2020.06.29.

옥천군 공식 블러그, 향수 옥천, 옥천여행 옥천 명소 13곳 둘러보기, 2022.02.22.

옥천군 환경부수질보전특별종합대책개정고시(안) 반대투쟁위원회, 옥천군민 피해백서
요약, 1996.07.

이상서, 연합뉴스, 인구도 '빈익빈부익부' …수도권 더 몰리고, 비수도권 더 빠졌다,
2025.01.03.

인천광역시, 인천 시대별 역사, 검색일, 2024, 12. 01.

조성호, 지방소멸 극복을 위한 생활인구정책, 한국지방자치학회, 학술발표대회 논문집,
2024. 131~149

주서택, 취재, 2025.03.02.

충북연구원 충북정책개발센터, 충북의 토지이용규제 중첩분석, 2023.05호

통계청, 국가통계포털(KOSIS), 행정구역별 인구수, 검색일 2024.12.31.

통계청, 보도자료, 최근 20년간 수도권 인구이동과 향후 인구 전망, 2020.06.29.

하어영, 한겨레, 휴지 살 가게 하나 없다" 소멸 닥친 마을 1067곳, 2021.10.18.

행정안전부, 보도자료, '고향올래(GO鄕All來)' 사업을 통해 살아 보고 싶은 지역을 만들어 나간다, 2024.07.09.

행정안전부, 정책뉴스, 지역경제 활력 제고를 위한 '고향올래(GO鄕All來)' 사업을 공모합니다. 2024.04.15.

□ 햇빛과 바람은 모두의 기본소득

국무조정실, 지속가능발전포털, 지속가능발전목표(UN-SDGs)

김대인, 신·재생에너지 개발사업상 이익공유화제도의 법적 성질 및 활성화방안, 한국환경법학회, 환경법연구 제40권 제2호, 2018. 101-129.

김영태, 중앙일보 조인스랜드, 꼬마 태양광발전소, 투기꾼 놀이터 되나, 2018.02.26.

김정수, 한겨레, 한국, 기후변화 대응 평가 산유국 3곳 빼고 '꼴찌', 2023.12.08.

대한민국 정책브리핑, 문 대통령 "온실가스 감축·탄소중립 실현, 국가의 명운 걸린 일", 2021.10.18.

대한민국 정책브리핑, 월성1호기 조기폐쇄, 경제성·안전성 등 종합 고려, 2018.07.05.

박경우, 한국일보, 신안군 '햇빛아동수당' 올해 1인당 120만 원...2년 만에 3배, 2025.02.02.

박진우, 미친군수와 삽질하는 공무원, 헤윰터, 2024.

신안군의회, 제272회 산업건설위원회 회의록, 2019.09.06.

신안군청, 보도자료, 신안군, 햇빛연금 220억 원 돌파!, 2025.01.24.

신안군청, 보도자료, 신안군 햇빛연금! 학생수 "0명" 폐교 위기 자라분교의 희망이 되다. 2023.03.09.

신안군청, 신재생에너지 개발이익 공유제 백서, 2022.

온기운, 문재인정부의 에너지정책 평가와 바람직스러운 정책방향, 한반도선진화재단, 2022 상반기 한선 프리미엄 리포트, 2022.6 36~40.

이태화, 조선왕조실록에서 나타난 한성부의 도시 환경·에너지·기후대응 정책, 한국도시행정학회, 도시행정학보 제36집 제3호, 2023. 33~60.

임팩트온, 김형주, 장정민의 지속가능경영 스토리, 2024 국가별 기후변화 대응 평가 결과의 의미, 2024.11.29.

정재관, 우리나라 신재생에너지 제도와 정책 변화 연구- 신제도주의 이론을 중심으로, 충남대학교 대학원 행정학과, 박사논문, 2023

제레미 리프킨(Jeremy Rifkin) 지음, 이원기 옮김, 유러피언 드림《The European Dream》,

민음사, 2009.

최준희, 2050 탄소중립을 위한 재생에너지 보급 정책 연구, 고려대학교공학대학원, 전기전
자컴퓨터공학과, 석사논문, 2023.

한국에너지공단, 국내 재생에너지 정책과 보급동향, 대한전기학회, 대한전기학회 산업전기
응용부회 2023 춘계 전문워크샵, 2023. 15~25

□ **기억을 저장하세요**

국립중앙의료원 중앙치매센터, 65세이상 치매관리비용, 검색일 2024.05.12.

방상균, 푸드앤메드, 가족 중 치매 환자 있으면 부양인 우울증상 보유율 1.7배 증가,
2020.05.21.

방준원, 한국방송, 소리 없이 숨진 치매 환자들, 8년간 807명. 2024.04.27.

보건복지부 공식블러그, '치매관리주치의' 시범사업 본격 시행! 시범지역 22곳은 어디? 검색일
2024.05.12.

보건복지부 국립중앙의료원 중앙치매센터, 인지선별검사 검사지 및 규격

부여군, 2023년 제3차 의정협의회 자료, 2023.11.10.

부여군, 경도인지장애자 치매진단율 감소를 위한 SIB사업 기획, 2019.8.

부여군청, 전국 최초 치매예방 사회성과 보상 사업 추진, 2021.11.10.

성미라, 박소영, 박지현, 서유진, 김미예, 2023 조기발병 치매환자 서비스 제공 체계 개발
연구, 2023. 11. 국립중앙치매센터

중앙치매센터, 치매 오늘은, 검색일 2024.05.12.

조홍기, 충천뉴스, 부여군, 사회성과보상사업 아이디어 경진대회 우수상, 2018.12.21.

천복희, 면담, 2024.06.17.

행정안전부, 보도자료, 번뜩이는 사회성과보상사업(SIB) 아이디어 공개, 2017.12.28.

허희만, 아주경제, 부여군, 사회성과보상사업 경진대회 기획안 부문 최종수상, 2019.12.23.

□ **오염된 바다를 치유의 도시로**

국립공원공단, 무장애탐방로, 태안해안, 검색일, 2025.01.20.

국립민속박물관, 소식지, 2015.07.29.

우리는 어떻게 목욕했을까 ?김석모, 대전일보, 사라지는 갯벌… 생태계 파괴 · 어민 삶 피폐
'악순환', 2014.11.27.

박우정, 취재, 2025.03.06.

박진우, 미친군수와 삽질하는 공무원, 혜윰터, 2023. 12.

손혁기, 대한민국 국정 브리핑, 노 대통령 "자원 총동원해 오염 추가확산 막아라", 2007.12.11.
유류피해극복기념관이영채, 신아일보, 태안군, 근소만 '청정어장' 재탄생, 2024.05.13.
충청남도, 가로림만 국가해양생태공원 종합계획 최종보고, 2024.11.07.
충청남도, 제2차 충청남도 기후변화 적응대책(2017~2021), 425
태안군, 해양치유산업 기반구축 연구 용역, 고려대학교 해양치유산업연구단, 2020.05
태안군, 해양치유산업 활성화 연구 용역, 고려대학교 해양치유산업연구단, 2021.03.
해양수산부, 대한민국 정책브리핑, 서산 가로림만 등 4곳서 갯벌 식생 복원사업 신규 추진, 022.03.29.
해양수산부, 보도자료, 해수부, 가로림만 해역 해양보호구역으로 지정, 2016.07.27.
해양수산부, 해양치유의 이해, 2023.04.07.

□ **횡단보도를 건너는 새로운 방법**

강석오, 데이터넷, 국내 휴대전화 보급 '20주년' 맞아, 2008.06.30.
강수철, 김중효, 어린이 보호구역 지정을 위한 평가지표 개발, 경찰학연구 제12권 제4호(통권 제32호), 2012.12 99-133
경찰청, 대한민국 정책브리핑, 어린이보호구역 횡단보도 무조건 일시정지…12일부터 범칙금, 2022.07.06.
변완영, 국토매일, 서초구, 어린이 교통안전 사각지대 제로화에 나선다!, 2017.06.14.
서대문구청, 초등학교 통학로 집중조명시설(투광기) 설치계획, 2016.07.11.
성동구청, 성동형 첨단지능(smart) 횡단보도 사업, 2023.
성동구청, 성동형 첨단지능(smart) 횡단보도 집중 조명 추진 보고(05.01. 경찰청 협의 결과 및 향후 계획), 2019.05.03
손원표, 이용재, 조선구, 강전용, 한국형 교통정온화의 방향 정립을 위한 연구, 대한교통학회, 2012. 제66집 제2호, 608-613
이승면, 취재, 2023.12.10., 2024.12.30.
윤선훈, 아주경제, 휴대전화 보급률 100% 넘는 시대…시내전화 자리는 더욱 좁아져, 2024.08.12.
장승일, 박진호, 김형철, 교통정온화기법(Traffic Calming)의 효과와 적용기준, 대한교통학회, 2006. 제52집 제6호, 288-297
정석, 서울시 보행우선지구 제도 개선방안, 서울시정개발연구원, 2002.
한국도로교통공단 교통사고분석시스템, 성동구 관내 교통사고 건수, 사망자, 부상자, 차대 사람 등 검색

□ **노동정책 수립으로 노동자의 삶의 질 개선**

김광연, 노동의 가치와 함의들, 순천향대학교 인문학연구소, 순천향 인문과학논총 제40권 제3호, 2021. 121~147

김영선, 신기원, 한국정부의 정권변동에 따른 노동정책의 변화(1) : 해방이후 제5공화국까지, 충남대학교 사회과학연구소, 사회과학연구 제7권, 1996. 113~134

김태균, 윤석열 정권의 노동정책에 대한 비판적 고찰과 대응 방안, 노동사회과학연구소, 노동사회과학 제19호, 2023. 65~82

김욱경, 한국의 노동정책구조에 관한 연구 :박정희정권을 중심으로, 단국대학교 대학원 박사논문, 1991

대한민국 정책 브리핑, [노 당선자 양대노총 방문]노·사 힘의 불균형 5년간 고칠 것, 2003.02.17.

박인상, 국민의 정부 노동정책 평가와 과제, 국정감사자료집1, 2001.10.09.

선재원, '진보 정권' 노동정책의 비판적 고찰, 한국사회경제학회, 학술대회 자료집, 2019 봄 정기학술대회, 182~205

알 지니 지음, 공보경 옮김, 일이란 무엇인가, 들녘코기토, 2007.

울산광역시 동구, 일하는 시민연구소유니온센터, 울산광역시 동구 여성 평균임금 실태조사 연구 요약 보고서, 2023.07.

울산광역시 동구청, 보도자료, 김종훈 동구청장 1호 결재 동구노동기금 조성, 2022.07.04.

울산광역시 동구청, 보도자료, 동구, 노동복지기금 조성 사업 본격 추진, 2023.06.13.

울산광역시 동구청, 보도자료, 동구 노동복지 기금 새해부터 지원 기준 대폭 완화, 2025.01.10.

울산광역시 동구청, 울산광역시 동구 노동정책 기본계획 수립 연구, 2023.11.

유혜경, 1980년대 신군부정권 하에서의 노동법과 노동운동, 경희법학연구소 경희법학 제56권 제3호, 2021. 403~448

이상윤, 노동정책 35년의 회고, 노동부, 1983.

이상윤, 윤석열 정부, 거침없는 역주행 : 윤석열 정부 1년, 노동 · 사회정책 평가와 과제를 중심으로, 월간 한국노총, 2023. 통권 592호, 2023. 3-5

이창근, 문재인정부 4년 노동정책 총괄 평가, 비판과 대안을 위한 사회복지학회, 2021. 191~233

정병천, HD현대중공업 전 지부장, 취재, 2025.02.28.

정승민, 한국의 정권별 노동복지정책과 발전방안에 관한 연구 :행복국가 논의를 중심으로, 동국대학교대학원, 정치학과, 석사논문, 2014.

중앙선거관리위원회, 제8대(회) 울산광역시 동구청장선거 김종훈 후보 책자형 선고공보
황용연, 윤석열 정부 노동정책 중간 평가와 제언, (주)중앙경제, 노동법률, 2024. 30~33

□ 부평구의 혁신성장 기반은 부평 청년이다

김덕용, 정부의 청년창업 지원 사업이 창업성과에 미치는 영향 분석, 조선대학교 지식경영연
구원, 기업과혁신연구, 제7권 제2호, 2014. 19~36.
김선우, 김보건, 홍운선, 정부 창업지원의 성과와 과제, 한국창업학회, 한국창업학회지,
제14권 제6호, 2019, 475~493
대한민국 정책브리핑, (기획재정부) 한국, 세계은행 기업환경평가 6년 연속
'톱 5', 2019.10.24.
대한민국 정책브리핑, (중소기업벤처부) 케이(K)-기업가정신 지수 2년 연속 상승해 세계 6위 달성,
2022.02.15.
부평구의회, 인천광역시 부평구 창업지원에 관한 조례안, 이제승 의원 발의, 2019.08.21.
부평구청, 보도자료, 부평구, 2020년 '청년 창업 재정지원 사업' 참여자 모집, 2020.01.02.
부평구청, 보도자료, 부평구, 청년 창업자 발굴·지원 지속, 2020.12.23.
서보람, 취재, 2025.02.20.
윤복만, 장영혜, 창업성장단계별 정부의 창업지원사업 만족도와 창업가의 사업화역량의
효과에 관한 연구, 한국벤처혁신학회, 벤처혁신연구, 제7권 제3호, 2024. 65~84
윤재필, 중소기업뉴스, 지난해 韓 기업가정신 세계 8위, 2024.03.18.
이경주, 서울신문, "고용 늘릴 창조경제 모델 만들고 성장 이끌 정부주도 정책 긴요",
2013.09.13.
이인수, 정부의 벤처기업 창업 및 육성 대책, 한국생활과학회, 한국생활과학회지, 제7권 제2호,
1998. 175~182
인기돈, 이택구, 미국과 한국의 대학창업생태계 분석을 통한 한국 청년창업 활성화 방안,
한국교육경영학회, 경영교육연구, 제33권 제2호, 2018. 401~422
중소기업벤처부, 블러그, (중소기업청) 한국, 세계은행 기업환경평가 창업부문 역대최고인 17위,
2014.10.30.
정상철, 비즈한국, "한국 기업가 정신지수, OECD 34개국 중 22위", 2015.08.18.
통계청, 30년간 대한민국 경제는 어떻게 변했을까? 주요 거시경제지표로 본 우리 경제의 변화,
2019.10.02.
한국기초과학지원연구원, 블러그, 세계를 바꾼 발명품, 2015.05.18.
황보미, 취재, 2025.02.20~21
황현철, 취재, 2025.02.20

□ 치료를 넘어 예방을 통한 건강 지키기

건강보험심사평가원, 국민건강보험제도 발전 과정, 검색일, 2024.09.10.

경기도, 2019년 경기도 초등학생 치과주치의 사업 계획(안), 2019.

대한민국 정책브리핑, 보건복지부, 제5차 국민건강증진종합계획 브리핑, 2021.01.27.

대한치과의사협회 치과의료정책연구원, 지방자치단체 구강건강정책 제안서, 2018.04.

보건복지부, 보도자료, 2018년 아동구강건강실태조사 결과 발표, 2019.05.31.

보건복지부, 치과주치의 제도 시행 및 급여청구 등에 대한 회신, 보건의료정책과-3592(2011.09.26.)

서민지, 메디파나뉴스, 6.13 지방선거 출마자들의 건강형평성 정책 방향은?, 2018.06.11.

울산광역시 북구보건소, 치과주치의 제도 시행 및 진료비 청구 가능 여부 질의, 북부보건소 016870, 2011.07.04.

참여정부 정책 보고서, 사회정책, 대통령 자문 정책기획위원회, 건강보험심사평가원, 2008. 국민건강보험제도 발전과정, 검색일, 2024.09.10.

최연희, 이나래, 구강 공공보건정책 발전방안 모색, 한국보건의료연구원, 2024.

한국건강증진개발원, 제5차 국민건강증진종합계획 개정판, 2022.

□ 민족의 독립을 향한 의열 투쟁의 본향

국사편찬위원회, 삼일운동 데이터베이스로 보는 1919 그날의 기록, 국사편찬위원회, 2019,

강승규, 조갑제닷컴, 한승조 교수의 해명, 2005.03.06.

도종환, 오마이뉴스, 한국에 공범들이 널렸으니 일본 극우는 얼마나 좋을까, 2024.08.22.

박진우, 정책이 만든 가치, 2022, 모아북스

신진호, 중앙일보, '3·1절 일장기 파문' 세종시, 광복절 작심 '태극기 달기 운동', 2023.08.15.

신현우, 연합뉴스, 이종찬 광복회장 "이승만 대통령도 '대한민국 연호' 사용", 2023.07.27.

이대웅, 크리스천투데이, "삼일 만세운동, 신앙과 민족 사랑 일치 노력", 2023.02.28.

임병도, 오마이뉴스, 김문수 "우리 선조의 국적은 일본"... 식민 지배가 합법?, 2024.08.27.

전성현, 일제강점기 밀양지역 탄압기구와 밀양경찰서 투탄의거, 밀양경찰서 투탄의거100주년기념 학술회의, 밀양시, 국가보훈처, 밀양독립운동사연구소, 2020.11.10.

조현일, 세계일보, '위안부는 매춘' 류석춘 또 망언··· "징용은 자원, 약탈은 사간 것", 2020.06.27.

주철희, 대한민국 현대사1, 더읽다. 2024.

대한민국 헌법, 법률정보센터, 검색일 2023.09.11.

러시아혁명, 나무위키, 검색일 2023.09.11.

니콜라이 2세, 나무위키, 검색일 2023.09.11.

민족자결주의, 나무위키, 검색일 2023.09.11.

□ 아리랑의 시원 정선아리랑

고기정, MBN, 중국 "아리랑은 조선족 문화"…한국 반크 "이번엔 아리랑? 왜 이래 또",
2022.07.16.

곽동현, 〈밀양아리랑〉의 유형과 시대적 변천 연구, 한국음악문헌학회, 음악문헌학, 2012,
105~138

국가유산청(세계유산팀), 보도자료, 2022년 신청 대상은 「한국의 전통 장(醬)문화」로 선정,
2019.12.09.

국립민속박물관, 멕시코 한인동포의 생활문화, 2004, 서상철, 멕시코 초기한인이민 역사,
46-72,

국사편찬위원회, 재외동포사총서 06, 중남미 한인의 역사, 2007.

기미양, 『梅泉野錄』 소재 '아리랑' 기사의 실상과 의미, 한국민요학회, 한국민요학, 2012.
71~112

김승국, 뉴스퀘스트, 다 알 것 같으면서도 몰랐던 우리 민요, 2024.04.22.

김영운, 아리랑 유네스코 등재와 전승가치, 아리랑을 논하다, 아리랑박물관, 2019.

김형찬, 한겨레, 아리랑을 계속 리메이크해야 하는 이유, 2019.10.19.

문화재청 보도자료, 아리랑' 유네스코 인류무형유산 등재권고 평가 받아, 2012.11.05.

박수희, 오마이뉴스, 하와이 땡볕 10시간 일해 번 달러, 독립자금으로 내놓은 사람들,
2023.06.24.

박정례, 브레이크뉴스, 연해주 한인유적지와 '라즈들노예' 역④, 2018.09.23.

박채순, 브레이크뉴스, [심층 진단]한국의 인구감소 문제 해결을 위한 열쇠 '재외동포',
2023.06.19.

박환, 독립군과 아리랑: 중원대륙 독립정신에 깃들다. 아리랑을 논하다, 아리랑박물관, 2019.

비숍 지음, 신복룡 옮김, 조선과 그 이웃나라들, 집문당, 2019.

삼목, 국악신문, 제3화 최고 아리랑(?), 만찬유고 아로롱, 2023.01.19.

서혜림, 서울연합뉴스, 한국경제신문, 아리랑, 유네스코 인류무형유산 등재 확정,
2012.12.06.

세계교육과학문화기구 한국위원회, 검색일 2024.07. 14.

신동립, 뉴시스, '헐버트 아리랑' 北도 공인, 유네스코 공동등재 진일보?, 2018.08.28.

아리랑박물관, 아리랑, 사랑과 평화, 2018.

유성호, 이승훈, 오마이뉴스, , 1년에 청문회만 2번… "최광식 후보는 낙하산 종결자", 2011.09.15.

이미향, 전화취재, 2024.01.17., 2024.07.24.

이주영, 인천일보, [신년특집] 하와이 이민 120주년 '한민족, 태평양을 건너다'. 2022.01.02.

임동근, 연합뉴스, 〈문화유산〉 아리랑, 민족을 넘어 세계로, 2015.05.12.

음악의오솔길(https://music.osulgil.com)재외동포재단, 재외동포사회 형성과정, 검색일 2024.07.01.

재외동포현황 2023, 재외동포재단

정민, 가톨릭평화신문, 이승훈이 직접 쓴 글 하나 없는 「만천유고」는 엉터리, 2022.03.22.

지보람, 코리아 리브리스, https://blog.naver.com/corealibris/222200744205, 검색일 2024.07.07.

진용선, 아리랑, 아리랑박물관, 2018.

한국민속예술축제, 제1회 전국민속예술경연대회, 검색일. 2024.07.09.

한국민족문화대백과사전, 검색일 2024.07.03.

황윤정, 연합뉴스, 10년전 하와이 이민은 '계약이민' 이었다. 2013.01.28.

□ 익크, 에크, 호야 소리

공시영,윤양진·성문정, 전통무예 활성화를 위한 무예(체육)관련법.제도의 고찰과 개선 방안, 한국스포츠엔터테인먼트법학회, 스포츠엔터테인먼트와 법, 제19권 제2호, 2016. 75~95

국가유산청, 전재수 의원실, 유네스코 등록 문화 유산 사업 지원 현황(2010~2024), 2024.07.31.

문화체육관광부, 전통무예 진흥 기본계획, 2019.08.

박주현, 신종근, 택견 관련 정책의 쟁점과 향후 과제, 국립무형유산원, 무형유산 제10호, 2021, 79~95

손석정, 국내 체육.스포츠 진흥법에 관한 연구, 한국체육진흥학회, 한국체육정책학회지 제13권, 2009. 65~75

신종근, 택견원, 취재, 2023.12.12.

장경태, 송일훈, 전통무예 택견의 발달과정에 관한 연구, 용인대학교 무도연구소, 무도연구소지 제20권 제1호, 2009, 47~60

정경화, 택견원, 취재, 2023.12.12.

정성미, 무형문화재 택견 전승을 위한 기록화의 필요성과 의미 고찰, 한국무예학회, 무예

연구 제14권 제4호, 2020. 29~50
충주시, 충주의 문화유산, 2021
택견, 한국문화재단, 2022.

□ 연대의 성공 열쇠는 현지 주민들

국무조정실, 대한민국 ODA 백서, 2020. 12.
국무총리실, '22년 국제개발협력 종합시행계획, 관계부처 합동, 제40차 국제개발협력위원회 의결안건(제40-1호), 2022.01.27.
박광동, 이태주 외 8, 지자체 ODA 추진체계 개선방안에 관한 연구, 한국법제연구원, 경제인문사회연구회, 2014.
수원시, 캄보디아 시엠립주 수원마을 선정계획, 2007.06.
수원시, 수원국제교류센터, 캄보디아 수원마을, 같이 걸을까, 2022.
임영주, 경향신문, [한국, 돌려 줄 차례]5. ODA 왜 개선 안되나, 2007.01.21.
정문태, 한겨레21-630, '반기문 사무총장' 박수만 칠 일인가, 2006.10.11.
차세현, 경향신문, 유엔총장 득표전 '분담금 체납' 악재, 2006.03.20.
홍재환,김태균, 손혁상, 황원규, ODA 정책사업의 평가체계 연구, 한국행정연구원, 2012-44

□ 관광객보다 여행객이 가고 싶은 곳

박진우, 미친 군수와 삽질하는 공무원, 헤윰터, 2024
신안군, 사계절 꽃 축제 1004섬 정원이야기, 2024
신안군청, 신안군 정원해설사 양성교육 해설 시나리오, 2024.
이상섭, 시사인, 신안 앞바다엔 섬마다 미술관이, 2025.02.16.
이태겸, 지방분권시대, 섬 관광정책의 방향, 한국지방정부학회, 2024년도 하계학술대회 자료집, 2024. 1~18
정숙애, 문화관광해설사, 취재, 병풍도, 2022.11.28.
조봉업, 전북일보, 섬에서 희망을 찾다, 2018.05.02.

□ 지방교육의 미래를 위하여

국가기록원, 교육/교육법제정, 검색일 2025.01.09.
김경례, 디지털 시대, 민주시민교육의 방향성에 관한 연구, 인문사회과학연구 제67권 제3호, 2024. 193~220

대한민국 정책 브리핑, 정책뉴스, 7월 제주는 독립했다?, 2006.07.04.

박진우, 오마이뉴스, 고등학교 교과서의 제주 4.3 기술, 어떻게 변화했나, 2023.04.11.

법제처, 국가법률정보센터, 제주특별자치도 설치 및 국제자유도시 조성을 위한 특별법 제정 이유, 검색일 2025.01.09.

신옥주, 프레시안, 국정교과서, 법적으로 따져보니, 2015.12.08.

오덕열, 민주시민교육, 다문화교육, 평화교육을 통해 본 통일교육의 방향과 과제, 전남대학교 교육문제연구소, 교육연구, 제46권 제2호, 2024. 197~232.

이대혁, 검정과 국정을 오가는 역사교과서, 관훈저널 겨울호 통권137호, 2015. 20~27

이길상, 교과서 제도 국제 비교, 사범대학부속중등교육연구소, 중등교육연구, 제57권 제2호, 2009, 31~57

제주특별자치도교육청, 검인정 제주4.3집필기준 개발 연구 용역 결과보고서, 초중고등학교 교과서 제주4.3관련 서술 분석(도면회), 51-74, 2017.12.27.

제주특별자치도의회, 고의숙, 제19회 한국지방자치학회 우수 조례 신청서, 2023.01.04. 6쪽

제주특별자치도의회, 2022년 제411회 제2차 정례회 교육행정질문 회의록(11.21)

한형진, 제주의소리, 정무부교육감 만들면 교육특례는 끝? 허술한 계획에 교육청 질타, 2024.09.11.

메모

당신이 생각한 마음까지도 담아 내겠습니다!!

책은 특별한 사람만이 쓰고 만들어 내는 것이 아닙니다.
원하는 책은 기획에서 원고 작성, 편집은 물론,
표지 디자인까지 전문가의 손길을 거쳐
완벽하게 만들어 드립니다.
마음 가득 책 한 권 만드는 일이 꿈이었다면
그 꿈에 과감히 도전하십시오!

업무에 필요한 성공적인 비즈니스뿐만 아니라 성공적인 사업을 하기 위한
자기계발, 동기부여, 자서전적인 책까지도 함께 기획하여 만들어 드립니다.
함께 길을 만들어 성공적인 삶을 한 걸음 앞당기십시오!

도서출판 모아북스에서는 책 만드는 일에 대한 고민을 해결해 드립니다!

모아북스에서 책을 만들면 아주 좋은 점이란?

1. 전국 서점과 인터넷 서점을 동시에 직거래하기 때문에 책이 출간되자마자 온라인, 오프라인 상에 책이 동시에 배포되며 수십 년 노하우를 지닌 전문적인 영업마케팅 담당자에 의해 판매부수가 늘고 책이 판매되는 만큼의 저자에게 인세를 지급해 드립니다.

2. 책을 만드는 전문 출판사로 한 권의 책을 만들어도 부끄럽지 않게 최선을 다하며 전국 서점에 베스트셀러, 스테디셀러로 꾸준히 자리하는 책이 많은 출판사로 널리 알려져 있으며, 분야별 전문적인 시스템을 갖추고 있기 때문에 원하는 시간에 원하는 책을 한 치의 오차 없이 만들어 드립니다.

기업홍보용 도서, 개인회고록, 자서전, 정치에세이, 경제 · 경영 · 인문 · 건강도서

모아북스
MOABOOKS 　문의 0505-627-9784

지방자치 시대 **지속 가능한 정책**

| **초판 1쇄** 인쇄 | 2025년 05월 26일 |
| **1쇄** 발행 | 2025년 06월 10일 |

지은이	박진우
발행인	이용길
발행처	**모아북스** MOABOOKS

관리	양성인
디자인	이룸
홍보	김선아

출판등록번호	제 10-1857호
등록일자	1999. 11. 15
등록된 곳	경기도 고양시 일산동구 호수로(백석동) 358-25 동문타워 2차 519호
대표 전화	0505-627-9784
팩스	031-902-5236
홈페이지	www.moabooks.com
이메일	moabooks@hanmail.net
ISBN	979-11-5849-274-8 13350